JN442592

배워서 바로 써먹는

찰떡 한국어

한국에 **제대로 정착**하기 위한

맞춤 회화

시대에듀

머리말

책을 쓴 이유

언어 학습의 최종 목표는 '이론'에서 배운 내용을 '실제' 삶에서 자연스럽게 활용하는 데 있습니다. 특히 성인이 되어서 한국어를 배우는 학습자들에게 이론과 실전의 연결은 더욱이 중요합니다. 그 실전이란 바로 '대학 생활'과 '직장 생활'이라고 생각합니다. 그래서 이 책은 대학 생활과 직장 생활에 관련된 내용을 중심으로 구성해 보았습니다. 이 책을 쓰는 동안 저는 끊임없이 '한국인들은 어떤 말로 생각과 감정을 전하는가'를 고민했습니다. 어떻게든 한국어를 공부하는 외국인 학습자들에게 한국인이 가장 많이 쓰는 말, 제일 자주 쓰는 표현을 알려 주고 싶었습니다. 그래서 책을 쓰는 내내 제 머릿속에는 평범한 한국 대학생들의 하루가 늘 자리하고 있었고, 가장 일반적인 한국 직장인들의 일상으로 가득했습니다. 이러한 고민을 담은 이 책이 한국어를 배우는 외국인 학습자들에게 실제로 도움이 되기를 진심으로 바랍니다.

책의 특징

찰떡 한국어 '필수 회화'에서는 한국어 기초 생활 표현을, 찰떡 한국어 '꿀잼 회화'에서는 다양한 주제의 실용적인 표현을 다루었다면, 이번 찰떡 한국어 '맞춤 회화'에서는 한국의 '일상 속 실세 장면'을 담아 보려고 노력했습니다. 이 책은 모두 열두 개의 PART로 구성되어 있는데, 처음 여섯 개 PART는 대학 생활이고 다음 여섯 개의 PART는 직장 생활입니다. '대학 생활 편'에서는 한국으로 유학 온 외국인이 대학교 캠퍼스에서 수업을 듣고, 과제를 하고 동기들과 교류하면서 사용하는 한국어를 익힐 수 있습니다. 또한 '직장 생활 편'에서는 한국 회사에 취직한 외국인이 출근하고 회의에 참여하며, 상사 및 동료와 소통하는 과정에서 필요한 한국어를 배울 수 있습니다. 각각의 대화문 뒤에 있는 문제를 통해 꼼꼼하게 내용을 확인할 수 있으며, 다양한 어휘와 표현, 그리고 문법을 익힐 수 있도록 했으니, 문제를 풀며 빈칸을 하나씩 채워 보시길 바랍니다.

독자들에게 바람

이 책은 한국어 교육 기관에서 교과서로 쓰는 교재(Text Book)를 대신하는 것이 아닙니다. 교과서에서 다루지 못하는 부분을 보충하는 책이라는 것을 꼭 알아 두셨으면 좋겠습니다. 여러분이 한국어 교육 기관을 통해 배운 것들이 이 책을 이해하는 데 도움이 될 것이고, 또 이 책이 여러분이 학교나 학원에서 한국어를 배울 때 도움이 될 것입니다. 그러니까 이 책으로만 공부한다고 생각하지 마시고, 지금 하시는 한국어 공부를 계속하면서 이 책도 함께 보시기를 부탁드립니다. 이 책을 통해 여러분의 한국어가 더 세련되어지길, 그리고 언젠가 여러분이 한국인보다 더 한국인같이 한국어를 할 수 있게 되길 빕니다.

감사 인사

못난 남편 뒷바라지하는데도 누구보다 곱게 늙고 있는 저의 아내 지영이와 세상에서 가장 예쁜 미소로 힘을 주는, 아들 유빈이와 딸 수빈이에게 고맙단 말을 남깁니다. 또한 부족한 저를 늘 믿어 주시고 언제나 세상에서 가장 멋진 사람이라고 느끼게 해 주시는 아버지께 진심으로 감사드리며, 사랑한다는 말씀을 드리고 싶습니다. 그리고 이 책의 저자로는 제 이름만 들어가 있습니다만, 사실은 저 혼자 쓴 게 아닙니다. 처음부터 끝까지, 기획부터 구성, 수정, 탈고까지 모두 편집자분과 함께 했습니다. 더 정확히 말하자면 편집자분이 차려 준 밥상에 저는 숟가락만 얹은 것이지만, 그냥 좀 뻔뻔스럽게 같이 썼다고 해 두겠습니다. 좋은 아이디어로 책을 기획하고, 부족한 제 글을 멋지게 수정해 주고, 완벽한 흐름을 갖도록 구성해 주신 시대에듀 한국어팀 편집자분들께 이 지면을 빌려 감사의 말씀 전합니다.

임준

찰떡 한국어 100% 활용 방법

STEP 1 주인공 프엉과 함께 중요 표현을 미리 확인해 보세요.

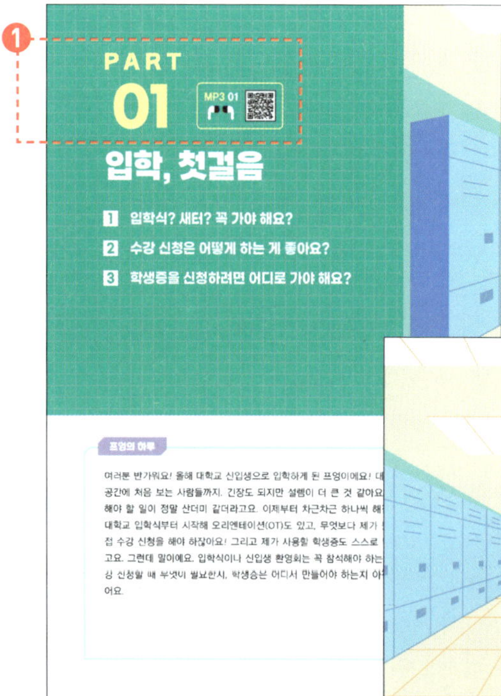

❶ 대화문 MP3

모든 대화문을 MP3로 들으며 공부할 수 있어요. MP3를 들으면서 무슨 일이 일어나고 있는지 확인해 보세요.

You can listen to all the conversations in MP3 format. As you listen to the MP3, try to discern what is happening.

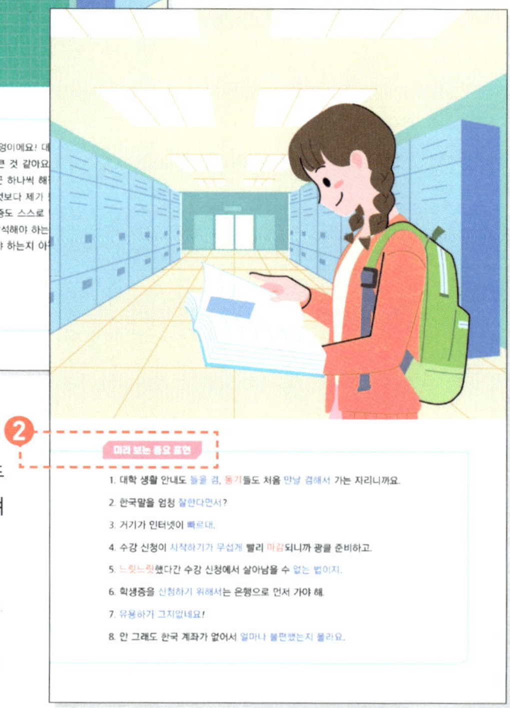

❷ 미리 보는 중요 표현

대화문의 중요 표현을 한곳에 모아 두었어요. 공부할 내용을 미리 확인하여 어떤 상황일지 추측해 볼까요?

We gathered the key expressions from each conversation in one place. By checking what you'll learn in advance, can you guess what kind of situations will come up?

STEP 2 대화문을 읽으면서 단어 · 표현과 문법을 함께 공부해 보세요.

1

입학식? 새터? 꼭 가야 해요?

③

talk talk 단어 · 표현

- 입학식: 입학할 때에 신입생을 모아 놓고 행하는 의식
- 동기: 같은 시기에 같은 곳에서 교육이나 강습을 함께 받은 사람
- 강의실: 학문이나 기술의 일정한 내용을 체계적으로 설명하여 가르칠 때 쓰는 방

문법 check!

- V + -(으)ㄹ 겸, N + 겸: 두 가지 이상의 목적을 가지고 어떤 행동을 할 때 사용하는 말
- A/V + -(으)면 되다: 조건이 되는 어떤 행동을 하거나 어떤 상태만 갖추어지면 문제가 없거나 충분함을 나타내는 말

지영 프엉 씨, 다음 달부터 학교 다니죠?
Phuong, you're starting school next month, right?

이제 진짜 대학생이네요. 축하해요.
You're a real college student now. Congrats.

입학식은 언제예요?
When's the entrance ceremony?

프엉 다음 주 수요일이요.
It's next Wednesday.

그런데 입학식에 꼭 가야 해요?
But do I *have* to go to the entrance ceremony?

안 가도 된다고 해서요.
Because I heard it's okay not to go.

지영 문제가 되지는 않지만, 그래도 가 좋아요.
Even though it's not a problem go, it's still good to go.

대학 생활 안내도 들을 겸, 동기 만날 겸해서 가는 자리니까요.
That's because it's an event wh hear information about college meet your classmates for the

프엉 동기들은 강의실에서 만나면 되
I can just meet my classmates though, right?

16 PART 01

지영 첫 수업 들어갔는데 나만 빼고 서로 다 알고 있으면 혼자 외롭잖아요.
But when you go into the first day of class, if everyone already knows each other except you, you'll be the only one who feels left out.

그리고 입학식 날에 새내기들 환영회를 할 수도 있어요.
Also, there might be a welcome event for freshmen on the day of the entrance ceremony.

선배들에게 대학 생활 꿀팁도 들어야지요!
You'd do well to listen to some life hacks about college life from your *Seonbae* too!

프엉 입학식에서 그렇게 할 수 있는 게 많을 줄 몰랐어요.
I didn't know you could do so much at the entrance ceremony.

그럼 뭘 가지고 가면 돼요?
Then what should I bring?

지영 특별히 가지고 갈 건 없어요.
There's nothing in particular you need to bring.

어떤 학교는 축하 공연도 해서 가수가 오기도 해요.
Some schools even have congratulatory performances, and sometimes singers come too.

talk talk 단어 · 표현

- 새내기: 대학이나 직장 등에 새로 갓 들어온 사람
- 꿀팁: 매우 유용한 정보나 조언을 비유적으로 이르는 말
- 특별히: 보통과 구별되게 다르게

④

문법 check!

- A/V + -(으)ㄹ 줄 모르다: 어떤 사실이나 상황을 확인하지 못해 생각이나 예측한 것과 달라서 놀람을 나타내는 말

착! 한국어 맞춤 회화 17

③ talk talk 단어 · 표현

대화문 속 중요 단어와 표현을 정리해 두었어요. 대화문의 흐름에 맞춰 다시 한번 읽어 볼까요?

We organized the important vocabulary and expressions from each conversation. How about reading them again within the context of the conversation?

④ 문법 check!

한국에서 활용도가 높은 문법들을 정리했어요. 뜻을 살펴보고 다양한 표현을 넣어 응용해 보세요.

We organized the frequently used grammar points in Korea. Carefully examine each meaning and try applying it to other vocabulary expressions.

STEP 3 문제를 통해 복습하고, 한국 문화를 통해 한국에 더 가까워지세요.

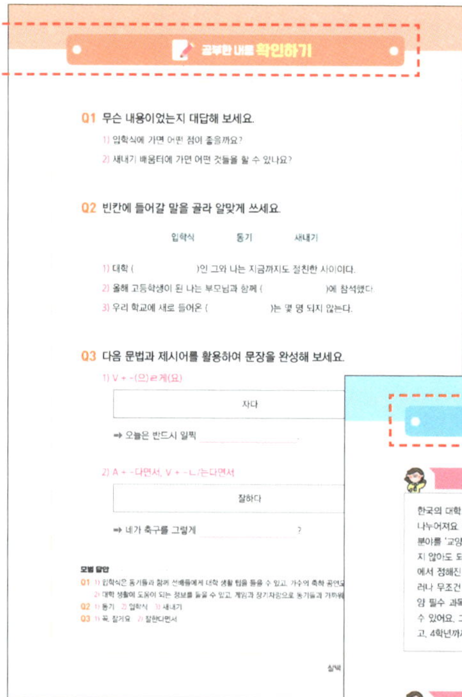
공부한 내용 확인하기

Q1 무슨 내용이었는지 대답해 보세요.

1) 입학식에 가면 어떤 점이 좋을까요?

2) 새내기 배움터에 가면 어떤 것들을 할 수 있나요?

Q2 빈칸에 들어갈 말을 골라 알맞게 쓰세요.

입학식 동기 새내기

1) 대학 ( )인 그와 나는 지금까지도 절친한 사이이다.

2) 올해 고등학생이 된 나는 부모님과 함께 ( )에 참석했다

3) 우리 학교에 새로 들어온 ( )는 몇 명 되지 않는다.

Q3 다음 문법과 제시어를 활용하여 문장을 완성해 보세요.

1) V + -(으)ㄹ게(요)

자다

➡ 오늘은 반드시 일찍 ______.

2) A + -다면서, V + -ㄴ/는다면서

잘하다

➡ 네가 축구를 그렇게 ______?

모범 답안

Q1 1) 입학식은 동기들과 함께 선배들에게 대학 생활 팁을 들을 수 있고, 가수의 축하 공연도

2) 대학 생활에 도움이 되는 정보를 들을 수 있고, 게임과 장기자랑으로 동기들과 가까워

Q2 1) 동기 2) 입학식 3) 새내기

Q3 1) 꼭, 잘게요 2) 잘한다면서

❺ 공부한 내용 확인하기

앞에서 읽은 내용을 떠올리며 빈칸에 알맞은 말을 넣어 보세요. 어휘와 표현을 활용해 문장을 완성해 보세요.

Recall what you read and fill in the blanks with the correct words. Complete the sentences using the vocabulary and expressions.

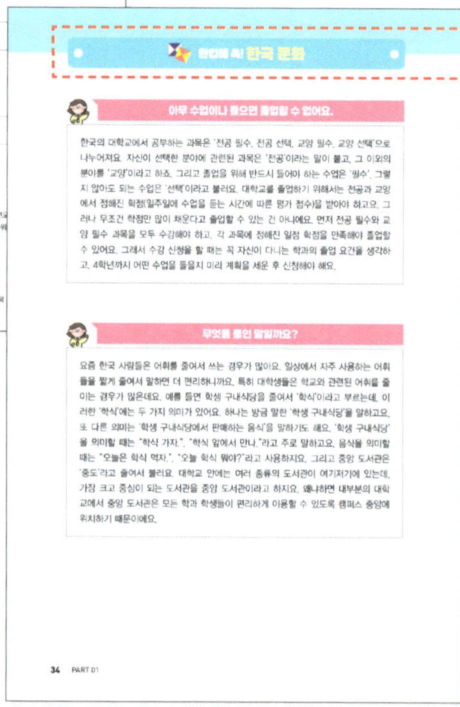
한입에 쏙! 한국 문화

아무 수업이나 들으면 졸업할 수 없어요.

한국의 대학교에서 공부하는 과목은 '전공 필수, 전공 선택, 교양 필수, 교양 선택'으로 나누어져요. 자신이 선택한 분야에 관련된 과목은 '전공'이라는 말이 붙고, 그 이외의 분야를 '교양'이라고 하죠. 그리고 졸업을 위해 반드시 들어야 하는 수업은 '필수', 그렇지 않아도 되는 수업은 '선택'이라고 불러요. 대학교를 졸업하기 위해서는 전공과 교양에서 정해진 학점(일주일에 수업을 듣는 시간에 따른 평가 점수)을 받아야 하고요. 그러나 무조건 학점만 많이 채운다고 졸업할 수 있는 건 아니에요. 먼저 전공 필수와 교양 필수 과목을 모두 수강해야 하고, 각 과목에 정해진 일정 학점을 만족해야 졸업할 수 있어요. 그래서 수강 신청을 할 때는 꼭 자신이 다니는 학과의 졸업 요건을 생각하고, 4학년까지 어떤 수업을 들을지 미리 계획을 세운 후 신청해야 해요.

무엇을 줄인 말일까요?

요즘 한국 사람들은 어휘를 줄여서 쓰는 경우가 많아요. 일상에서 자주 사용하는 어휘들을 짧게 줄여서 말하면 더 편리하니까요. 특히 대학생들은 학교와 관련된 어휘를 줄이는 경우가 많은데요. 예를 들면 학생 구내식당을 줄여서 '학식'이라고 부르는데, 이러한 '학식'에는 두 가지 의미가 있어요. 하나는 방금 말한 '학생 구내식당'을 말하고요, 또 다른 의미는 '학생 구내식당에서 판매하는 음식'을 말하기도 해요. '학생 구내식당'을 의미할 때는 "학식 가자.", "학식 앞에서 만나."라고 주로 말하고요, 음식을 의미할 때는 "오늘은 학식 먹자.", "오늘 학식 뭐야?"라고 사용하지요. 그리고 중앙 도서관은 '중도'라고 줄여서 불러요. 대학교 안에는 여러 종류의 도서관이 여기저기에 있는데, 가장 크고 중심이 되는 도서관을 중앙 도서관이라고 하지요. 왜냐하면 대부분의 대학교에서 중앙 도서관은 모든 학과 학생들이 편리하게 이용할 수 있도록 캠퍼스 중앙에 위치하기 때문이에요.

34 PART 01

❻ 한입에 쏙! 한국 문화

한국 문화와 한국에서 자주 사용하는 표현을 모아 두었어요. 한국어를 배우면서 문화와 표현도 알아볼까요?

We gathered parts of Korean culture and commonly used expressions in Korea. While studying Korean, how about also discovering the culture and everyday phrases?

STEP 4 어휘가 쏙쏙과 부록으로 단어와 표현을 다시 한번 확인해 보세요.

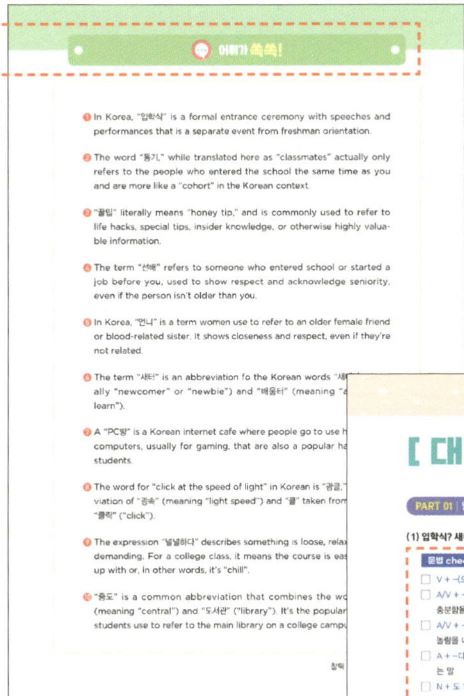

❼ 어휘가 쏙쏙

대화 속 단어와 표현을 정리했어요. 영어로 된 설명을 통해 표현에 담긴 의미를 분명하게 파악해 보세요.

The Korean vocabulary and expressions from the conversations have been organized. Through the English explanations, try to get a clearer understanding of the meanings behind each expression.

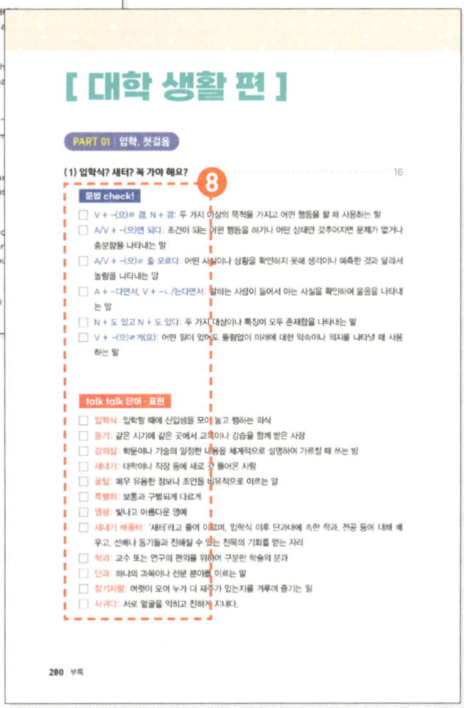

❽ 부록

앞에서 공부한 중요 단어와 표현, 문법을 모아 두었어요. 필요할 때 다시 찾아보며 중요 표현을 확인해 보세요.

We gathered all the key vocabulary, expressions, and grammar points you studied in this book. Whenever you need to, come back and check the important expressions again.

이 책의 차례

대학 생활 편

PART 01 입학, 첫걸음

입학식? 새터? 꼭 가야 해요? 16
수강 신청은 어떻게 하는 게 좋아요? 22
학생증을 신청하려면 어디로 가야 해요? 28
한입에 쏙! 한국 문화 34
- 아무 수업이나 들으면 졸업할 수 없어요.
- 무엇을 줄인 말일까요?

PART 02 대학 생활 시작

동아리랑 학회는 뭐가 달라요? 38
모내기하다 보면 허리가 부러질 거야. 44
시대 대학교 축제에 갈 계획이야. 50
한입에 쏙! 한국 문화 56
- 셋 중 하나만 해도 대학 생활은 성공이에요.
- 뉘엿뉘엿, 꾸벅꾸벅, 이 귀여운 말은 뭐예요?

PART 03 공부와 과제

벚꽃은 눈으로, 몸은 도서관으로! 60
센스 있는 사람에게 눈길이 가지 않을까? 66
어서 와, 팀플은 처음이지? 72
한입에 쏙! 한국 문화 78
- 벚꽃의 꽃말은 '중간고사'래요.
- '뿔', '마이너'는 뭐예요?

PART 04 대학생 생활

그래서 자취를 하는구나? 82
저도 거의 학식 먹어요. 88
감기 기운이 있어서 병원에 다녀왔어요. 94
한입에 쏙! 한국 문화 100
▸ 보증금이 너무 부담스러워요.
▸ 이삿날에는 자장면이 국룰이지.

PART 05 캠퍼스 생활

군대 가면 학교는 어떻게 해요? 104
방학 때 뭐 하세요? 110
휴학하고 뭐 할지 계획은 있어? 116
한입에 쏙! 한국 문화 122
▸ 한 달 여행, NO! 한 달 살기, YES!
▸ 백년 만에 만났다고요? 배불러 죽겠다고요?

PART 06 사회를 향해

코스모스 졸업이네. 126
취업 준비로 불태워 보자! 132
진로는 정했니? 138
한입에 쏙! 한국 문화 144
▸ 교수님, 졸업과 취업을 도와주세요!
▸ 저 어떡해요, 발등에 불이 떨어졌어요.

직장 생활 편

PART 07

입사, 첫걸음

네이비색 옷이 신뢰감을 준다고 했지? 150
신입 발표 준비 때문에 그러시죠? 156
저에게 건배사의 기회를 주시는 건가요? 162
한입에 쏙! 한국 문화 168
▸ 입사 면접, 어떻게 준비하면 좋을까요?
▸ 모두 잔을 채우세요. 청바지!

PART 08

직장 생활 시작

다 회의의 일부예요. 172
발표의 달인이네요. 176
출장 전에 점검하는 게 좋을 것 같아서요. 182
한입에 쏙! 한국 문화 188
▸ '사수와 부사수'가 뭐예요?
▸ 전생에 좋은 일을 많이 하셨나 봐요.

PART 09

사내 프로그램

인사팀에서 진행하는 교육이에요. 192
워크숍은 동료들과 가까워지는 시간이니까요. 198
회사 동호회에 가입했어요. 204
한입에 쏙! 한국 문화 210
▸ 워크숍은 어떤 거예요?
▸ 난 다시 태어났어요.

PART 10

복지와 문화

출산 휴가에 들어가요. 214
비자 변경 조건이 사람마다 다르거든요. 220
한국 문화에 익숙해졌다고 생각했는데! 226
한입에 쏙! 한국 문화 232
▸ 한국에는 다양한 제도가 있어요.
▸ '율'과 '률'은 어떻게 구분해요?

PART 11

성장 로드맵

틈틈이 자기 개발을 하고 있어요. 236
퇴근 후 외국인 문화 센터에 가요. 242
리더십 과정도 도전해 보고 싶어요. 248
한입에 쏙! 한국 문화 254
▸ 한국인들은 왜 퇴근 후에도 일을 해요?
▸ 작심삼일을 반복하면 갓생(God生)이에요.

PART 12

미래 설계

외국인도 4대 보험에 가입할 수 있어요. 258
부업을 하고 싶다면? 264
새로운 역할에 도전해 보고 싶어요. 270
한입에 쏙! 한국 문화 276
▸ 한국에는 외국인이 얼마나 많을까요?
▸ 한국어 배우기, 만만치 않아요.

부록

공부한 단어 · 표현 · 문법 다시 보기 280

합격의 공식 시대에듀

MP3 다운로드 경로 안내
www.sdedu.co.kr 접속 → 학습자료 클릭 → MP3 클릭 → '배워서 바로 써먹는 찰떡 한국어 맞춤 회화' 검색

대학 생활 편

PART 01 입학, 첫걸음

PART 02 대학 생활 시작

PART 03 공부와 과제

PART 04 대학생 생활

PART 05 캠퍼스 생활

PART 06 사회를 향해

PART 01

MP3 01

입학, 첫걸음

1 입학식? 새터? 꼭 가야 해요?

2 수강 신청은 어떻게 하는 게 좋아요?

3 학생증을 신청하려면 어디로 가야 해요?

프엉의 하루

여러분, 반가워요! 올해 대학교 신입생으로 입학하게 된 프엉이에요! 대학교라니, 낯선 공간에 처음 보는 사람들까지. 긴장도 되지만 설렘이 더 큰 것 같아요. 입학하자마자 해야 할 일이 정말 산더미 같더라고요. 이제부터 차근차근 하나씩 해결해 보려고요! 대학교 입학식부터 시작해 오리엔테이션(OT)도 있고, 무엇보다 제가 들을 수업도 직접 수강 신청을 해야 하잖아요! 그리고 제가 사용할 학생증도 스스로 발급받아야 하고요. 그런데 말이에요. 입학식이나 신입생 환영회는 꼭 참석해야 하는 걸까요? 또 수강 신청할 때 무엇이 필요한지, 학생증은 어디서 만들어야 하는지 아직은 잘 모르겠어요.

미리 보는 중요 표현

1. 대학 생활 안내도 들을 겸, 동기들도 처음 만날 겸해서 가는 자리니까요.
2. 한국말을 엄청 잘한다면서?
3. 거기가 인터넷이 빠르대.
4. 수강 신청 시작하기가 무섭게 빨리 마감되니까 광클 준비하고.
5. 느릿느릿했다간 수강 신청에서 살아남을 수 없는 법이지.
6. 학생증을 신청하기 위해서는 은행으로 먼저 가야 해.
7. 유용하기 그지없네요!
8. 안 그래도 한국 계좌가 없어서 얼마나 불편했는지 몰라요.

1

입학식?
새터?
꼭 가야 해요?

talk talk 단어 · 표현

- 입학식: 입학할 때에 신입생을 모아 놓고 행하는 의식
- 동기: 같은 시기에 같은 곳에서 교육이나 강습을 함께 받은 사람
- 강의실: 학문이나 기술의 일정한 내용을 체계적으로 설명하여 가르칠 때 쓰는 방

문법 check!

- V + -(으)ㄹ 겸, N + 겸: 두 가지 이상의 목적을 가지고 어떤 행동을 할 때 사용하는 말
- A/V + -(으)면 되다: 조건이 되는 어떤 행동을 하거나 어떤 상태만 갖추어지면 문제가 없거나 충분함을 나타내는 말

지영 프엉 씨, 다음 달부터 학교 다니죠?
Phuong, you're starting school next month, right?

이제 진짜 대학생이네요. 축하해요.
You're a real college student now. Congrats.

입학식은 언제예요?
When's the entrance ceremony?[1]

프엉 다음 주 수요일이요.
It's next Wednesday.

그런데 입학식에 꼭 가야 해요?
But do I *have* to go to the entrance ceremony?

안 가도 된다고 해서요.
Because I heard it's okay not to go.

지영 문제가 되지는 않지만, 그래도 가는 게 좋아요.
Even though it's not a problem if you don't go, it's still good to go.

대학 생활 안내도 들을 겸, 동기들도 처음 만날 겸해서 가는 자리니까요.
That's because it's an event where you'll hear information about college life and meet your classmates[2] for the first time.

프엉 동기들은 강의실에서 만나면 되지요.
I can just meet my classmates in class though, right?

지영 첫 수업 들어갔는데 나만 빼고 서로 다 알고 있으면 혼자 외롭잖아요.

But when you go into the first day of class, if everyone already knows each other except you, you'll be the only one who feels left out.

그리고 입학식 날에 새내기 환영회를 할 수도 있어요.

Also, there might be a welcome event for freshmen on the day of the entrance ceremony.

선배들에게 대학 생활 꿀팁도 들어야지요!

You'd do well to listen to some life hacks[3] about college life from your *Seonbae*[4] too!

프엉 입학식에서 그렇게 할 수 있는 게 많을 줄 몰랐어요.

I didn't know you could do so much at the entrance ceremony.

그럼 뭘 가지고 가면 돼요?

Then what should I bring?

지영 특별히 가지고 갈 건 없어요.

There's nothing in particular you need to bring.

어떤 학교는 축하 공연도 해서 가수가 오기도 해요.

Some schools even have congratulatory performances, and sometimes singers come too.

talk talk 단어 · 표현

- 새내기: 대학이나 직장 등에 새로 갓 들어온 사람
- 꿀팁: 매우 유용한 정보나 조언을 비유적으로 이르는 말
- 특별히: 보통과 구별되게 다르게

문법 check!

- A/V + -(으)ㄹ 줄 모르다: 어떤 사실이나 상황을 확인하지 못해 생각이나 예측한 것과 달라서 놀람을 나타내는 말

프엉 진짜요? 무조건 갈래요!

Really? Then I'm going no matter what!

언니 덕분에 제 한국 생활이 더 좋아지는 것 같아요.

Thanks to you, *Unni*,[5] it seems like my life in Korea is getting even better.

talk talk 단어 · 표현

- 영광: 빛나고 아름다운 영예

지영 아이고, 그렇게 말해 주니 영광이네요.

Aw, I'm honored you said that.

<신입생 환영회에서>

<At the Freshman Welcome Event>

프엉 선배님, 안녕하세요!

Hello, *Seonbaenim*!

은솔 안녕, 네가 프엉이구나. 만나서 반가워.

Hey, so you're Phuong, huh? Nice to meet you.

한국말을 엄청 잘한다면서?

I heard your Korean is super good?

문법 check!

- A+-다면서, V+-ㄴ/는다면서: 말하는 사람이 들어서 아는 사실을 확인하여 물음을 나타내는 말

프엉 아직 멀었어요.

I've got a long way to go.

선배, 근데 새터가 뭐예요? 꼭 가야 하는 거예요?

Seonbae, what is "*saeteo*"? Do I have to go?

은솔 새터는 '새내기 배움터'의 줄임말이야.
Saeteo is short for "Freshman Retreat."[6]

대학 생활에 필요한 많은 걸 알려 주니까,
시간이 되면 가는 게 좋아.
They tell you a lot of things you'll need for college life, so if you have time, it's good to go.

학교 밖에서 재미있게 하는
오리엔테이션이라고 생각하면 돼.
Just think of it as a fun orientation held off-campus.

프엉 재미있어요?
Is it fun?

은솔 그럼! 재미도 있고, 대학 생활에 도움이 되는
정보도 있지.
Of course! It's fun, and there's also helpful info about college life.

낮에는 학교 시설을 구경하거나 1년 일정을
알려 주고, 학과나 단과 소개도 있거든.
In the daytime, they give you a tour of the school's facilities, tell you about the yearly schedule, and introduce the departments and colleges.

밤엔 게임이나 장기자랑도 하고.
At night, there are games and talent shows.

talk talk 단어 · 표현

- 새내기 배움터: '새터'라고 줄여 이르며, 입학식 이후 단과대에 속한 학과, 전공 등에 대해 배우고, 선배나 동기들과 친해질 수 있는 친목의 기회를 얻는 자리
- 학과: 교수 또는 연구의 편의를 위하여 학문의 분야를 작은 단위로 나눈 것
- 단과: 하나의 과목이나 전문 분야를 이르는 말
- 장기자랑: 여럿이 모여 누가 더 재주가 있는지를 겨루며 즐기는 일

문법 check!

- N + 도 있고 N + 도 있다: 두 가지 대상이나 특징이 모두 존재함을 나타내는 말

talk talk 단어 · 표현

- 사귀다: 서로 얼굴을 익히고 친하게 지내다.

프엉 그럼 새터에서 친구를 많이 사귈 수 있겠네요!

Then I bet I can make a lot of friends at freshman orientation!

은솔 맞아. 동기들이랑 하루 종일 같이 있으니까 더 빨리 가까워질 수 있어.

Right. Since you spend the whole day with your classmates, you can get close faster.

문법 check!

- V + -(으)ㄹ 게(요): 어떤 일이 있어도 틀림없이 미래에 대한 약속이나 의지를 나타낼 때 사용하는 말

프엉 저 새터도 꼭 갈게요!

I'm definitely going to freshman orientation too!

공부한 내용 확인하기

Q1 무슨 내용이었는지 대답해 보세요.

1) 입학식에 가면 어떤 점이 좋을까요?

2) 새내기 배움터에 가면 어떤 것들을 할 수 있나요?

Q2 빈칸에 들어갈 말을 골라 알맞게 쓰세요.

입학식	동기	새내기

1) 대학 (   )인 그와 나는 지금까지도 절친한 사이이다.

2) 올해 고등학생이 된 나는 부모님과 함께 (   )에 참석했다.

3) 우리 학교에 새로 들어온 (   )는 몇 명 되지 않는다.

Q3 다음 문법과 제시어를 활용하여 문장을 완성해 보세요.

1) V + -(으)ㄹ게(요)

자다

➡ 오늘은 반드시 일찍 ________________.

2) A + -다면서, V + -ㄴ/는다면서

잘하다

➡ 네가 축구를 그렇게 ________________?

모범 답안

Q1 1) 입학식은 동기들과 함께 선배들에게 대학 생활 팁을 들을 수 있고, 가수의 축하 공연도 볼 수 있어요.
2) 대학 생활에 도움이 되는 정보를 들을 수 있고, 게임과 장기자랑으로 동기들과 가까워질 수 있어요.

Q2 1) 동기 2) 입학식 3) 새내기

Q3 1) 잘게(요) 2) 잘한다면서

2

수강 신청은 어떻게 하는 게 좋아요?

talk talk 단어 · 표현

- 수강 신청: 수업을 듣고자 하는 학과목이나 강좌를 정하여 신청하는 일

문법 check!

- A + -대(요), V + -ㄴ/는대(요): '-다고 해(요)'를 줄여 이르는 말로, 직접 경험한 것이 아닌 타인에게 들은 것을 전달할 때 사용하는 말

세린 프엉아, 어디 가?
Phuong, where are you going?

곧 수강 신청 시간인데?
Isn't it almost time for class registration?

프엉 PC방, 선배들이 거기서 수강 신청한다고 했어.
To a PC bang,[7] because my *seonbaes* said they do class registration there.

거기가 인터넷이 빠르대.
They say the internet's the fastest there.

세린 진짜? 그럼 나도 같이 가자.
Really? Then let me go with you too.

<PC방에서>
<At the PC bang>

프엉 선배님! 수강 신청 다 끝나셨어요?
Seonbaenim! Did you finish all your class registration?

명환 어, 난 방금 끝냈어.
Yeah, I just finished.

3학년은 9시부터 신청이었거든.
For juniors, registration started at nine, you know.

너희도 수강 신청하러 왔구나?
You guys came to register, too, huh?

세린 네! 선배님, 저희 수강 신청 좀 도와주실 수 있으세요?
Yes! *Seonbaenim*, would you possibly be able to help us with class registration?

명환 그럼! 신입생은 당연히 도와줘야지.
Sure! Of course, I'll help out you freshmen.

나도 신입생일 때 수강 신청 때문에 고생한 적이 있어서.
I also had a hard time with class registration when I was a freshman.

자, 일단 여기 앉아 봐.
Here, first sit down.

세린 감사합니다, 선배님.
Thank you, *Seonbaenim*.

전공이랑 교양 중에 뭐부터 신청해야 할까요?
Between major and general classes, which should we register for first?

문법 check!

- A/V + -구나, N + 이구나: 화자가 새롭게 알게 된 사실에 주목함을 나타내는 것으로, 흔히 감탄을 나타내는 말
- V + -(으)ㄴ 적이 있다/없다: 과거의 일이나 경험이 있고 없음을 이야기할 때 사용하는 말

talk talk 단어 · 표현

- 전공: ① 어느 한 분야를 전문적으로 연구함. 또는 그 분야. ② 전문적으로 연구하는 과목. 여기서는 ②의 뜻
- 교양: 학문, 지식, 사회생활을 바탕으로 이루어지는 품위. 또는 문화에 대한 폭넓은 지식

talk talk 단어 · 표현

- 과목: 가르치거나 배워야 할 지식 및 경험의 체계를 세분하여 계통을 세운 영역
- 학사: 대학의 학부 과정을 마치고 규정된 절차를 밟은 사람에게 수여하는 학위. 또는 그 학위를 딴 사람
- 마감: ① 하던 일을 마무리하여 끝냄. 또는 그런 때. ② 정해진 기한의 끝. 여기서는 ②의 뜻

문법 check!

- V + -기가 무섭게: 앞의 말이 나타내는 일이 끝나자마자 곧바로 다음 일이 일어남을 나타내는 말

영환 우리 학교 1학년은 필수 과목이 정해져 있어서, 학사 정보 시스템에 로그인하면 전공 필수랑 교양 필수는 이미 신청되어 있을 거야.

At our school, the required classes for freshmen are already set, so if you log into the Academic Information System, your major and general requirements will already be registered for.

프엉 아, 그럼 저희가 직접 고르는 수업은?

Ah, then the classes we choose ourselves are?

영환 교양 선택 몇 개만 하면 돼.

You just need to pick a few general electives.

근데 인기 있는 수업은 수강 신청 시작하기가 무섭게 빨리 마감되니까 광클 준비하고.

But for popular ones, I'm afraid they fill up as soon as registration starts, so get ready to *gwangkeul*.[8]

프엉 광클, 저 그 단어 알아요! 광속 클릭!

I know that word in Korean! "*Gwangsok* click!"

빛처럼 빠르게 마우스를 클릭하는 거죠?

That means clicking the mouse as fast as light, right?

명환 맞아, 느릿느릿했다간 수강 신청에서 살아남을 수 없는 법이지.

That's right. If you're even the slightest bit slow, there's no surviving class registration.

프엉 교양 선택은 어떤 게 좋아요?

What kind of general electives are good?

명환 듣고 싶은 게 있으면 그걸로 하고, 잘 모르겠으면 수업 설명을 한번 잘 읽어 봐.

If there's one you want to take, choose that. If you don't know, read over the class description.

과제가 적고 출석도 쉬운 수업이 있어.

There are classes with few assignments and easy attendance.

세린 그런 건 어디서 찾아요?

Where can I find those?

명환 강의 평가 사이트나 에브리타임과 같은 커뮤니티, 그리고 학교 홈페이지에 선배들이 올린 후기가 있어.

There are lecture review sites, communities like Everytime, and *seonbae* who post reviews on the school homepage.

강의가 '널널하다', '재미있다' 같은 말들은 과제나 출석이 쉬움을 말해 주지.

If a class is referred to as "chill"[9] or "fun," it usually means it has easy attendance and assignments.

문법 check!

- A/V + -(으)ㄴ/는 법이다: 앞의 말이 나타내는 동작이나 상태가 이미 그렇게 정해져 있거나 그런 것이 당연하다는 뜻을 나타내는 말
- N + 은/는 A/V + -(으)ㅁ을 말해 주다: 앞의 상황으로 보아 그것이 무엇임을 알 수 있음을 나타내는 말

talk talk 단어 · 표현

- 과제: 주로 교육 기관 등에서 학생들의 학습 능력을 높이기 위해 교사나 교수가 학생들에게 내어 주는 연구 문제
- 에브리타임: 학교별로 시간표, 강의 정보 등의 대학 생활과 관련된 다양한 정보와 이야기 공유를 목적으로 제작된 대학교 온라인 커뮤니티
- 널널하다: ① 시간이나 공간이 빠듯하지 않고 여유가 있다. ② 수업이나 업무가 까다롭거나 복잡하지 않고 수월하다. 여기서는 ②의 뜻

talk talk 단어 · 표현

- 굳이: ① 단단한 마음으로 굳게. ② 고집을 부려 일부러 애써. 여기서는 ②의 뜻

문법 check!

- A/V + -(으)면, N + 이면: 어떤 행동의 조건이나 불확실한 사실을 말할 때 사용하는 말

프엉 전공 선택 과목은 아직 안 들어도 될까요?
Is it okay if I don't take any major electives yet?

명환 응, 1학년 땐 굳이 안 들어도 돼.
Yeah, you don't really need to in freshman year.

그건 나중에 듣는 게 이해하기도 더 쉬울 거야.
It'll actually be easier to understand if you take them later.

세린 프엉아, 우리 오늘 수강 신청 잘하면 맛있는 거 먹으러 가자!
Phuong, if we do well on class registration today, let's go eat something good!

프엉 좋아! 손가락 스트레칭부터 해야겠네.
Okay! I'd better stretch my fingers first.

선배님, 감사합니다!
Thank you, *Seonbaenim*!

공부한 내용 확인하기

Q1 무슨 내용이었는지 대답해 보세요.

1) 세린과 프엉이 PC방에 간 이유는 무엇인가요?

2) 수강 신청 때 왜 신입생은 교양 선택 과목만 고르나요?

Q2 빈칸에 들어갈 말을 골라 알맞게 쓰세요.

전공	마감	널널하다

1) 원서 신청 (   )은 다음 주 화요일 저녁 6시입니다.

2) 이번 학기에는 시험이 적어서 시간이 (   ).

3) 대학교에서의 (   )을 살려서 편집 디자인을 하고 있다.

Q3 다음 문법과 제시어를 활용하여 문장을 완성해 보세요.

1) V + -기가 무섭게

열다

➡ 백화점 문을 ________________ 사람들이 몰려들었다.

2) A/V + -(으)ㄴ/는 법이다

그리워지다

➡ 오랫동안 고향을 떠나 있으면 ________________.

모범 답안

Q1 1) 수강 신청을 하기 위해서 인터넷이 빠른 PC방에 갔어요.
2) 신입생은 전공 필수와 교양 필수 과목이 이미 정해져 있기 때문이에요.

Q2 1) 마감 2) 널널하다 3) 전공

Q3 1) 열기가 무섭게 2) 그리워지는 법이다

3

학생증을 신청하려면 어디로 가야 해요?

문법 check!

- V + -기 위해(서): 어떤 일을 하는 목적이나 의도를 나타내는 말

talk talk 단어 · 표현

- 학생증: 학생의 신분임을 밝힌 증명서
- 중앙 도서관: '중도'라고 줄여 이르며, 여럿 가운데 중심이 되는 도서관
- 학생회관: 학교에서, 학생들이 식사, 휴식의 학업 외 활동을 할 수 있도록 설비를 갖춘 건물

프엉 선배, 혹시 학생증 어디서 신청하는지 아세요?
Seonbae, by chance, do you know where to apply for a student ID card?

문자로 안내받긴 했는데, 이해가 잘 안 돼서요.
I got a text message about it, but I didn't really understand.

희준 학생증을 신청하기 위해서는 은행으로 먼저 가야 해.
To apply for a student ID card, you have to go to the bank first.

중도, 그러니까 중앙 도서관 맞은편 학생회관 1층에 있어.
It's across from the *Jungdo*[10]—I mean, the central library, on the first floor of the student union building.

프엉 은행이요? 학생증을 은행에서 신청해요?
A bank? You apply for your student ID at the bank?

희준 응, 학교랑 연계된 은행에서 신청을 받아.
Yeah, the applications are handled by a bank that is connected with the school.

거기 안내 데스크에 말하면 도와줄 거야.
If you talk to the help desk there, they'll help you.

학생증 만들 때 필요한 건 다 챙겼어?

Did you bring everything you need to make your student ID?

프엉 네, 외국인 등록증 원본이랑 여권 원본, 그리고 재학 증명서랑 증명사진 한 장. 이렇게 네 개요!

Yes, I have my original alien registration card, original passport, certificate of enrollment, and one ID photo. Those four!

희준 사진은 디지털 사진 말고 실물 사진으로 가져왔지?

It's an actual photo, not a digital one, right?

여권 사진 크기로 인화된 거.

I mean a real passport-sized printed photo.

프엉 여권 사진보다 작은 걸로 가져왔는데, 그러면 학생증 못 만들어요?

I brought a smaller one than passport size, so does that mean I can't make my student ID?

희준 사진을 확대해서 써야 하니까 얼굴이 흐릿하게 나오지 않을까 싶어.

They'll have to enlarge the photo, so I'm worried your face might come out blurry.

은행 옆에 사진관이 있으니까 새로 찍는 게 어때?

There's a photo studio next to the bank, so how about taking a new one?

talk talk 단어 · 표현

- 외국인 등록증: 무비자로 입국 가능한 90일을 초과하여 대한민국에 체류하려는 외국인에게 발급하는 문서
- 인화: 사진기로 찍은 필름을 인화지 위에 올려놓고 사진이 나타나도록 하는 일. 또는 그런 사진
- 사진관: 일정한 시설을 갖추고 사진 찍는 일을 영업으로 하는 집

문법 check!

- A/V + -지 않을까 싶다: 앞의 말이 나타내는 내용을 불확실하게 추측하거나 그 내용대로 될까 봐 걱정하는 마음이 있음을 나타내는 말

프엉 선배 말을 듣고 보니, 새로 찍는 게 낫겠어요.

Now that you say that, *Seonbae*, I think I'd better take a new one.

근데 학생증을 은행에서 신청하는 이유가 있어요?

But is there a reason student ID applications are done at the bank?

문법 check!

- A/V + -기 때문이다: 어떤 일의 이유나 원인을 나타내는 말

희준 한국의 대학교 학생증 대부분은 체크 카드로도 쓸 수 있기 때문이지, 우리 학교도 그렇고.

That's because most university student IDs in Korea also work as debit cards, and it's the same at our school.

그래서 은행이랑 연계해서 학생증을 발급해 줘.

That's why they issue them through the bank.

프엉 그럼 학생증으로 밥도 사 먹고, 도서관도 들어갈 수 있는 거예요?

Then can I buy food with my student ID and go into the library too?

talk talk 단어 · 표현

- 학식: '학생 식당'을 줄여 이르는 말로, 학생들이 이용할 수 있게 만든 식당. 또는 그 식당에서 파는 음식
- 복사실: 문서나 그림, 사진을 복사기를 이용해 복제할 수 있도록 설비된 방
- 출입증: 드나들 수 있도록 허가한 증표

희준 학생증 자체가 체크 카드라서 학식이나 편의점에서 결제가 가능하고, 도서관이나 복사실에 들어갈 때 출입증으로도 쓸 수 있어.

Since your student ID itself is a debit card, you can use it to pay at the cafeteria or convenience store, and you can also use it as an access card for places like the library or copy center.

그리고 시험 칠 때도 학생증으로 본인 확인을 하기도 하니까 항상 가지고 다녀야 해.
And for exams, they use it to check who you are, so you always have to carry it with you.

프엉 카드 하나로 결제도 하고, 학교 출입도 하고, 시험 때 본인 확인도 하고.
One card for paying, getting into buildings, and checking who you are during exams.

유용하기 그지없네요!
That couldn't be more useful!

희준 그리고 중요한 거! 학생증을 신청하면서 은행 계좌도 같이 만들 수 있어.
And one more important thing! While applying for your student ID, you can also open a bank account.

너 같은 유학생은 계좌를 만들 때 준비해야 할 서류도 많고 절차도 복잡하잖아.
For international students like you, opening an account usually requires a lot of documents, and the process is complicated.

이게 제일 쉬운 방법이라고 들었어.
I've heard this is the easiest way.

프엉 진짜 꿀팁이네요!
That's a real life hack!

문법 check!

- A + -기 그지없다: 어떤 상황이나 상태가 이루 다 말할 수 없을 정도로 매우 클 때 사용하는 말

talk talk 단어 · 표현

- 계좌: 금융 기관에서 고객이 맡기거나 빌린 돈을 계산하고 기록한 것

문법 check!

- 얼마나 A/V + -(으)ㄴ/는지 모르다: 내용을 강조하는 말로, 말하는 사람의 주관적인 생각이나 평가를 강조하여 말할 때 나타내는 말

talk talk 단어 · 표현

- 인문관: 인간의 언어, 문학, 철학, 역사를 전문적으로 연구하고 가르치는 단과 대학의 건물

프엉 안 그래도 한국 계좌가 없어서 얼마나 불편했는지 몰라요.

Honestly, not having a Korean bank account has been such a hassle.

이참에 하나 만들어야겠어요.

I'd better use this opportunity to make one.

근데 도서관은 어디에 있어요?

By the way, where's the library?

희준 지금 우리가 있는 인문관에서 나가서 오른쪽으로 쭉 내려가면 보일 거야.

If you go out of the Humanities Hall, where we are now, and head straight down to the right, you'll see it.

건물 입구에 은행 간판도 있어서 금방 찾을 수 있을걸?

There's a bank sign at the building's entrance, so you'll probably be able to find it right away.

프엉 네! 덕분에 길도 찾았고, 뭘 챙겨야 할지도 알겠어요. 고맙습니다, 선배!

Got it! Thanks to you, I know where to go and what to bring. Thank you, *Seonbae*!

공부한 내용 확인하기

Q1 무슨 내용이었는지 대답해 보세요.

1) 학생증을 신청하려면 무엇을 가지고 어디로 가야 하나요?

2) 학생증으로 할 수 있는 일을 말해 볼까요?

Q2 빈칸에 들어갈 말을 골라 알맞게 쓰세요.

외국인 등록증	학식	계좌

1) 시간이 없으니까 (   )에서 점심을 해결하는 게 좋겠어.

2) 은행 (   )를 알려 주시면 바로 입금해 드리겠습니다.

3) 여권이나 (   )은 외국인의 신분증 역할을 한다.

Q3 다음 문법과 제시어를 활용하여 문장을 완성해 보세요.

1) A + -기 그지없다

반갑다

➡ 한국에서 고향 친구를 만나니까 ____________________.

2) 얼마나 A/V + -(으)ㄴ/는지 모르다

재미있다

➡ 지난주에 동물원을 구경하는 게 ____________________.

모범 답안

Q1 1) 외국인 등록증, 여권, 재학 증명서, 증명사진 등을 가지고 대학교 내에 있는 은행에 가야 해요.
2) 체크 카드로 사용할 수 있고, 도서관이나 복사실 출입증으로도 사용할 수 있어요.

Q2 1) 학식 2) 계좌 3) 외국인 등록증

Q3 1) 반갑기 그지없다 2) 얼마나 재미있었는지 모른다

아무 수업이나 들으면 졸업할 수 없어요.

한국의 대학교에서 공부하는 과목은 '전공 필수, 전공 선택, 교양 필수, 교양 선택'으로 나누어져요. 자신이 선택한 분야에 관련된 과목은 '전공'이라는 말이 붙고, 그 이외의 분야를 '교양'이라고 하죠. 그리고 졸업을 위해 반드시 들어야 하는 수업은 '필수', 그렇지 않아도 되는 수업은 '선택'이라고 불러요. 대학교를 졸업하기 위해서는 전공과 교양에서 정해진 학점(일주일에 수업을 듣는 시간에 따른 평가 점수)을 받아야 하고요. 그러나 무조건 학점만 많이 채운다고 졸업할 수 있는 건 아니에요. 먼저 전공 필수와 교양 필수 과목을 모두 수강해야 하고, 각 과목에 정해진 일정 학점을 만족해야 졸업할 수 있어요. 그래서 수강 신청을 할 때는 꼭 자신이 다니는 학과의 졸업 요건을 생각하고, 4학년까지 어떤 수업을 들을지 미리 계획을 세운 후 신청해야 해요.

무엇을 줄인 말일까요?

요즘 한국 사람들은 어휘를 줄여서 쓰는 경우가 많아요. 일상에서 자주 사용하는 어휘들을 짧게 줄여서 말하면 더 편리하니까요. 특히 대학생들은 학교와 관련된 어휘를 줄이는 경우가 많답니다. 예를 들면 학생 구내식당을 줄여서 '학식'이라고 부르는데, 이러한 '학식'에는 두 가지 의미가 있어요. 하나는 방금 말한 '학생 구내식당'을 말하고요, 또 다른 의미는 '학생 구내식당에서 판매하는 음식'을 말하기도 해요. '학생 구내식당'을 의미할 때는 "학식 가자.", "학식 앞에서 만나."라고 수로 말하고요, 음식을 의미할 때는 "오늘은 학식 먹자.", "오늘 학식 뭐야?"라고 사용하지요. 그리고 중앙 도서관은 '중도'라고 줄여서 불러요. 대학교 안에는 여러 종류의 도서관이 여기저기에 있는데, 가장 크고 중심이 되는 도서관을 중앙 도서관이라고 하지요. 왜냐하면 대부분의 대학교에서 중앙 도서관은 모든 학과 학생들이 편리하게 이용할 수 있도록 캠퍼스 중앙에 위치하기 때문이에요.

어휘가 쏙쏙!

❶ In Korea, "입학식" is a formal entrance ceremony with speeches and performances that is a separate event from freshman orientation.

❷ The word "동기," while translated here as "classmates" actually only refers to the people who entered the school the same time as you and are more like a "cohort" in the Korean context.

❸ "꿀팁" literally means "honey tip," and is commonly used to refer to life hacks, special tips, insider knowledge, or otherwise highly valuable information.

❹ The term "선배" refers to someone who entered school or started a job before you, used to show respect and acknowledge seniority, even if the person isn't older than you.

❺ In Korea, "언니" is a term women use to refer to an older female friend or blood-related sister. It shows closeness and respect, even if they're not related.

❻ The term "새터" is an abbreviation fo the Korean words "새내기" (literally "newcomer" or "newbie") and "배움터" (meaning "a place to learn").

❼ A "PC방" is a Korean internet cafe where people go to use high-speed computers, usually for gaming, that are also a popular hangout for students.

❽ The word for "click at the speed of light" in Korean is "광클," an abbreviation of "광속" (meaning "light speed") and "클" taken from the word "클릭" ("click").

❾ The expression "널널하다" describes something is loose, relaxed, or undemanding. For a college class, it means the course is easy to keep up with or, in other words, it's "chill".

❿ "중도" is a common abbreviation that combines the words "중앙" (meaning "central") and "도서관" ("library"). It's the popular nickname students use to refer to the main library on a college campus.

PART

02

MP3 02

대학 생활 시작

1 동아리랑 학회는 뭐가 달라요?

2 모내기하다 보면 허리가 부러질 거야.

3 시대 대학교 축제에 갈 계획이야.

프엉의 하루

안녕하세요. 프엉이에요! 이제는 대학 생활에 어느 정도 익숙해졌어요. 친구들도 많이 사귀었고, 선배님들도 다들 저를 잘 챙겨 주셔서 정말 행복하게 지내고 있어요. 이제는 본격적으로 대학 생활을 즐기고 싶어서 동아리에 한번 가입해 보려고 해요. 다른 학과 학생들도 많이 만날 수 있고, 또 저만의 새로운 취미도 만들 수 있을 것 같거든요. 다음 주에는 학생회에서 진행하는 봉사 활동에 가기로 했어요. 맛있는 것도 주고 출석도 인정해 준다는데 안 갈 이유가 없죠! 이번에 처음으로 모내기를 한다는데, 제가 잘 해낼 수 있겠죠? 어, 희준 선배가 저기 지나가네요! 오늘 축제에 가신다고 하셨는데, 저도 따라가 봐야겠어요.

미리 보는 중요 표현

1. 며칠 동안 동방에 거의 살다시피 했어.
2. 고민한 끝에 직접 강의실을 돌아다니면서 새내기들한테 말을 건 거야.
3. 그냥 모내기 도와주는 거라고 들었어요.
4. '농촌 봉사 활동'을 줄여서 '농활'이라고 해.
5. 맛있는 것도 많이 먹고, 한국 농촌의 인심도 많이 느껴 보고 오렴.
6. 오늘 '시대 대학교' 축제에 갈 계획이라서.
7. 이럴 때 "한 수 부탁드립니다."라고 하는 거죠?
8. 일단 오늘은 도착하자마자 얼굴에 보디 페인팅 하나 딱 그리자.

1

동아리랑 학회는 뭐가 달라요?

프엉 선배, 오랜만이에요!

Seonbae, long time no see!

요즘 많이 바쁘신가 봐요?

You seem really busy these days?

은솔 기타 동아리 발표회 준비 때문에 며칠 동안 동방에 거의 살다시피 했어.

I've been preparing for a performance for my guitar club, so I've practically been living in the club room for the past few days.

프엉 기타 동아리요? 와, 멋있네요.

Guitar club? Wow, that's so cool.

어떻게 들어가게 되셨어요?

How did you end up joining?

은솔 길거리 캐스팅 당했지.

I got street-cast.

신입생들이 들어오는 학기 초가 되면 동아리들이 캠퍼스에 부스를 열고 신입 회원을 모집하거든.

When the new semester starts for freshmen, clubs set up booths on campus to recruit new students.

거기다 우리 동아리는 공연도 하니까 눈길을 엄청 끌 수 있어.

Since we perform there too, our club gets a lot of attention.

talk talk 단어 · 표현

- 동아리: 같은 뜻을 가지고 모여서 한패를 이룬 무리
- 동방: '동아리 방'을 줄여 이르는 말로, 같은 뜻을 가지고 모인 사람들이 단체의 활동을 위해 함께 사용하는 공간
- 모집: 사람이나 작품, 물품을 일정한 조건 아래 널리 알려 뽑아 모음
- 눈길: ① 눈이 가는 곳. 또는 눈으로 보는 방향. ② 주의나 관심을 비유적으로 이르는 말. 여기서는 ②의 뜻

문법 check!

- V + -다시피: 그 동작에 가깝게 함을 나타내는 말

프엉 그럼 선배도 그때 공연 보고 가입하신 거예요?

So you joined after watching one of those performances, *Seonbae*?

은솔 아니, 그땐 관심 없었어.

No, I wasn't interested back then.

그냥 지나가다가 '와, 다들 열심히 하네.' 하고 말았지.

I just walked by and thought, "Wow, they're really into it." And that was it.

사실 공연은 인기였는데, 정작 가입하는 사람은 한 명도 없었대.

Actually, the performance was popular, but apparently, not a single person signed up.

프엉 어? 그럼 어떻게 가입하셨어요?

Huh? Then how did you join?

은솔 그래서 그때 2, 3학년 동아리 선배들이 고민한 끝에 직접 강의실을 돌아다니면서 새내기들한테 말을 건 거야.

So the sophomore and junior year *seonbae* in the club talked it over and decided to go around the classrooms and talk to freshmen directly.

앉아서 쉬고 있는 걸 보면 다가가서 소개하고. 일종의 동아리 '삼고초려'랄까?

If someone looked like they were just sitting around and resting, they'd go up and introduce the club. Sort of recruiting them to the club "the hard way,"[11] I guess?

talk talk 단어 · 표현

- 가입: 조직이나 단체에 들어가거나, 서비스를 제공하는 상품을 신청함.
- 삼고초려: 인재를 맞아들이기 위하여 참을성 있게 노력함. 중국 삼국 시대에, 촉한의 유비가 난양에 은거하고 있던 제갈량의 초옥으로 세 번이나 찾아갔다는 데서 유래함.

문법 check!

- V + -(으)ㄴ 끝에: 어떤 행동이나 일이 있은 다음의 결과를 나타내는 말

프엉 '삼고초려'요? 하하하, 재미있네요.
"The hard way"? Hahaha, that's funny.

근데 새내기인지 어떻게 알아요?
But how can you tell who's a freshman?

이마에 적혀 있는 것도 아닌데.
It's not like it's written on their forehead.

talk talk 단어 · 표현

- 티가 나다: 어떤 태도나 기색이 뚜렷하게 나타나다.
- 감이 오다: 느낌이나 생각이 오다.

문법 check!

- A/V + -아/어서 그런지: 명확히 말하기 어려운 이유를 추측하여 말할 때 사용하는 말

은솔 티가 나. 다 같이 어울려 다니고, 옷차림도 달라서 그런지.
It shows. They walk around in big groups, and their outfits are kind of different.

너도 2학년쯤 되면 감이 와서 딱 보면 알 거야.
Once you're a sophomore, you get a feel for it, and you just know.

프엉 저도 동아리 하나 해 보고 싶은데, 뭐가 좋을까요?
I want to try joining a club too. Have any suggestions?

아직 3월이니까 늦진 않았겠죠?
Since it's still March, I'm not too late, am I?

은솔 당연히 아니지. 그리고 동아리는 네가 흥미 있는 걸로 선택하는 게 좋아.
Of course not. And it's good to pick a club that suits your interests.

그래야 재미있게 오래 할 수 있지.
That way, you'll enjoy it and stick with it.

예를 들면 밴드나 음악도 있고, 연극이나 영화 감상, 그리고 스포츠처럼 편하게 즐길 수 있는 걸로 말이야.

There are things like band and music, or theater and movie-watching, or even more casual things like sports.

프엉 흥미 있는 거라…. 전 운동보다 예술 쪽이 더 끌려요.

Interests… I think I'm more drawn to the arts than sports.

영화 연구 동아리도 있을까요?

Do you think there's a film study club?

은솔 아마 있을 거야. 아니면 학회도 있어.

There probably is. If not, there's also something called an academic society.

강연도 들으러 다니고, 자격증 스터디도 하고, 발표도 하고.

They go to lectures, study for certifications, and give presentations.

그쪽으로도 한번 생각해 볼 만해.

That could be worth considering, too.

프엉 쉽게 말하자면 학회는 공부 모임, 동아리는 취미 모임인 거죠? 둘 다 해도 돼요?

So, to put it simply, academic societies are more like a study group, and clubs are for hobbies? Can I do both?

talk talk 단어 · 표현

- 학회: 학문을 깊이 있게 연구하고 더욱 발전하게 하기 위하여 공부하는 사람들이 만든 모임
- 자격증: 일정한 자격을 인정하여 주는 증서

문법 check!

- V + -(으)ㄹ 만하다: 그 일을 해 볼 가치가 있거나 해도 괜찮다는 뜻을 나타내는 말

은솔 당연하지. 근데 중간고사나 기말고사 때는 좀 힘들 수 있으니까 하나에 집중하는 것도 좋아.

Totally. But it might be tough during midterms and finals, so it's also good to focus on just one.

그리고 유학생 모임이나 언어 교환 모임도 있어.

Also, there are international student clubs and language exchange groups.

국제처 게시판을 한번 찾아봐. 거기 정보가 많을 거야.

Try checking the bulletin board at the Office of International Affairs. There'll be lots of info there.

프엉 네! 동아리든 학회든 얼른 들어가서, 저도 선배처럼 재미있는 학교생활 하고 싶어요.

Got it! Whether it's a student club or an academic society, I want to join something soon and have a fun college life, just like you, *Seonbae*.

오늘 알려 주셔서 감사해요!

Thanks for telling me about it today!

talk talk 단어 · 표현

- 국제처: 해외 대학 및 기관과의 국제 교류 추진 및 관리를 통해 다양한 프로그램 제공하고 외국인 유학생의 유치·관리 업무를 진행하며, 학생 학사 지도 및 생활 전반에 대한 지도를 담당하는 조직
- 게시판: 여러 사람에게 알릴 내용을 내붙이거나 내걸어 두루 보게 붙이는 판

공부한 내용 확인하기

Q1 무슨 내용이었는지 대답해 보세요.

1) 대학교 동아리에서는 회원을 어떻게 모집하나요?

2) 동아리와 학회는 어떤 차이가 있을까요?

Q2 빈칸에 들어갈 말을 골라 알맞게 쓰세요.

모집	눈길	가입

1) 지역 주민과 함께하는 대학 축제가 ( )을 끌고 있다.

2) 대학교는 9월부터 다음 해 신입생을 ( )할 준비를 한다.

3) 동아리에 ( )하려면 동방으로 가면 되나요?

Q3 다음 문법과 제시어를 활용하여 문장을 완성해 보세요.

1) V + -다시피 하다

새우다

➡ 어제 할 일이 너무 많아서 밤을 ______________.

2) V + -(으)ㄹ 만하다

먹다

➡ 한국 음식 중에서 어떤 것이 ______________?

모범 답안

Q1 1) 캠퍼스 광장이나 건물 앞에 부스를 열고 모집하거나, 직접 강의실을 돌아다니면서 홍보해요.
2) 동아리는 취미를 위한 모임이지만, 학회는 공부를 하기 위한 모임이에요.

Q2 1) 눈길 2) 모집 3) 가입

Q3 1) 새우다시피 했다 2) 먹을 만해요

2

모내기하다 보면 허리가 부러질 거야.

talk talk 단어 · 표현

- 학생회: 학생이 중심이 되어 어떤 일을 의논하여 결정하고 실행하는 조직이나 모임
- 봉사 활동: 국가나 사회 또는 남을 위하여 자신을 돌보지 않고 힘을 바쳐 애쓰는 모든 활동
- 모내기: 모를 못자리에서 논으로 옮겨 심는 일
- 농촌: 주민의 대부분이 농업에 종사하는 마을이나 지역

문법 check!

- N + (이)라고 듣다: 다른 사람에게 들은 내용을 전달할 때 사용하는 말

희준 프엉아, 다음 주에 뭐 특별한 일정 있니?
Hey Phuong, do you have any special plans next week?

프엉 저 학생회에서 봉사 활동 가요. 무슨 일 있으세요?
I'm going on a volunteer trip with the student council. Why do you ask?

희준 진짜? 나도 봉사 활동 가는데, 혹시 너도 같이 갈 수 있나 궁금해서 물어봤지.
Really? I'm also doing volunteer work, too, and was wondering if maybe you wanted to come.

어디로 가는데?
Where are you going?

프엉 어디로 가는지는 몰라요, 그냥 모내기 도와주는 거라고 들었어요.
I don't know where we're going, but I heard we're just helping with planting rice.

희준 농활 가는구나? '농촌 봉사 활동'을 줄여서 '농활'이라고 해.
So it's *nonghwal* volunteering then? That's short for "*nongchon bongsa hwaldong*," which means "volunteer work in farming villages."

근데, 너 모내기가 얼마나 힘든 줄은 아니?
But do you have any idea how hard planting rice actually is?

프엉 저 사실은, 은솔 선배가 가면 맛있는 걸 많이 먹을 수 있다고 해서 신청했어요.

To be honest, I signed up because Eunsol *Seonbae* said you can eat lots of good food.

희준 맛있는 것만 기대하고 가기엔 농사일이 쉽지 않을 텐데.

If you're only expecting to eat good food, that might not cut it, since farm work isn't easy.

하긴 학생회에서 하는 건 하루짜리 체험 위주라서 그렇게 힘들진 않을 거야.

Then again, since it's the student council's program, it'll probably be just a one-day experience, so it won't be too hard.

프엉 네! 그리고 출석도 인정해 준다니까 너무 좋아요.

Yes! And they said it counts for attendance, so that's really good.

희준 출석을 인정해 준다는 건 거기서 배우는 게 많을 거라는 뜻이야.

If they're giving you credit for attendance, that means you'll probably learn a lot while you're there.

많이 배우고 와. 교육은 들었어?

Learn as much as you can. Did you receive any training?

문법 check!

- A/V + -(으)ㄹ 텐데, N + 일 텐데: '-ㄹ 터인데'를 줄여 이르는 말로, 앞에 오는 말에 대하여 말하는 사람의 강한 추측을 나타내면서 그와 관련되는 내용을 이어 말할 때 사용하는 말

talk talk 단어 · 표현

- 하긴: '하기는'을 줄여 이르는 말로, '실상 말하자면'의 뜻을 지니며 이미 된 일을 긍정할 때에 쓰는 말
- 체험: 자기가 몸소 겪음. 또는 그런 경험

프엉 **봉사 활동에 교육도 있어요?**

There's training for volunteer work?

talk talk 단어 · 표현

- 안전 수칙: 위험이 생기거나 사고가 나지 않도록 행동이나 절차에서 지켜야 할 사항을 정한 규칙
- 박람회: 여러 나라와 기관이 참여해 제품·문화·기술을 한곳에 모아 전시하고 교류하는 국제적 행사
- 자원봉사: 어떤 일을 대가 없이 자발적으로 참여하여 도움. 또는 그런 활동
- 통역: 언어가 달라 말이 통하지 아니하는 사람 사이에서 뜻이 통하도록 말을 옮겨 줌. 또는 그런 일을 하는 사람

희준 **응, 안전 수칙도 알려 주고, 학점으로 인정받을 수도 있으니까 가기 전에 꼭 듣고 가.**

Yeah, they go over safety guidelines, and sometimes it even counts for credit, so make sure you do it before going.

프엉 **네, 그럴게요! 선배는 봉사 활동 어디로 가세요?**

Okay, I will! Where are you going for your volunteer work, *Seonbae*?

희준 **우리는 전라남도 순천으로 가.**

We're going to Suncheon in Jeollanamdo Province.

매년 4월에 순천만 국제 정원 박람회를 하는데, 우리 학교 국제처에서 매년 자원봉사 신청을 받거든.

Every April, Suncheon hosts an International Garden Expo[12], and our school's Office of International Affairs recruits student volunteers for it every year, you know.

가면 길 안내도 하고, 안전 요원도 하고, 통역도 하고 이것저것 할 게 많아.

When we go, we help with things like guiding visitors, doing safety checks, interpreting, there's a lot of this and that to do.

프엉 **오, 통역도요? 선배, 완전 멋있어요!**

Wow, even interpreting? That's so cool, *Seonbae*!

희준 **나름 전공을 살려서 하는 셈이지. 그래서 외국인 학생들도 많이 참여해.**

I'm just trying to put my major to good use. That's why a lot of international students take part too.

대신 중요한 행사인 만큼 준비를 많이 해야 해서 이번 주 주말에는 학교에 계속 있어야 할 것 같아.

But since it's an important event, there's a lot to prepare, so I'll probably have to stay on campus all weekend.

프엉 **다음에는 저도 가보고 싶어요. 시간이 맞으면 둘 다 갈 텐데.**

Then next time I want to go, too. If only the timing worked out, I'd go to both.

이번에는 모내기 체험이 더 궁금하니까 그리로 갈게요.

But for now, I'm more curious about the rice planting, so I'll go there.

희준 **그래, 이번에 맛있는 것도 많이 먹고, 한국 농촌의 인심도 많이 느껴 보고 오렴.**

Yeah, this time, eat lots of good food, and I hope you take in the warmth[13] of the Korean countryside.

문법 check!

- A/V + -(으)ㄴ/는 셈이다, N + 인 셈이다: 앞의 근거로 볼 때 결국 어떤 결과에 해당한다는 것을 나타내는 말
- V + -(으)렴: 부드러운 명령이나 허락을 나타내는 말

talk talk 단어 · 표현

- 인심: ① 사람의 마음. ② 남의 딱한 처지를 헤아려 알아주고 도와주는 마음. 여기서는 ①의 뜻

희준 대신 꼭 모내기를 어떻게 하는지는 알아보고.

In return, whatever you do, make sure you know how to planting rice.

프엉 네! 그럴게요.

Got it!

희준 그리고 힘들어도 포기하지 말고.

And don't give up, even when it gets hard.

프엉 모내기가 그렇게 힘든 거예요?

Is rice planting really *that* hard?

희준 응, 허리가 부러질 거야.

Yup. Your back will feel broken.

프엉 흥미진진한데요?

Now I'm *really* intrigued!

희준 흠, 갔다 와서도 그렇게 말할 수 있는지 한번 볼까?

Hmm, let's see if you're still saying that after you've done it.

문법 check!

- V + -지 말다: 어떤 행위를 하지 못하게 함을 나타내는 말로 다른 사람의 행위를 금지할 때 주로 사용하는 말

talk talk 단어 · 표현

- 허리가 부러지다: 어떤 일에 대한 부담이 감당하기 어려운 상태가 되다.
- 흥미진진하다: 넘쳐흐를 정도로 흥미가 매우 많다.

공부한 내용 확인하기

Q1 무슨 내용이었는지 대답해 보세요.

1) 프엉은 다음 주에 무엇을 하나요?

2) 박람회로 봉사 활동을 가면 어떤 일을 하나요?

Q2 빈칸에 들어갈 말을 골라 알맞게 쓰세요.

모내기 박람회 통역

1) 국제 교류 행사에서 ( )을 해 줄 사람을 찾고 있어요.

2) 이번 취업 ( )에는 20여 개의 회사가 참여했다.

3) 5월이 되면 농촌에서는 ( )를 하느라 아주 바쁘다.

Q3 다음 문법과 제시어를 활용하여 문장을 완성해 보세요.

1) A/V + -(으)ㄹ 텐데, N + 일텐데

막히다

➡ 차가 많이 ________ 지하철을 타는 게 어때요?

2) A/V + -(으)ㄴ/는 셈이다, N + 인 셈이다

끝나다

➡ 기말고사만 남았으니까 이번 학기가 ________.

모범 답안

Q1 1) 프엉은 학생회에서 농촌 봉사 활동으로 모내기를 하러 갈 예정이에요.
2) 박람회 봉사 활동에서는 길 안내와 안전 요원, 통역 활동 등을 해요.

Q2 1) 통역 2) 박람회 3) 모내기

Q3 1) 막힐 텐데 2) 끝난 셈이다

3

시대 대학교 축제에 갈 계획이야.

talk talk 단어 · 표현

- 축제: 축하하여 벌이는 큰 규모의 행사
- 특이하다: ① 보통 것이나 보통 상태에 비하여 두드러지게 다르다. ② 보통보다 훨씬 뛰어나다. 여기서는 ①의 뜻
- 참고: 살펴서 도움이 될 만한 재료로 삼음
- 공연: 음악, 무용, 연극을 많은 사람 앞에서 보이는 일

문법 check!

- V + -(으)ㄹ 계획(생각, 예정)이다: 앞으로 어떻게 할 것이라는 계획이나 생각을 나타내는 말

프엉 선배! 어디 가요?

Seonbae! Where are you going?

잠깐, 오늘 뭔가 달라 보이는데요?

Wait, today you look different somehow!

희준 알아봐 줘서 고맙다. 오늘 '시대 대학교' 축제에 갈 계획이라서.

Thanks for noticing. It's because I'm planning on checking out the festival at Sidae University today.

대부분의 대학 축제는 5월인데, 시대 대학교는 좀 특이하게 일찍 해서 참고할 겸 미리 가보는 거야.

Most college festivals take place in May, but Sidae University's is unusually early, so I thought I'd go take a look for reference.

프엉 부러워요. 저도 시대 대학교 캠퍼스 구경해 보고 싶었는데.

I'm jealous. I've been wanting to check out the Sidae University campus too.

희준 사실 이따 저녁에 축제에서 공연도 하는데, 라인업이 장난 아니거든.

I mean, there's an evening concert at the festival tonight—and the lineup's no joke.

프엉 그래요? 누구누구 오는데요?

Really? Who's coming?

희준 아이유, 데이식스, 에스파….

IU, DAY6, aespa…

프엉 우와, 그런데 아직 점심시간도 안 됐는데 벌써 가요?

Wow, but it's not even lunchtime yet. Are we leaving already?

희준 아이고, 프엉아! 너 축제에 대해 기본적인 걸 일(1)도 모르는구나.

Oh, Phuong! You really don't know the first thing about festivals, do you?

이래 가지고서야 제대로 놀지도 못하겠네.

At this rate, you'll never party right.

이걸 뭐부터 설명해야 하나?

Where do I even begin?

오늘은 우리 프엉이에게 한국의 대학 축제 문화를 알려 줘야겠군. 준비됐니?

I guess today's the day I teach our little Phuong all about Korean campus festival culture. Ready?

프엉 네, 부탁드려요, 선배님.

Yes, please, *Seonbaenim*![14]

이럴 때 "한 수 부탁드립니다."라고 하는 거죠?

This is the part where I say, "Teach me your ways, master."[15] right?

talk talk 단어 · 표현

- 일(1)도 모르다: '전혀', '조금도'의 뜻으로, 원래 '하나도 모르다'가 올바른 표현이지만 '하나(1)'를 '일(1)'로 재미있게 바꾼 신조어. '1도 없어, 1도 즐겁지 않아'와 같이 주로 부정적인 단어와 함께 사용한다.
- 한 수 부탁드립니다: 어떤 일을 처리하거나 해결하는 데에 필요한 수단이나 방법을 전수하기를 부탁하는 말
- 이래 가지고(서)(야): 그런 상태나 행동으로는 뒤의 일을 할 수 없음을 나타내는 말

문법 check!

- N + (이)라고 하다: 앞의 말이 원래 말해진 그대로 인용됨을 나타내는 말

희준 맞아! 일단 학교에 도착하면, 캠퍼스를 한 바퀴 천천히 돌면서 뭐가 있는지부터 살펴봐야지.

Right! First, when we get to school, we'll take a slow spin around campus and check out what's going on.

다양한 체험을 할 수 있거든. 길거리 음식도 먹고, 게임도 하고, 뭐 그런 거 말이야.

There's a bunch to do and try there. Like eating street food, playing games, all that.

프엉 그 학교 학생이 아니어도 참여할 수 있어요?

Can people who don't go to that school still participate?

희준 그럼! 한국의 대부분 대학 축제는 외부인들도 자유롭게 참여할 수 있어.

Of course! Most university festivals in Korea are open to outsiders too.

주점, 노점, 게임 부스도 다 있는 작은 축제랄까?

There are department pubs, food stalls, and game booths, so it's basically a mini street festival, right?

대신 미국 대학 축제에서 볼 수 있는 스포츠 경기 같은 건 체육 대회로 따로 열고.

As for sports events like you'd see at American university festivals, those are held separately here during athletic meets.

talk talk 단어 · 표현

- 외부인: 어떤 조직이나 기관에 속하지 않은 사람
- 주점: 술을 파는 집
- 노점: 길가의 한데에 물건을 벌여 놓고 장사하는 곳
- 체육 대회: 대규모의 운동회

프엉 그 많은 준비를 누가 다 하는 거예요?

Who does all the preparation for that?

희준 학생회랑 동아리를 중심으로 학생들이 힘을 모아 만드는 거지.

It's all put together by the students, mainly the student council and clubs.

특히 각 학과나 동아리의 특징을 잘 살린 곳으로 가면 구경하는 재미가 쏠쏠해.

If you check out the booths that really reflect each department or club's personality, it's a lot of fun just to look around.

대표적인 예로 우리 학교 축제에서는 '월드 빌리지'란 부스를 들 수 있는데, 국제학부 학생들이 전 세계 음식들을 해 줘.

For example, at our school's festival, we have a corner called '*World Village*,' where the international studies students serve food from all over the world.

프엉 맛도 있는 거죠?

It tastes good, right?

희준 맛보다는 기분으로 먹는 거지!

It's more about the fun than the flavor!

talk talk 단어 · 표현

- 쏠쏠하다: 품질이나 수준, 정도가 웬만하여 괜찮거나 기대 이상이다.

문법 check!

- (대표적인) 예로 N + 을/를 들다: 앞에서 말하는 대상의 대표할 만한 예를 제시할 때 사용하는 말

문법 check!

- V + -자마자: 어떤 일이 일어난 후에 바로 다른 상황이 일어남을 나타내는 말

희준 일단 오늘은 도착하자마자 얼굴에 보디 페인팅 하나 딱 그린 다음에, 손에 먹을 거 들고 돌아다니자.

First thing, right when we get there, we'll get some body paint on your face, then grab something to eat, and just wander around.

그리곤 해가 뉘엿뉘엿 질 때쯤 공연장에 가서 공연 보다가,

Then, when the sun starts to sink, we head over to the concert, watch the show, and when it's all over,

끝나면 과 주점에서 맥주 한잔하고 오자고!

let's swing by the department pub for a quick drink!

talk talk 단어 · 표현

- 완벽: 흠이 없는 구슬이라는 뜻으로, 결함이 없이 완전함을 이르는 말
- 기대: 어떤 일이 원하는 대로 이루어지기를 바라면서 기다림.

프엉 완벽한데요! 저 너무 기대돼요!

Sounds perfect! I'm so excited!

공부한 내용 확인하기

Q1 무슨 내용이었는지 대답해 보세요.

1) 한국의 대학교 축제에서는 무엇을 하나요?

2) 희준이 대학교 축제에서 제일 먼저 하는 것은 무엇인가요?

Q2 빈칸에 들어갈 말을 골라 알맞게 쓰세요.

외부인　　　주점　　　쓸쓸하다

1) 대학교 축제는 볼거리와 즐길 게 많아 꽤 (　　　　　　).

2) 대학교 축제에는 학과마다 다양한 콘셉트의 (　　　　　　)이 열린다.

3) (　　　　　　)은 들어올 수 없고, 관계자만 출입 가능합니다.

Q3 다음 문법과 제시어를 활용하여 문장을 완성해 보세요.

1) (대표적인) 예로 N + 을/를 들다

동아리 활동

➡ 대학교 활동의 ______________________ 수 있어요.

2) V + -자마자

도착하다

➡ 축제에 가면 우리 ________________ 캠퍼스 구경을 먼저 하자.

모범 답안

Q1 1) 길거리 음식을 먹거나 게임을 즐기고, 주점에서 술을 마시거나 공연을 볼 수 있어요.
2) 먼저 캠퍼스를 한 바퀴 둘러보면서 무엇이 있는지 살펴보는 일이에요.

Q2 1) 쓸쓸하다 2) 주점 3) 외부인

Q3 1) (대표적인) 예로 동아리 활동을 들 2) 도착하자마자

셋 중 하나만 해도 대학 생활은 성공이에요.

한국에서 성공한 대학 생활을 보내려면 세 가지 중에서 하나만 성공해도 된다는 이야기가 있어요. 그 세 가지는 바로, 공부를 열심히 해서 좋은 학점(성적)을 받는 것, 연애를 하는 것, 그리고 동아리 활동에 참여하는 것이에요. 자신의 전공을 공부하는 것은 대학교에서 아주 중요한 일이고, 자신과 어울리는 사람을 만나 연애를 하는 것 또한 두말할 필요 없이 중요하지요. 그런데 동아리 활동은 다들 그렇게 중요하다고 생각하지 않을 수 있어요. 하지만 이에 대해 말하자면, 동아리 활동도 매우 중요해요. 대학교에서 적극적인 동아리 활동을 통해 취미 생활을 충분히 즐기고 자신만의 특기를 만들면, 그것만으로도 대학 생활은 성공했다고 볼 수 있어요. 학기가 시작되기 전 오리엔테이션에서 여러 동아리에 대한 설명을 듣고, 자신이 가입하고 싶은 동아리에 대해서 미리 알아볼 수 있어요. 새 학기가 시작되면 학교 곳곳에서 동아리를 홍보하는 행사도 열리니 여러분도 한번 참가해 보세요!

뉘엿뉘엿, 꾸벅꾸벅, 이 귀여운 말은 뭐예요?

여러분은 '뉘엿뉘엿'이라는 말을 들어 본 적 있나요? '뉘엿뉘엿'은 해가 천천히 넘어가는 모양을 나타내는 말이에요. 이렇게 사람이나 사물의 동작과 모양을 흉내 내는 말을 '의태어'라고 불러요. 예를 들어, '빙글빙글'은 큰 물체가 계속해서 주위를 미끄럽게 도는 모양을, 또 '주룩주룩'은 굵은 물줄기가 흐르거나 비가 내리는 소리를 표현하고, '싹둑싹둑'은 가위나 칼 같은 도구로 어떤 물건을 자르거나 베는 모양을 표현하는 말이지요. '꾸벅꾸벅'은 머리나 몸을 앞으로 자꾸 많이 숙였다가 드는 모양인데요. 보통 동사 '졸다'와 함께 '꾸벅꾸벅 졸다'로 자주 쓰입니다. 의태어는 이렇게 두 번씩 반복되는 말이 많지만, 그렇지 않은 경우도 있어요. 예를 들어 '화들짝'은 갑자기 아주 깜짝 놀라는 모양이고, '흘깃'은 가볍게 한번 흘겨보는 모양을 나타내지요.

어휘가 쑥쑥!

⑪ 삼고초려(三顧草廬) literally means "Three visits to the thatched cottage," referring to the Chinese tale of Liu Bei visiting Zhuge Liang three times to ask for his help. Here it means to seek someone's help or participation through repeated effort, or, "the hard way."

⑫ The *Suncheonman International Garden Expo* is an international event held every April in Suncheon, Jeollanam-do. Centered around Suncheon Bay National Garden, the first national garden in Korea, its scale includes the Suncheon Bay wetlands and surrounding urban areas. With participation from over 30 countries, it showcases each country's garden culture and serves as a precious space that once again reminds us of the importance of nature.

⑬ "인심" is a Korean concept that means more than simple "hospitality" and refers to the special sort of warmth and generosity people often feel from locals in the countryside.

⑭ The suffix "님" added at the end of "선배" (*seonbae*) to make it "선배님" (*seonbaenim*) is an honorific used to be extra polite, similar to saying "Mr., Ms., or Dr." in English, but with an even stronger cultural emphasis on respect.

⑮ The expression "한 수 부탁드립니다" is a phrase often used in Korean when someone is asking for guidance, advice, or instruction from someone more experienced. "한 수" literally means "one move" and comes from board games like *baduk* (Go) or martial arts.

PART

03

MP3 03

공부와 과제

1 벚꽃은 눈으로, 몸은 도서관으로!

2 센스 있는 사람에게 눈길이 가지 않을까?

3 어서 와, 팀플은 처음이지?

프엉의 하루

잘 지내셨어요? 프엉이에요! 대학교에 와서 이렇게 다양한 활동을 할 수 있을 줄은 정말 몰랐어요. 여러 동아리도 둘러보고, 농촌 봉사 활동에서 허리가 부러질 정도로 열심히 모내기도 해 보고, 우리 학교 축제는 물론 다른 학교 축제까지 경험해 봤거든요. 저에게는 정말 알차고 재미있는 시간이었어요. 이제 곧 벚꽃이 피는 시기라서 저는 동기들과 함께 꽃놀이 갈 생각에 들떠 있는데…. 네? 벌써 중간고사를 봐야 한다고요? 시간은 왜 이렇게 빨리 지나가는 걸까요? 게다가 교수님께서 내주신 과제도 해야 하고, 발표 준비까지 남아 있어요. 첫 과제와 첫 발표인 만큼 열심히 준비해 보려고 해요. 그러려면 무엇보다 선배들의 도움이 꼭 필요할 것 같아요.

미리 보는 중요 표현

1. 대학생에게 벚꽃은 중간고사 기간을 알려 주는 안내 방송에 불과해.
2. 나중에 2학년이 되면, 제대로 할 걸 그랬다며 후회할 거야.
3. 나도 그분 수업 두 번이나 들었어.
4. 근데 이런 건 너무 뻔한 것 같아서 좋은 점수를 받기는 어렵지 않을까요?
5. 마침내 뭔가 방향이 잡히는 느낌이에요!
6. 표랑 그래프 중심으로 구성했고, 글은 줄이려고 했어요.
7. 몇 장 줄이려고 욕심낸 나머지, 한 장에 정보를 좀 많이 넣었던 것 같아요.
8. 굳이 문제를 꼽으라면 주목을 끄는 말이 있으면 더 좋을 것 같아.

1

벚꽃은 눈으로, 몸은 도서관으로!

talk talk 단어 · 표현

- 뜨뜻미지근하다: ① 온도가 아주 뜨겁지도 않고 차지도 않다. ② 하는 일이나 성격이 분명하지 못하다. 여기서는 ②의 뜻
- 가슴이 따뜻하다: 마음이나 생각이 정답고 포근하다.
- 가슴이 아프다: 마음이나 생각에 슬픔이나 연민, 쓰라림이 있어 괴로운 상태에 있다.

프엉 선배님, 운동장 쪽에 벚꽃 핀 거 보셨어요?

Seonbaenim, did you see the cherry blossoms blooming over by the sports field?

명환 피었겠지, 봄이잖아.

Well, it's that time. It's spring, after all.

프엉 아니, 어떻게 반응이 그렇게 뜨뜻미지근하세요?

Hey, what kind of lukewarm reaction is that?

명환 우리 프엉이는 아직 가슴이 따뜻하구나.

Our little Phuong still has that fresh first-year sparkle.

그런데 아직 잘 모르고 있구나? 가슴 아픈 현실을.

But you still don't know, do you? The painful truth.

프엉 왜요? 무슨 일 있으세요?

What do you mean? Is something wrong?

명환 프엉아, 신입생 환영회부터, 축제까지. 그동안 학교생활 즐거웠지?

Look, Phuong, you went from the freshman welcome party to the festival. You've been enjoying college life so far, right?

프엉 네, 좋았죠. 정신없을 정도로 재미있었어요.
Yeah, it's been great! Almost too much fun to keep up with.

명환 그리고 벚꽃이 피니까 온 세상이 무척이나 아름답게 보일 거고.
And now that the cherry blossoms are blooming, the whole world must look extra beautiful.

프엉 맞아요! 날씨도 좋고, 꽃잎도 휘날려서 분위기 진짜 좋아요.
Totally! The weather's great, the petals are flying, the whole atmosphere is just great.

명환 그런데 프엉아, 대학생에게 벚꽃은 중간고사 기간을 알려 주는 안내 방송에 불과해.
But Phuong, for college students, cherry blossoms are nothing more than a polite announcement that midterms are coming.

프엉 그러게요…. 곧 시험 기간이 다가오고 있네요.
Right... Exam season is almost on its way.

명환 벚꽃이 핀 멋진 풍경에 홀려 있다 보면, 어느새 시험이 코앞일 거야.
Get too swept up in the pretty scenery of the cherry blossoms, and next thing you know, exams are right in front of your nose.

문법 check!

- A/V + -(으)ㄹ 정도로: 어떤 내용을 강조하기 위해 비교되는 상황을 제시할 때 사용하는 말
- N + 에 불과하다: 어느 정도나 수준을 넘지 못한 상태임을 나타내는 말

talk talk 단어 · 표현

- 휘날리다: ① 거세게 펄펄 흔들리다. 또는 그렇게 흔들리게 하다. ② 명성이나 이름을 널리 떨치다. 여기서는 ①의 뜻
- 풍경: 산이나 들, 강, 바다 등의 자연이나 지역의 모습
- 코앞: 코의 바로 앞이라는 뜻으로, ① 아주 가까운 곳을 이르는 말. ② 곧 닥칠 미래를 비유적으로 이르는 말. 여기서는 ②의 뜻

명환 거기다 과목마다 평가 방식이 다르니까 수업 계획표도 다시 한번 꼭 확인해 봐야 하고.

Plus, each subject has a different evaluation method, so you'd better double-check your syllabi.

출석, 과제, 발표까지 다 신경 써야 해.

Attendance, assignments, presentations—you've got to keep track of it all.

프엉 네, 맞아요. 과제랑 발표를 동시에 주시는 교수님도 계시더라고요.

Yeah, you're right. I've noticed some professors assign both presentations and papers at the same time.

나중에 기말고사도 이렇게 갑자기 닥쳐올까요?

I wonder if finals will sneak up on us the same way later in the year.

명환 중간고사 끝나면 마음이 좀 풀리니까, 조금 돌아서면 바로 기말고사일 거야.

Once midterms are over, you'll start to relax, and before you know it, finals are here.

그러니까 1학년 때부터 학점 관리를 잘해 둬야 해.

That's why you have to manage your GPA from the first year.

잘못하면 나중에 발목 잡힌다?

If you're not careful now, it'll come back to bite you later.

talk talk 단어 · 표현

- 닥쳐오다: 어떤 일이나 상황이 가까이 다가 오다.
- 발목(이) 잡히다: ① 어떤 일에 꽉 잡혀서 벗어나지 못하다. ② 남에게 어떤 약점이나 단서를 잡히다. 여기서는 ①의 뜻

그대로 졸업하자니 학점이 너무 낮고, 재수강을 하자니 시간이 없고, 계절 학기를 듣자니 돈이 아깝고.

Your GPA might end up too low to graduate as-is, but you won't have time to retake the class, and the summer school semester is just too expensive.

나중에 2학년이 되면, 제대로 할 걸 그랬다며 후회할 거야.

Later, once you're a sophomore, you'll be kicking yourself, wishing you'd done better.

프엉 생각만 해도 끔찍해요. 갑자기 긴장되네요.

Just thinking about it sounds horrible. I'm suddenly nervous.

명환 그러니까 혹시라도 벚꽃 구경하느라 지각하지 말고, 과제도 잘 내고, 중간고사 준비도 슬슬 하자고.

So don't get a late start because you were out blossom-watching. Instead, you should stay on top of your assignments and start easing into preparing for the midterm.

프엉 네! 벚꽃은 눈으로만 보고, 몸은 도서관으로 보낼게요.

Got it! I'll take in the cherry blossoms, then take myself to the library.

talk talk 단어 · 표현

- 재수강: 주로 대학에서, 수강한 학과목의 학점을 따지 못하였거나 학점이 좋지 않았을 때에 동일한 강의를 두 번째 수강하는 행위. 보통 C+ 이하를 맞은 강의만 재수강할 수 있음.
- 계절 학기: 대학교에서, 방학 중에 강좌를 개설하여 수업을 하는 기간. 또는 그 기간에 하는 수업

문법 check!

- V + -(으)ㄹ 걸: 혼잣말에 쓰여, 그렇게 했으면 좋았을 것이나 하지 않은 어떤 일에 대해 가벼운 뉘우침이나 아쉬움을 나타내는 말
- V + -느라(고): 앞 절의 사태가 뒤 절의 사태에 목적이나 원인이 됨을 나타내는 말

talk talk 단어 · 표현

- 애정: 사랑하는 마음

명환 나보다 한국말을 잘하는, 애정하는 우리 후배님.

My beloved little *Hoobae*,[15] your Korean's better than mine.

그런데 벚꽃이 이렇게 화려하게 피어 있는데, 우리 중간고사가 끝나면 말이지….

But listen, with the cherry blossoms in full bloom like this, once midterms are over…

프엉 중간고사가 끝나면요?

What happens after midterms?

명환 벚꽃도 끝날 거야.

The cherry blossoms will all be gone.

그런 의미에서 오늘은 그냥 벚꽃 구경이나 갈까?

So, in that spirit, should we just go blossom-watching today?

문법 check!

- N + (이)나 하다: 마음에 차지 아니하는 선택. 또는 최소한 허용되어야 할 선택을 행동하고자 나타내는 말

공부한 내용 확인하기

Q1 무슨 내용이었는지 대답해 보세요.

1) 대학생에게 벚꽃은 어떤 의미를 가지고 있나요?

2) 1학년 때 학점 관리가 중요한 이유는 무엇인가요?

Q2 빈칸에 들어갈 말을 골라 알맞게 쓰세요.

코앞	재수강	계절 학기

1) 이번 방학에는 ( )를 들어야 해서 학교에 가야 해요.

2) 학회 발표회가 ( )인데 준비가 아직 덜 되어서 큰일이에요.

3) ( )해야 하는 과목이 많아서 4학년인데도 바쁜 편이에요.

Q3 다음 문법과 제시어를 활용하여 문장을 완성해 보세요.

1) A/V + -(으)ㄹ 정도로

없다

➡ 시험 기간이라서 잘 시간이 ______________ 바빠요.

2) V + -(으)ㄹ 걸

공부하다

➡ 시험 전날 친구들이랑 놀지 말고 ______________.

모범 답안

Q1 1) 대학생에게 벚꽃은 중간고사 기간이 다가왔다는 것을 알려 주는 안내 방송의 역할을 해요.
2) 나중에 재수강을 하거나 계절 학기를 들어야 할 수도 있고, 졸업에도 영향을 줄 수 있어요.

Q2 1) 계절 학기 2) 코앞 3) 재수강

Q3 1) 없을 정도로 2) 공부할 걸

2

센스 있는 사람에게 눈길이 가지 않을까?

talk talk 단어 · 표현

- 제출: 어떤 안건이나 의견, 서류 등을 내놓음.
- 주제: ① 대화나 연구에서 중심이 되는 문제. ② 예술 작품에서 지은이가 나타내고자 하는 기본적인 사상. 여기서는 ①의 뜻

문법 check!

- N + 이나: 수량이 크거나 많음, 혹은 정도가 높음을 강조할 때 사용하는 말

은솔 프엉, 뭘 그렇게 열심히 해?

Phuong, what's that you're working so hard on?

프엉 과제 중이에요. 내일까지 제출해야 하는데, 큰일 났어요.

I'm working on an assignment. It's due tomorrow and I'm freaking out.

은솔 왜? 준비 많이 못 했어?

Why? You haven't gotten much done yet?

프엉 아직 주제도 못 정했어요.

I haven't even picked a topic yet.

은솔 좀 도와줄까? 무슨 과목인데?

Want help? What class is it for?

프엉 '경영학원론'이요. 김귀왕 교수님 수업이에요.

"*Principles of Business Management.*"
It's Professor *Kim's class.*

은솔 나도 그분 수업 두 번이나 들었어.

I've taken his class twice.

1학년 때 한 번, 그리고 재수강 한 번.

Once in my freshman year, and once as a retake.

그래서 어떻게 하면 디마이너(D⁻)가 나오는지, 어떻게 하면 에이쁠(A⁺)이 나오는지 잘 알고 있지. 과제가 뭔데?

So I know what gets you a D-minus, and what gets you an A-plus. What's the assignment?

프엉 성공한 기업의 경영 전략에 대해서 알아 오라고 하셨는데,

He asked us to research the business strategy of a successful company,

잘나가는 기업이라고 하면 떠오르는 게 스타벅스, 나이키, 애플, 구글 이런 데잖아요.

but when you think of companies that are doing well, it's always Starbucks, Nike, Apple, and Google.

근데 이런 건 너무 뻔한 것 같아서 좋은 점수를 받기는 어렵지 않을까요?

Yet, those are all so obvious, wouldn't it be hard to get a good grade with one of them?

은솔 맞아, 요즘 뜨고 있는 스타트업 회사로 하는 게 점수가 잘 나와.

Right, you'll get a better grade if you pick one of the trending startups.

그래야 경제 흐름에 따른 변화도 설명하기 쉽고, 무엇보다 듣는 사람들도 관심을 가질 만하니까.

That way, it's easy to explain how it's responding to the current market, and it's something people will actually be curious about.

talk talk 단어 · 표현

- 전략: 정치, 경제의 사회적 활동을 하는 데 필요한 방법과 계획
- 뻔하다: 어떤 일의 결과나 상태가 훤하게 들여다보이듯이 분명하다.
- 흐름: ① 흐르는 것. ② 한 줄기로 잇따라 진행되는 현상을 비유적으로 이르는 말. 여기서는 ②의 뜻

은솔 누구나 다 아는 내용은 재미가 없잖아?

If it's stuff everyone already knows, it gets boring fast, right?

무엇보다도 김귀왕 교수님이 스타트업 마니아로 유명하시잖니.

Most importantly, you know Professor *Kim's* famous for being a full-blown startup maniac.

문법 check!

- N + (으)로 유명하다: 많은 사람이 알 정도로 이름이 널리 알려져 있음을 나타내는 말

프엉 그럼 베트남 기업으로 조사해도 괜찮을까요?

Then, would it be okay to research a Vietnamese company?

은솔 그거 좋지! 김귀왕 교수님은 외국인 학생이 자국 기업에 대해 발표하면 더 흥미로워 하시더라고.

That would be great! When international students present on companies from their own countries, he seems to take a real interest.

talk talk 단어 · 표현

- 자국: 자기 나라

프엉 와, 대박! 그럼, 뭐부터 하면 될까요?

Wow, no way![17] What should I do first?

은솔 먼저 요즘 잘나가는 기업들 몇 개만 떠올린 후에 그 기업들의 경영 목표랑 경영 실적을 간단히 비교하는 것부터 시작해 봐.

First, after thinking of a few companies that are doing well right now, start by doing a quick comparison of their management goals and performance.

그중 가장 관심이 가고, 내용이 많은 곳을 하나 정해서 본격적으로 조사하면 돼.

Once you find one that stands out and has enough material to work with, pick one and start researching in earnest.

보고서로 써야 하니까 사진이나 그래프 넣을 걸 생각하면서 찾으면 더 좋고.

Since you're writing a report, trying to find images or graphs along the way to include would be nice too.

프엉 마침내 뭔가 방향이 잡히는 느낌이에요!

It feels like I finally know what direction to go in!

은솔 꿀팁 하나 더 알려 줄까?

Want another tip?

교수님께 과제를 제출할 땐 제목엔 과목명, 학번, 이름을 쓰고,

When you submit your assignment, write the course title, your student ID, and your name in the title.

본문엔 간단한 인사를 비롯해서 자기소개 그리고 '첨부한 과제 확인 부탁드립니다.'와 같은 문장을 넣는 게 좋아.

Then, in the body, start with a short greeting, introduce yourself and write something like "Please see the attached assignment."

talk talk 단어 · 표현

- 본격적: 준비 단계를 지나 알맞은 상태가 되어, 제대로 힘을 들여 적극적으로 하는 것
- 그래프: 여러 가지 자료를 분석하여 그 변화를 한눈에 알아볼 수 있도록 나타내는 직선이나 곡선
- 방향이 잡히다: 일이 나아갈 방향(어떤 위치를 향한 쪽)을 정하다.
- 첨부: 안건이나 문서를 덧붙임.

문법 check!

- N + 을/를 비롯해서: 여러 가지 가운데 가장 대표적인 것을 예로 들어 말할 때 사용하는 말

은솔 파일명도 '경영학원론_작성자_제출일' 이런 식으로 깔끔하게.

Name the file something clean like "Principles Of Business Management_Author_Due Date."

프엉 누가, 언제 과제를 제출했는지 교수님이 쉽게 확인하실 수 있게요?

So that the professor can easily check who submitted what and when?

talk talk 단어 · 표현

- 눈길이 가다: 주의나 관심을 비유적으로 이르는 말로, 시선을 집중시키다.

은솔 맞아. 교수님도 사람이신데, 그렇게 센스 있는 사람에게 눈길이 좀 더 가지 않을까?

Right. I mean, professors are people too. Don't you think they'll notice students who show a bit of common sense[18]?

문법 check!

- A + -기(가) 이를 데 없다: 그 상태나 성노가 완전하여 더 말할 것이 없다는 표현을 나타내는 말

프엉 선배, 진짜 완벽하기 이를 데 없어요! 감사합니다!

There's no one as perfect as you, *Seonbae*! Thanks!

공부한 내용 확인하기

Q1 무슨 내용이었는지 대답해 보세요.

1) 은솔이 과제에 대해 잘 알고 있는 이유는 무엇인가요?

2) 이메일로 과제를 제출할 때 어떻게 하는 것이 좋을까요?

Q2 빈칸에 들어갈 말을 골라 알맞게 쓰세요.

제출	전략	첨부

1) 후배에게 좋은 학점을 받기 위한 (　　　　　　　　)을 가르쳐 줬다.

2) 과제를 보내기 전에 파일이 (　　　　　　　　)되었는지 꼭 확인하세요.

3) 과제는 금요일 23시, 즉 밤 11시까지 (　　　　　　　　)해야 합니다.

Q3 다음 문법과 제시어를 활용하여 문장을 완성해 보세요.

1) N + 을/를 비롯해서

경복궁

➡ 우리나라의 궁궐은 ______________ 창덕궁, 창경궁 등이 있지요.

2) A + -기(가) 이를 데 없다

행복하다

➡ 시험이 끝난 후 뒤풀이는 ______________.

모범 답안

Q1 1) 수업을 두 번 들어서 나쁜 점수와 좋은 점수를 모두 받아 보았기 때문이에요.
2) 이메일 제목에 '과목명, 학번, 이름'을 쓰고 본문도 형식을 갖추어 쓰는 것이 좋아요.

Q2 1) 전략 2) 첨부 3) 제출

Q3 1) 경복궁을 비롯해서 2) 행복하기(가) 이를 데 없어요

3

어서 와, 팀플은 처음이지?

세린 선배, 혹시 지금 시간 괜찮으세요?

Seonbae, do you happen to have time now?

저희 점심도 못 먹고 PPT 만들고 있어요.

We've been working on our PowerPoint without even eating lunch.

이러다가 저녁도 못 먹을 지경인데, 잠깐만 봐주실 수 있을까요?

At this rate, we might miss dinner too, so could you take a quick look?

희준 밥도 안 먹고? 도대체 무슨 과제인데 그래?

You haven't even eaten? Just what kind of assignment is it?

세린 '국제통상학' 조별 과제요.

It's our team project for "*International Commerce*."

주제가 '국제 정세에 따른 관세 변화'인데, 다른 조원들이 자료 조사를 해 줘서, 저랑 프엉이가 이어서 정리하고 있어요.

The topic is "Tariff Changes According to Global Affairs," and the other members gathered the data, so Phuong and I are putting it all together.

희준 둘이 같은 조구나?

So you two are in the same group?

어서 와. 여기 앉아. 너희 팀플은 처음이지?

Welcome aboard. Take a seat. This is your first time on a team project, right?

문법 check!

- A/V + -(으)ㄹ 지경이다: 극한적인 정도, 형편, 상황에 처해 있음을 나타내는 말

talk talk 단어 · 표현

- 조별: 조를 단위로 하는 구별
- 자료: ① 연구나 조사의 바탕이 되는 재료. ② 만들거나 이루는 데 바탕이 되는 물자나 자료. 여기서는 ①의 뜻
- 팀플: '팀 플레이(Team play)'를 줄여 이르는 말로, 스포츠나 그 밖의 공동 작업에서 여러 사람이 승리 또는 일의 좋은 성과를 얻기 위하여 협력하는 일

프엉 네! 세린이가 PPT 초안 만들었고, 저는 발표 준비하고 있어요.
Yes! Serin made the first draft of our PowerPoint, and I'm working on the presentation.

희준 오, 부지런하네. 세린아, PPT 한번 보자.
Oh, how industrious. Serin, let's look at your PowerPoint.

세린 여기요. 표랑 그래프 중심으로 구성했고, 글은 줄이려고 했어요.
Here. I centered it around charts and graphs, and tried to reduce the text.

희준 잘했네! 전반적으로 깔끔하고 보기 쉬워.
Good job! Overall, it's clean and easy to look at.

그런데 그래프 아래에는 설명을 짧게 한 줄씩 넣는 게 좋아.
But under the graphs, it would be good to add one short explanatory sentence.

듣는 사람의 입장에서는 발표를 들으면서, 눈으로 글을 보면 이해하기 쉬워지거든.
That way, it will help people understand when they can read with their eyes while listening to the presentation.

세린 네! 그렇게 수정할게요.
Yes! I'll revise it like that.

talk talk 단어 · 표현

- 초안: 기초를 잡아 적음. 또는 그 원고나 문서

문법 check!

- V + -(으)려고 하다: ① 앞의 말이 나타내는 행동을 할 의도나 의향이 있음을 나타내는 말. ② 앞의 말이 나타내는 일이 곧 일어날 것 같거나 시작될 것임을 나타내는 말. 여기서는 ①의 뜻

talk talk 단어 · 표현

- 대비: 두 가지의 차이를 밝히기 위하여 서로 비교함. 또는 그런 비교
- 바탕: ① 물체의 뼈대나 틀을 이루는 부분. ② 사물이나 현상의 근본을 이루는 것. ③ 그림, 글씨, 수, 무늬를 놓는 물체의 바닥. 여기서는 ③의 뜻
- 가독성: 인쇄물이 얼마나 쉽게 읽히는가 하는 정도

문법 check!

- A/V + -(으)ㄴ 나머지: 어떤 일이 무리하게 이루어져 결과의 원인이 되었을 때 사용하는 말

희준 그리고 배경이랑 글자색은 꼭 대비되게 써야 해.

And make sure your background and font colors contrast.

밝은 배경엔 어두운 글씨, 진한 배경엔 밝은 글씨.

Light background with dark text, or dark background with light text.

프엉 어떤 조는 바탕이 너무 화려해서 글이 잘 안 보이더라고요.

Some teams had such flashy backgrounds, you couldn't see the text.

희준 맞아, 발표할 때 PPT는 디자인보다 가독성이 더 중요해.

Right, when you present, the readability of your PowerPoint matters more than the design.

슬라이드에는 너무 많은 정보를 넣지 말고, 주제 하나당 한 장 정도가 좋아.

Don't cram too much information on your slides—just one main idea per slide is good.

세린 몇 장 줄이려고 욕심낸 나머지, 한 장에 정보를 좀 많이 넣었던 것 같아요.

I tried to reduce it by a few slides but got ambitious and ended up stuffing too much into each one.

희준 슬라이드 개수보다는 말할 때 자연스럽게 이어지도록 정리하는 게 더 중요해.

More important than your slide count is organizing your speech so that it flows naturally.

프엉 선배, 제 발표 대본도 한번 봐 주세요!

Seonbae, please take a look at my presentation script too!

희준 좋아, 첫 문장이 뭐야?

Alright. What's your first line?

프엉 "안녕하세요. 관세 변화와 우리 생활의 연결 고리에 대해 이야기하겠습니다."

"Hello. I'll be discussing how changes in tariffs are connected to our everyday lives."

희준 깔끔하긴 한데, 굳이 문제를 꼽으라면 주목을 끄는 말이 있으면 더 좋을 것 같아.

It's clean, but if I really had to point out a problem, it would be better to say something that grabs their attention,

예를 들면 "관세가 오르면 우리가 먹는 라면값도 오를까요?" 이런 식으로 시작해 봐.

like: "If tariffs go up, will the price of ramyun go up too?" Try starting with that.

프엉 오, 확실히 귀에 팍 꽂히는 느낌이에요!

Oh, that feels like it really hits the ear!

talk talk 단어 · 표현

- 대본: ① 연극이나 영화에서, 대사나 장면의 설명 등을 적어 놓은 글. ② 어떤 일을 하려고 미리 짜 놓은 계획. 여기서는 ②의 뜻
- 연결 고리: 둘 이상의 대상이 서로 이어지거나 연관되게 하는 요소를 비유적으로 이르는 말
- 주목을 끌다: 남의 관심이나 시선을 쏠리게 하다.
- 귀에 꽂히다: 목소리나 노래 등이 사람들의 마음을 단번에 사로잡다.

문법 check!

- N + 을/를 꼽으라면: '어떤 사실이나 상황을 가정해서 말한다면'의 뜻을 나타내는 말

희준 그렇지? 발표는 첫 문장이 반이야.

Right? In a presentation, the first line is half the battle.

그런데 지금 보니까 둘 다 너무 지쳐 보여.

But from what I see right now, you both look wiped out.

세린 네, 배고파요.

Yeah, I'm starving.

희준 그럼 됐어. 오늘은 밥부터 먹자. 내가 쏜다.

Well, that settles it. For today, let's eat first. My treat.

밥 먹으면서 마무리 정리까지 같이 하자.

Let's do the finishing touches together over dinner.

talk talk 단어 · 표현

- 쏘다: 주로 음식 같은 것을 남에게 대접하는 행동을 재미있게 표현한 말

공부한 내용 확인하기

Q1 무슨 내용이었는지 대답해 보세요.

1) PPT를 만들 때 디자인에서 고려해야 할 점은 무엇인가요?

2) 희준이 프엉에게 해 준 발표문 작성에 대한 조언은 무엇인가요?

Q2 빈칸에 들어갈 말을 골라 알맞게 쓰세요.

초안　　바탕　　대본

1) 발표할 때 (　　　　　　)만 보면 안 되고 청중과 눈을 마주쳐야 한다.

2) 빨간색 (　　　　　　)에 초록색 피사체는 크리스마스를 연상시킨다.

3) 프엉! 발표문 (　　　　　　)이 작성되는 대로 우리에게 공유해 줘.

Q3 다음 문법과 제시어를 활용하여 문장을 완성해 보세요.

1) A/V + -(으)ㄴ/는 나머지

긴장하다

➡ 발표할 때 ______________ 교수님을 사장님이라고 불렀어요.

2) N + 을/를 꼽으라면

대학의 조건

➡ 나는 좋은 ______________ 졸업 후 취업률이라고 생각해요.

모범 답안

Q1 1) 가독성이 좋아질 수 있도록 바탕과 글자 색이 대비되게 만들어야 해요.
2) 발표는 듣는 사람들의 주목을 끌 수 있는 말로 시작하는 것이 좋다고 했어요.

Q2 1) 대본　2) 바탕　3) 초안

Q3 1) 긴장한 나머지　2) 대학의 조건을 꼽으라면

벚꽃의 꽃말은 '중간고사'래요.

한국의 대학교는 3월 봄에 새 학기가 시작되고, 4월 중순쯤에는 중간고사를 봐요. 따뜻한 봄바람이 불어오는 그 시기에 벚꽃이 아주 예쁘게 피지요. 대학생들은 그 아름다운 벚꽃을 구경하러 가고 싶지만 시험 준비 때문에 놀러 가지 못하고, 학교에서만 벚꽃을 구경해야 해요. 그래서 벚꽃 구경을 제대로 하지 못하는 대학생들이 대부분이지요. 꽃마다 그 꽃의 특징에 따라 상징적인 의미를 담은 말, 즉 꽃말이 있는데요. 빨간 장미는 '열정적인 사랑', 하얀 백합은 '순결'과 '변함없는 사랑', 보라색 라일락은 '첫사랑'과 '추억', 카네이션은 '어버이에 대한 사랑'이라는 꽃말을 가지고 있어요. 그럼, 벚꽃의 꽃말은 무엇일까요? 원래 벚꽃의 꽃말은 '순수함'과 '아름다운 영혼'이에요. 그런데 시험 시기와 벚꽃이 피는 시기가 겹치다 보니, 농담으로 대학생들은 벚꽃의 꽃말을 '중간고사'라고 부르곤 하지요.

'뿔', '마이너'는 뭐예요?

대학교에서 쓰는 '학점'이라는 말은 두 가지 의미가 있어요. 첫 번째 의미의 '학점'은 수강 신청을 할 때 일주일에 몇 시간의 수업을 듣는지를 나타내는 말이에요. 그래서 '18학점', '15학점', '21학점'과 같이 이야기하죠. 어떤 학생이 '15학점을 듣는다.'라고 하면, 일주일에 15시간의 수업을 듣는다는 뜻이에요. 다만 1학년의 경우는 1학점이지만 2시간 또는 3시간을 듣는 교양 필수 수업도 있을 수 있어요. 두 번째 의미의 '학점'은 성적을 나타내는 말이에요. 고등학교 때까지는 '100점 만점에 몇 점'과 같은 방식으로 성적을 표시하지만, 대학교에서는 알파벳 A(에이), B(비), C(씨), D(디)를 사용해서 성적을 표시해요. 순서대로 A가 가장 높은 성적이고, D가 가장 낮은 성적이에요. 그리고 여기에 '+(플러스)', '0(제로)', '−(마이너스)'를 붙여서 한 번 더 등급을 나누는데, 이때 '+(플러스)'를 줄여서 '뿔'이나 '쁠'이라고 부르기도 하고, '−(마이너스)'는 '마이너'나 '마이나'라고 조금 짧게 줄여서 콩글리쉬로 말하기도 해요. 아, F(에프)도 있는데 이것은 성적을 나타내는 것이 아니라, Fail(불합격)을 의미해요. 여러분, 이번 학기에 모든 과목에서 '에이뿔' 받으세요!

어휘가 쑥쑥!

⑯ A "후배" is the opposite of a "선배" in that it refers to someone who is junior in age, school year, or experience within the same organization, especially school, work, or club settings. *seonbae* typically guide, mentor, or look out for their *hoobae*.

⑰ "대박" is a very common Korean slang term used in all kinds of situations to express excitement or amazement, similar to saying "That's awesome!" or "No way!"

⑱ In Korean, the word "센스" (from the English "sense") is used as a Konglish phrase (English adapted with a different nuance in Korean) to describe someone with good timing, judgment, or social grace.

PART

04

MP3 04

대학생 생활

1. 그래서 자취를 하는구나?
2. 저도 거의 학식 먹어요.
3. 감기 기운이 있어서 병원에 다녀왔어요.

프엉의 하루

별일 없으시죠? 프엉이에요! 제가 신입생으로 입학한 지가 엊그제 같은데, 벌써 학교 생활에 많이 적응했어요. 처음에는 낯설었던 기숙사 생활도 어느새 익숙해졌고, 같은 과 동기가 자취를 시작한다고 해서 이사를 도와주기도 했어요. 한국에서 자취를 하려면 정말 신경 써야 할 것들이 많더라고요. 보증금과 월세, 전세가 무엇인지 잘 알아야 하고, 쓰레기도 분리수거를 해야 하고, 끼니도 직접 챙겨 먹어야 하고…. 생각만 해도 벌써 머리가 복잡해져요. 지난주에는 열이 나서 병원에 다녀왔어요. 건강보험이 없었더라면, 의료비가 많이 나왔을 텐데 보험에 미리 가입해 두어서 정말 다행이었어요. 한국에서는 외국인도 건강보험을 포함한 다양한 혜택을 누릴 수 있어서 너무 좋아요!

미리 보는 중요 표현

1. 나도 신청했었는데 떨어지는 바람에 지금 통학 중이거든.
2. 대출을 받아도 이자가 높아서 월세로 사는 경우가 많대.
3. 내가 어디에 있든지 음식을 내 앞으로 가지고 온다니!
4. 배달에 비하면 학생 식당이나 근처 식당 가는 게 훨씬 경제적이지.
5. 이삿날은 뭐니 뭐니해도 자장면이지!
6. 건강보험에 등록이 안 되어 있었더라면 진료비가 몇 배로 나올 수도 있어요.
7. 그런 경우엔 영어 통역이 가능하냐고 물어보면 돼요.
8. 감기나 배탈 같은 건 병원에 가는 것보다 보건실에서 진료를 받는 게 나아요.

1

그래서 자취를 하는구나?

talk talk 단어 · 표현

- 기숙사: 학교나 회사에 딸려 있어 학생이나 사원에게 싼값으로 숙식을 제공하는 시설
- 통금: ① 일정한 장소를 지나다니지 못하게 함. ② 일정한 시간 동안 거리를 지나다니거나 집 밖으로 활동하는 것을 못 하게 함. 여기서는 ②의 뜻
- 통학: 자기 집이나 묵는 곳에서 학교까지 다님.

문법 check!

- V + -는 바람에: 앞의 말이 나타내는 행동이나 상태가 뒤에 오는 말의 원인이나 이유가 됨을 나타내는 말

세린 프엉, 기숙사 생활은 어때? 적응 잘하고 있어?

Phuong, how's dorm life? Are you getting used to it?

프엉 처음엔 낯설었는데 이제는 괜찮아.

Yeah, it felt unfamiliar at first, but it's okay now.

학교 바로 안에 있어서 지각 걱정도 없고, 기숙사 지하 1층에 식당도 있어서 편해.

It's on campus, so I don't need to worry about being late, plus there's a cafeteria on the first floor basement, so it's convenient.

룸메이트랑 생활 습관도 잘 맞고.

My roommate and I have similar living habits.

근데 밤 11시를 넘으면 출입이 안 되는 건 좀 불편해.

But it's kind of inconvenient that I can't come and go after eleven at night.

세린 기숙사는 샤워 시간이나 통금 같은 규칙이 많지?

Dorms have a lot of rules, like shower schedules and curfews, right?

그래도 난 부럽다. 나도 신청했었는데 떨어지는 바람에 지금 통학 중이거든.

Still, I'm jealous. I applied too, but didn't get in, so now I commute.

통학이 너무 힘들어서 자취방을 구할 수밖에 없었어. 그래서 다음 달에 이사해.
It's been so hard that I had no choice but to find my own place. That's why I'm moving next month.

문법 check!
- A/V + -(으)ㄹ 수밖에 없다: 다른 방법이나 가능성이 없거나 그 상황에서는 그렇게 하는 것이 당연하다고 말할 때 사용하는 말

프엉 축하해! 이사 날짜는 언제야?
Congrats! When's the move?

세린 둘째 주 토요일.
Second Saturday of the month.

혹시 그날 나 좀 도와줄 수 있어?
Could you help me out that day?

프엉 물론이지! 짐이 많아?
Of course! Do you have a lot of stuff?

세린 최대한 줄이려고.
I'm trying to cut down.

처음에 가져가려고 정리한 것들은 산더미처럼 많았는데, 조금씩 줄여 가고 있어.
At first, I had mountains of stuff I wanted to take, but I've been slowly cutting it down.

talk talk 단어 · 표현
- 산더미: 물건이 많이 쌓여 있음을 비유적으로 이르는 말

일단 책이랑 옷부터 정리하는 중이야.
Right now, I'm starting with my books and clothes.

프엉 **이사 갈 집은 어디야?**

Where's the new place you're moving to?

세린 **학교에서 버스 타면 10분 거리야.**

About 10 minutes by bus from school.

학교 근처에 좋은 집이 전세로 나오긴 했지만, 전세 보증금이 너무 비싸더라고.

There was a nice place near campus for *jeonse*[19] but the deposit was way too expensive.

프엉 **전세 제도는 한국에만 있는 거 같아.**

It seems like only Korea has the *jeonse* system.

우리나라는 그런 큰 금액의 보증금을 남에게 맡기는 일이 거의 없거든.

In my country, we rarely trust others with such large-sum deposits.

세린 **외국인은 대출받기도 어렵다면서?**

Isn't it also hard for non-Koreans to get loans?

프엉 **응, 대출을 받아도 이자가 높아서 월세로 사는 경우가 많대.**

Yeah, even if you get a loan, the interest is high, so a lot of people end up living by paying monthly rent instead.

talk talk 단어 · 표현

- 전세: 부동산을 가진 사람에게 일정한 금액을 맡기고 그 부동산을 일정 기간 동안 빌려 쓰는 일. 또는 그 돈. 부동산을 돌려줄 때는 맡긴 돈을 전부 되돌려받음.
- 보증금: 계약을 맺을 때에 계약을 행하는 보증으로써 내는 돈
- 월세: 집이나 방을 다달이 빌려 쓰는 일. 또는 그 돈

문법 check!

- A/V + -기는 하지만: 앞의 내용이 맞다고 생각하지만 반대되는 자신의 생각을 말할 때 사용하는 말

프엉 근데 전세, 월세, 보증금, 관리비, 공과금…, 진짜 헷갈려.

But *jeonse*, monthly rent, deposits, maintenance fees, utilities… it's really confusing.

하숙이란 것도 있다던데 그건 어때?

I even heard about something called *hasuk*. What's that?

세린 하숙은 집주인과 한집에서 같이 생활하지만, 서로 다른 방을 쓰는 거야.

In a *hasuk*, you live in the same house as the owner, but use separate rooms.

밥이랑 빨래를 해 주는 곳도 있어서 편한 대신에 기숙사처럼 규칙이 많아.

They sometimes provide meals and do laundry too, which is convenient, but it comes with a lot of rules, like a dormitory.

아니면 다른 사람과 함께 거주하는 셰어 하우스도 있기는 한데, 잘 맞는 사람이랑 해야 해.

There's also share houses[20] where you live with others, but you have to do it with people that suit you.

문화 차이로 고생할 수도 있거든.

Otherwise, it *can* be tough, especially with cultural differences.

talk talk 단어 · 표현

- 관리비: 시설이나 물건을 관리하는 데 드는 비용
- 공과금: 국가나 공공 단체가 국민에게 부과하는 금전적인 부담. 각종 세금을 비롯하여 전기료, 수도료가 포함됨.

문법 check!

- A/V + -(으)ㄴ/는 대신에, N + 대신에: 앞말이 나타내는 행동이나 상태와 다르거나 그와 반대임을 나타내는 말

프엉 그래서 한국 대학생들이 자취를 많이 하는구나?

So *that's* why Korean college students live on their own so much?

세린 응, 그리고 집을 구할 때도 신경 쓸 게 많아.

Yeah, and there's a lot to pay attention to when looking for a place.

시간이 오래 **걸리더라도** 햇빛은 잘 드는지, 습기가 차는 곳은 아닌지, 소음이 심하진 않은지 확인해야 해.

Even if it takes time, you have to check if the place gets good sunlight, if it's humid or damp, or if it's noisy.

부동산에서 단점은 말을 안 해 줄 수도 있으니까 꼭 직접 확인하는 게 좋아.

Realtors might not tell you the downsides, so it's good to check for yourself.

전세보증보험 같은 제도도 알아보고.

Also, look into stuff like *jeonse* deposit insurance.[01]

걱정하지 마, 나중에 내가 도와줄게.

Don't worry, I'll help you when it's your turn.

프엉 고마워, 이사 날이 기다려지네!

Thanks, I can't wait for moving day!

문법 check!

- A/V + -더라도: 앞에 오는 말을 가정하거나 인정하지만 뒤에 오는 말에는 관계가 없거나 영향을 끼치지 않음을 나타내는 말

talk talk 단어 · 표현

- 전세보증보험: 전세 계약이 끝난 후 집주인이 세입자에게 되돌려 줘야 하는 전세 보증금을 보장해 주는 보험

공부한 내용 확인하기

Q1 무슨 내용이었는지 대답해 보세요.

1) 기숙사의 장점과 단점은 무엇이 있을까요?

2) 한국에서 집을 구할 때 어떤 점을 고려해야 할까요?

Q2 빈칸에 들어갈 말을 골라 알맞게 쓰세요.

통학	산더미	보증금

1) 할 일이 (   )처럼 쌓였는데 게임만 하면 어떻게 하니?

2) 계약 조건은 좋은데 (   )이 비싸서 부담스럽네요.

3) 학교에서 집까지 2시간 걸리는데, (   )보다 자취가 낫죠.

Q3 다음 문법과 제시어를 활용하여 문장을 완성해 보세요.

1) A/V + -(으)ㄹ 수밖에 없다

가다

➡ 시험 기간은 도서관에 자리가 없어서 카페에 ______________________.

2) A/V + -(으)ㄴ/는 대신에, N + 대신에

적다

➡ 이 수업은 발표가 ______________________ 과제가 많은 편이에요.

모범 답안

Q1 1) 지각 걱정이 없고, 식당이 가깝다는 점이 장점이에요. 단점은 활동 시간 제약이 있다는 점이에요.
2) 햇빛이 잘 들어오는지 봐야 하고, 습기 때문에 곰팡이는 없는지, 소음은 안 들리는지 확인해야 해요.

Q2 1) 산더미 2) 보증금 3) 통학

Q3 1) 갈 수밖에 없어요 2) 적은 대신에

2

저도 거의 학식 먹어요.

세린 은솔 선배! 이제 이삿짐 정리 다 끝났어요!

Eunsol *Seonbae*![22] I finally finished unpacking from the move!

프엉, 도와줘서 정말 고마워.

Phuong, thanks so much for helping.

프엉 방도 따뜻하고, 창문도 커서 햇볕도 잘 들고.

The room is warm, and the windows are big, so you get good sunlight.

너 정말 집 잘 구했구나!

You really found a good place!

은솔 이제 진짜 자취생 됐네.

Now you're really living on your own.

그런데 평소에 분리수거는 해 봤어? 처음엔 헷갈릴 수 있거든.

But have you ever regularly recycled? Because it can be confusing at first.

세린 맞아요. 아까 일반 쓰레기랑 재활용 쓰레기 구분하는 것도 헷갈렸어요.

Right. Earlier, I even got confused about separating regular trash and recycling.

프엉 한국은 분리수거 규칙이 진짜 엄격한 것 같아.

I think Korea's recycling rules are really strict.

talk talk 단어 · 표현

- 분리수거: 종류별로 나누어서 버린 쓰레기를 거두어 감.
- 일반 쓰레기: 별도로 수거·처리하는 가전이나 가구와 같은 대형 폐기물, 음식물 쓰레기, 재활용 쓰레기가 아닌, 종량제 봉투에 담아 버리는 생활 쓰레기
- 재활용 쓰레기: 용도를 바꾸거나 가공하여 다시 사용할 수 있는 쓰레기
- 엄격: 말, 태도, 규칙이 매우 엄하고 철저함. 또는 그런 품격

플라스틱이랑 캔도 따로 버려야 하고, 음식물 쓰레기는 꼭 물기를 빼서 버리는 것도 신기해.

You have to separate plastic and cans, and it's interesting that you have to drain the liquid from your food waste before throwing it out.

은솔 배달 음식 용기도 남은 음식물이 묻어 있으면 재활용이 안 돼.

Even delivery containers can't be recycled if there's leftover food on them.

꼭 깨끗이 씻어서 분리수거를 하거나, 씻기 어려우면 그냥 종량제 봉투에 버리거나 해야 해.

You have to wash them clean for recycling, or if that's hard, just throw them out in a pay-as-you-throw trash bag.[23]

자, 오늘 우리 고생했으니까 밥부터 먹자.

Okay, we worked hard today, so let's eat first.

뭐 먹을래?

What do you want to eat?

세린 제가 쏠게요! 치킨 어때요?

It's on me! How about chicken?

아니면 피자? 자장면?

Or pizza? Or *jajangmyeon*?

talk talk 단어 · 표현

- 배달: 주문한 물건이나 음식을 배달원 등이 직접 가져다주는 행위
- 종량제 봉투: 쓰레기를 담아 버리는 지정된 규격의 봉투. 쓰레기 배출량에 따라 수수료를 부과하기 위해 만들었으며, 규격과 용도에 따라 가격이 다름.

문법 check!

- A/V + -거나 하다: 여러 상황이나 행동 중에서 어느 하나를 선택하여 행동하는 것을 나타내는 말

talk talk 단어 · 표현

- 신기하다: 새롭고 기이하다.
- 시키다: ① 어떤 일이나 행동을 하게 하다. ② 음식을 만들어 오거나 가지고 오도록 주문하다. 여기서는 ②의 뜻
- 간편결제: 기기에 미리 등록해 놓은 계좌나 카드 정보를 활용하여 간단하고 편리하게 결제하는 방식

문법 check!

- V + -ㄴ/는다니: 현재 주어진 어떤 사실을 깨달으면서 놀람이나 감탄의 감정을 나타내는 말

프엉 난 다 좋아. 근데 내가 처음으로 배달을 시켰을 때 진짜 신기했어.

I'm good with anything. But when I ordered delivery for the first time, it was so amazing.

내가 어디에 있든지 음식을 내 앞으로 가지고 온다니!

No matter where you are, the food comes right to you!

은솔 요즘은 배달 앱으로 뭐든 다 시킬 수 있으니까, 배달 앱 종류도 많고.

These days, you can order anything with a delivery app, and there are so many kinds.

배달의민족, 요기요, 쿠팡이츠, 롯데이츠… 프엉도 배달 앱 써 봤지?

Baedal-ui Minjok, Yogiyo, Coupang Eats, Lotte Eats… Phuong, you've used delivery apps before, too, right?

프엉 네, 근데 외국인은 비회원으로만 주문이 되는 경우가 많아요.

Yeah, but non-Koreans can usually only order as a guest.

한국어를 잘 모르면, 번역 앱이랑 같이 써야 하고요.

If you don't know Korean well, you have to use it with a translation app.

해외 카드가 안 되는 경우도 있어서, 간편결제가 안 될 때도 있어요.

Sometimes international cards don't work, so you can't use the simpler payment methods.

세린 **그리고 배달비도 꽤 비싸서, 난 두 개 이상 시킬 때만 이용해.**

And delivery fees are actually pretty expensive, so I only use it when I order more than two things.

은솔 **맞아. 그래서 사실 혼자 살 때는, 배달에 비하면 학생 식당이나 근처 식당에 가는 게 훨씬 경제적이지.**

Right. That's why when you live alone, compared to delivery, going to the student cafeteria or nearby restaurants is way more economical.

프엉 **그래서 저도 거의 학식 먹어요.**

That's why I also almost always eat at the student cafeteria.

가격도 싸고, 메뉴도 매일 바뀌고, 균형 잡힌 식단이라 좋아요.

The price is cheap, the menu changes every day, and the meals are balanced, so I like it.

은솔 **후문 앞에 있는 식당들도 가 봐.**

Try going to the restaurants near the back gate, too.

학교 근처라 학생들이 많이 가니까 양도 많고 가격도 착해.

Since they're near school, lots of students go there, so the portions are big and the prices are friendly.

문법 check!

- N + 에 비하면: 어떤 대상과 다른 대상을 비교하여 상대적인 차이나 정도를 나타내는 말

talk talk 단어 · 표현

- 경제적: ① 인간의 생활에 필요한 물건이나 노동을 생산·분배·소비하는 모든 활동에 관한 것. ② 돈이나 시간, 노력을 적게 들이는 것. 여기서는 ②의 뜻
- 균형: 어느 한쪽으로 기울거나 치우치지 아니하고 고른 상태
- 가격이 착하다: '가격이 비싸지 않고 부담이 적다'를 나타내는 비유적인 표현

세린 전 자취 시작했으니까 앞으로 요리를 좀 해 보려고요.

I just started living on my own, so I want to try cooking from now on.

프엉 그럼 다음에 우리 베트남 음식 같이 해 먹자! 내가 알려 줄게.

Then next time, let's cook and eat Vietnamese food together! I'll show you how.

세린 좋아! 근데 오늘은 자장면 어때?

Sounds good! But for today, how about *jajangmyeon*?

이삿날은 뭐니 뭐니 해도 자장면이지!

On moving day, no matter what you say, it's gotta be *jajangmyeon*![24]

은솔 맞아. 이삿날은 자장면이 국룰이지! 완전 찬성이야.

Right. *Jajangmyeon* on moving day is like an unwritten rule! I'm totally in.

프엉 이삿날 마무리로 자장면이라니, 진짜 한국스러운 하루네요!

Ending moving day with *jajangmyeon*, what a truly Korean sort of day!

문법 check!

- 뭐니 뭐니 해도 N + (이)지: 이러하다 저러하다 말해도. 또는 누가 뭐라고 해도 N이 최고라는 의미를 나타내는 말
- N + –스럽다: '그러한 성질이 있음'의 뜻을 나타내는 말

talk talk 단어 · 표현

- 국룰: '국민 룰'을 줄여 이르는 말로, 국민 대다수가 널리 받아들이는 규칙을 재미있게 이르는 신조어

공부한 내용 확인하기

Q1 무슨 내용이었는지 대답해 보세요.

1) 한국의 분리수거 규칙에는 어떤 것이 있을까요?

2) 학생 식당에서 밥을 먹으면 어떤 점이 좋을까요?

Q2 빈칸에 들어갈 말을 골라 알맞게 쓰세요.

엄격　　균형　　국룰

1) 학생은 아르바이트와 공부의 (　　　　　　)을 잘 유지해야 한다.

2) 그 교수님은 매우 (　　　　　　)하셔서 출석을 철저히 확인하신다.

3) 김밥은 떡볶이 국물에 찍어 먹는 게 (　　　　　　)인 거 알지?

Q3 다음 문법과 제시어를 활용하여 문장을 완성해 보세요.

1) V + -ㄴ/는다니

받다

➡ 네가 그렇게 큰 상을 ______________, 정말 자랑스러워.

2) 뭐니 뭐니해도 N + (이)지

농활(농촌 봉사 활동)

➡ 봉사는 ______________. 특별한 경험이 되거든.

모범 답안

Q1 1) 일반 쓰레기와 재활용 쓰레기를 분리해야 하고, 재활용은 플라스틱, 캔, 유리 등을 구분해야 해요.
2) 가격이 훨씬 저렴하면서 다양하고, 균형 잡힌 음식을 먹을 수 있어요.

Q2 1) 균형　2) 엄격　3) 국룰

Q3 1) 받는다니　2) 뭐니 뭐니해도 농활(농촌 봉사 활동)이지

3

감기 기운이 있어서 병원에 다녀왔어요.

talk talk 단어 · 표현

- 결석: 나가야 할 자리에 나가지 않음.
- 건강보험: 질병, 상해, 사망, 출산의 경우에 의료를 위하여 든 비용이나 그로 인한 수입 감소를 보상하는 보험들을 통틀어 이르는 말. 의료보험, 질병보험, 상해보험이 있음.
- 진료비: 진찰받는 환자가 의사나 병원에 치르는 요금

귀왕 프엉 양, 지난주에 결석했죠? 몸이 안 좋았어요?

Phuong, you were absent last week, right? Were you feeling unwell?

프엉 네, 교수님. 감기 기운이 있어서 병원에 다녀왔어요.

Yes, Professor. I felt a cold coming on, so I went to the hospital.

처음엔 참고 넘기려 했는데 열이 계속 나서 결국 병원에 갔어요.

At first, I tried to just endure it and get over it, but the fever kept on, so in the end, I went to the hospital.

귀왕 지금은 괜찮아요?

Are you okay now?

프엉 많이 좋아졌어요. 약 먹고 푹 쉬니까 금방 나았어요.

I got a lot better. I took medicine and got some rest, so I recovered right away.

다행히 외국인 등록증이랑 건강보험이 등록돼 있어서 진료비도 그렇게 많이 안 나왔고요.

Fortunately, I had my alien registration card and health insurance registered, so the medical fee wasn't that much.

귀왕 잘했네요. 건강보험에 등록이 안 되어 있었더라면 진료비가 몇 배로 나올 수도 있어요.

Good job. If you hadn't been registered, the medical fees could've been several times higher.

프엉 제 친구는 아직 건강보험이 없어서 진료비가 많이 나왔다고 들었어요.

I heard my friend doesn't have health insurance yet, so her medical fee came out really high.

저는 학생증이랑 외국인 등록증 보여 줬더니 보험 적용이 됐고요.

But after I showed them my student ID and alien registration card, they applied the insurance.

귀왕 약국에서도 건강보험이 적용되니까 약값이 많이 줄어들죠?

Since health insurance also applies at the pharmacy, the medicine price goes down a lot, doesn't it?

프엉 네, 약국에서 카드로 결제했는데, 예상보다 훨씬 적게 나왔어요.

Yes, I paid by card at the pharmacy, and it was much less than I expected.

귀왕 어디 병원 다녀왔어요?

Where was the hospital you went to?

문법 check!

- A/V + –았/었더라면: 현재 그렇지 않음을 표현하기 위해 과거 상황과 반대되는 가정을 할 때 사용하는 말

talk talk 단어 · 표현

- 적용: 알맞게 이용하거나 맞추어 씀.
- 예상: 어떤 일을 직접 당하기 전에 미리 생각하여 둠. 또는 그런 내용

talk talk 단어 · 표현

- 접수대: 처리할 문서나 금품을 받는 곳
- 문진표: 환자의 병의 원인이나 증상 등을 일정한 형식에 맞추어 기록한 것

문법 check!

- A + -(느)냐고 묻다, V + -(으)냐고 묻다: 말하는 사람이나 다른 사람이 질문한 내용을 옮겨 말하거나 확인할 때 사용하는 말

프엉 기숙사 근처에 있는 개인 병원이요.

A private hospital near the dorm.

그런데 처음에 접수대가 어딘지 몰라서 좀 당황했어요.

But at first, I didn't know where the reception desk was, so I was a bit flustered.

문진표도 전부 한국어라 번역 앱으로 하나씩 해석했고요.

The medical questionnaire was all in Korean, too, so I used a translation app to interpret each one.

귀왕 그런 경우엔 통역이 가능하냐고 물어보면 돼요.

In that case, you can ask if interpretation is available.

큰 병원은 통역 서비스나 영어로 번역된 문진표가 있는 곳도 많고, 요즘은 태블릿 통역기를 쓰는 곳도 늘고 있어요.

Many large hospitals have interpretation services or questionnaires translated into English, and these days, more and more places use tablet interpreters too.

프엉 다음엔 그렇게 해 봐야겠어요.

I'll try that next time.

혹시 병원에서 진료비 영수증 같은 건 꼭 챙겨야 하나요?

By the way, do I have to keep things like medical fee receipts from the hospital?

귀왕 네, 나중에 보험 관련 서류가 필요하거나, 체류 연장할 때 필요할 수 있으니까, 기본 영수증은 보관해 두는 게 좋아요.

Yes, since they might be needed later for insurance paperwork or visa extensions, it's a good idea to keep the basic receipts.

프엉 혹시 치과나 안과도 건강보험이 적용되나요?

By any chance, does health insurance also apply to dental or eye clinics?

귀왕 응급 상황이나 기본 진료는 보험이 되는데, 어떤 치료는 안 될 때도 있어요.

Emergency situations or basic treatments are usually covered, but some procedures may not be.

그러니까 진료 전에 꼭 비용이 얼마나 나올지 먼저 물어보세요.

So make sure to first ask how much it will cost before the treatment.

아니면 가벼운 감기나 배탈 같은 건 병원에 가는 것보다 학교 보건실에서 진료를 받는 게 나아요.

Or, if it's just a mild cold or stomachache, instead of going to a hospital, try visiting the school health office to be treated.

약도 같이 받을 수 있고요.

You can get medicine there too.

talk talk 단어 · 표현

- 연장: 시간이나 거리를 본래보다 길게 늘림.
- 응급 상황: 매우 위급하거나 긴급한 상황
- 보건실: 학교나 회사 같은 조직에서 사람들의 건강과 위생에 관한 일을 담당하는 곳

문법 check!

- A/V + −(으)ㄴ/는 게 좋다: '−는 것이 좋다'를 줄여 이르는 말로, 상대에게 조언이나 제안을 할 때 사용하는 말
- A/V + −(으)ㄴ/는 게 낫다: 어떤 행동이나 선택이 더 긍정적이거나 바람직하다는 것을 나타낼 때 사용하는 말

프엉 다음엔 보건실부터 가 봐야겠네요.

Then I guess I'd better go to the health office first next time.

진료비도 무료라고 들은 것 같아요.

I think I heard the medical fees are free.

talk talk 단어 · 표현

- 신분: 개인의 사회적인 위치나 계급
- 혜택 : 은혜와 덕택을 아울러 이르는 말

귀왕 맞아요. 학생 신분일 때 누릴 수 있는 혜택이 많으니까 잘 활용하세요.

That's right. There are lots of benefits you can use while you have the status of being a student, so make the most of them.

아! 물론 아프지 않고, 건강하게 지내는 게 가장 좋지요.

Ah! But of course, the best thing is to stay healthy and not get sick at all.

프엉 감사합니다, 교수님!

Thank you, Professor!

덕분에 몰랐던 정보도 많이 알게 됐어요.

Thanks to you, I also learned a lot of information I didn't know.

공부한 내용 확인하기

Q1 무슨 내용이었는지 대답해 보세요.

1) 지난주에 프엉에게 무슨 일이 있었나요?

2) 한국어가 서툰 외국인이 병원에 가면 어떻게 해야 할까요?

Q2 빈칸에 들어갈 말을 골라 알맞게 쓰세요.

문진표　　연장　　혜택

1) 대기자가 많으니 먼저 (　　　　　　)를 작성하시고 기다려 주세요.

2) 저희 병원에서는 대학생 할인 (　　　　　　)을 제공하고 있습니다.

3) 비자를 (　　　　　　)하고 싶으면 유학생 사무실에서 상담하세요.

Q3 다음 문법과 제시어를 활용하여 문장을 완성해 보세요.

1) A/V + -았/었더라면

오지 않다

➡ 한국에 ______________ 이런 행복을 느낄 수 없었을 것이다.

2) A/V + -(으)ㄴ/는 게 낫다

쉬다

➡ 몸이 아프면 그냥 약을 먹고 ______________.

모범 답안

Q1 1) 감기 때문에 병원에 다녀왔어요. 건강보험이 있기 때문에 진료비와 약값이 많이 들지 않았어요.
2) 통역이 가능한지 확인해 본 후, 영어로 된 문진표나 태블릿 통역기가 있는지 물어봐야 해요.

Q2 1) 문진표　2) 혜택　3) 연장

Q3 1) 오지 않았더라면　2) 쉬는 게 낫다

보증금이 너무 부담스러워요.

여러분은 집을 구할 때 '보증금 이천에 월세 육십'과 같은 말을 많이 봤을 거예요. 이 말은 '집을 계약할 때 보증금 이천만 원을 주고, 매달 월세로 육십만 원을 내야 한다.'는 말이지요. 이러한 보증금 제도는 한국인에게는 자연스럽고 익숙하겠지만, 외국인들에게는 조금 낯설게 느껴질 수 있어요. 원래 보증금은 세입자가 개인적인 사정으로 월세를 내지 못해 연체될 경우를 대비해 미리 받아 두는 돈이에요. 그래서 대부분의 외국인이라면 월세의 2~3배 정도가 보증금이라고 생각할 거예요. 하지만 한국에서는 그보다 더 높은 금액을 보증금으로 받고 있어요.
이는 여러 가지 이유가 있겠지만, 대표적인 것은 바로 과거의 '금리' 때문이에요. 1990년대까지는 한국의 은행 금리가 아주 높았기 때문에, 집주인은 세입자에게 보증금을 받아 은행에 넣어 두기만 해도 이자로 큰 수익을 낼 수 있었지요. 그렇게 해서 생겨난 게 바로 월세 없이 보증금만 받는 전세 제도예요. 지금은 금리가 이전에 비해 훨씬 낮아졌지만, 여전히 한국에는 전세 제도가 남아 있고, 이 때문에 보증금도 여전히 높은 수준으로 남아 있답니다.

이삿날에는 자장면이 국룰이지.

여러분은 '국룰'이라는 말을 들어 보셨나요? 이 어휘는 신조어이기 때문에 사전에서는 찾을 수 없어요. 신조어는 말을 줄여서 만드는 경우가 가장 흔한데요, '국룰'이라는 어휘는 조금 특별한 방식으로 만들어졌어요. 국룰에서 '국(國)'은 한자어이고 '나라'를 의미하지요. 그리고 '룰(Rule)'은 영어이고 '규칙'을 뜻해요. 그러니까 '국룰(國Rule)'은 '법으로 정해져 있는 것은 아니지만, 마치 법으로 정해진 것처럼 국민 모두가 따르는 방식'이라는 의미를 지니고 있어요. 예를 들면 "치킨은 맥주랑 먹는 게 국룰이지.", "튀김은 떡볶이 국물에 찍어 먹는 게 국룰이지.", "비 오는 날에는 파전이 국룰이지."와 같이 사용되지요. 이것과 같은 방식으로 만들어진 신조어로는 '노답', '이모카세' 등이 있어요. '노답'은 영어인 'NO'와 한자인 '답(答)'이 합쳐져 '답이 없는 상태'를 의미하고요. '이모카세'는 식당 주인을 친근하게 부르는 한국어 '이모'와 일본어로 '맡기다'를 의미하는 '오마카세(お任せ)'가 결합해 만들어진 말로, '식당 이모에게 메뉴와 조리를 맡기는 형태'를 말해요. 이렇듯 서로 다른 언어들끼리 합쳐져 만들어진 신조어를 '혼종어'라고 부른답니다.

어휘가 쑥쑥!

⑲ "전세" is a Korean rental system where tenants pay a large lump-sum deposit upfront, usually 50-80% of the property's market value, instead of monthly rent (known as "월세," or wolse). They then get the full amount back at the end of the lease, paying utilities while in the house, but virtually living for free.

⑳ In Korea, a "셰어 하우스" (or "share house") refers to a co-living arrangement where residents rent private rooms in a house or apartment while sharing common spaces like the kitchen and living room. Unlike having a roommate, share houses are professionally managed and designed for communal living.

㉑ "전세보증보험" ("*Jeonse* deposit insurance") is a government-backed program that protects tenants by guaranteeing the return of their large lump-sum *jeonse* deposit if the landlord fails to pay it back at the end of the lease which, unfortunately, does happen sometimes.

㉒ In Korean, it's common to say someone's name first and then add a title like *Seonbae*, too. It's considered rude to call someone older than you (or anyone you don't know well) by their first name alone without a respectful title attached to it, unless you have already agreed to use each others' names.

㉓ Korea uses a "종량제 봉투" ("pay-as-you-throw trash bag") system where you buy designated trash bags from a supermarket or convenience store and must use only those when throwing out the trash that you produce.

㉔ In Korea, it's a modern tradition to order Chinese delivery food on moving day. The person who moved usually treats the friends who helped and the go-to dish is usually "자장면" (noodles in black bean sauce).

PART

05

MP3 05

캠퍼스 생활

1 군대 가면 학교는 어떻게 해요?

2 방학 때 뭐 하세요?

3 휴학하고 뭐 할지 계획은 있어?

프엉의 하루

오랜만이에요. 프엉이에요! 대학교에 입학한 지 벌써 꽤 시간이 흘렀네요. 그동안 정말 많은 일이 있었고, 지금까지 경험해 보지 못했던 다양한 일들을 해 볼 수 있어서 참 좋았어요. 어, 저기! 군대 가셨던 선배가 휴가를 나오셨어요. 한국 남자들은 군 복무 때문에 중간에 휴학을 해야 한다고 하더라고요. 저는 곧 다가올 기말고사만 끝나면 방학이에요! 방학동안 한국에서 더 많은 경험을 해보고 싶어서 아르바이트를 하려고 해요. 선배와 동기들도 방학 계획을 이미 세워 둔 것 같고요. 다들 방학인데도 열심히 사는 모습이 정말 대단해요. 그리고 오랜만에 정말 반가운 얼굴을 만났어요. 제 인생 멘토인 티엔 언니! 언니가 휴식에 꼭 필요한 정말 많은 걸 알려 주셨거든요. 여러분도 함께 들어 보실래요?

미리 보는 중요 표현

1. 제가 11월에 입대라서 복학 시기가 애매하기 짝이 없더라고요.

2. 일반 휴학과는 달리 군 복무 중인 기간은 '군 휴학'으로 따로 처리돼.

3. 방학 동안에 한국에서 여러 경험을 해 보고 싶거든요.

4. 요즘은 대외 활동이나 공모전도 많아.

5. 방학 끝나고 개강하면 엄청 성장한 후배들이 되어 있을지도 모르겠는걸?

6. 저 다음 학기는 휴학할까 했거든요.

7. 공부하랴, 대외 활동하랴, 알바까지 하느라 지쳐 있었거든.

8. 엎어진 김에 쉬어 간다고 하잖아요.

1

군대 가면 학교는 어떻게 해요?

talk talk 단어 · 표현

- 어학연수: 외국어를 배우기 위하여 현지로 가서 그 나라의 말과 생활을 직접 배우는 학습 방법
- 능글능글: 음흉하고 능청스러운 모양
- 제대: 군인이 복무를 마치고 나옴.

희준 어이구 백년 만입니다, 누님!
No way, it's been forever, *Noonim*![25]

어학연수 잘 다녀오셨습니까?
Did you get back from your language program abroad?

저 안 보고 싶으셨습니까?
Didn't you miss me?

보희 어머, 징그러워 죽겠네. 얘 원래 이랬나?
Oh my, you're so cringey I could die.
Was he always like this?

군대 가더니 되게 능글능글해졌네.
He's gotten so cheeky since going to the military[26].

프엉 피부도 엄청 많이 타셨네요?
Your skin also got super tan!

그래서 더 적응이 안 되나 봐요!
Maybe that's why it's harder to get used to.

보희 진짜 적응 안 된다.
I really can't get used to it.

근데 너 제대한 거야?
Wait, were you discharged?

희준 아니요, 휴가 나온 거예요.
Nope, I'm just out on leave.

선배, 오늘 저녁에 시간 돼요? 프엉은 어때?

Seonbae, do you have time for dinner tonight? How about you, Phuong?

보희 **우리 희준이가 휴가 나왔으니까 특별히 시간 내야지, 뭐.**

Since our little Heejoon's out on leave, I guess I'll have to make time especially for him.

프엉 **저도 시간 괜찮아요. 근데 선배 언제 다시 복귀하세요?**

I have time, too. By the way, *Seonbae*, when do you go back?

희준 **다음 주 수요일까지 부대로 돌아가야 해.**

I have to return to base by next Wednesday.

보희 **요즘 군대는 18개월이 기본이지?**

These days, the standard service duration is eighteen months, right?

그러면 1년 반 휴학한 거야?

So you took a year and a half off from school?

희준 **제가 11월에 입대라서 복학 시기가 애매하기 짝이 없더라고요.**

I enlisted in November, so the timing to return to school was super awkward.

talk talk 단어 · 표현

- 시간을 내다: 시간적 여유를 만들다.
- 복귀: 원래의 자리나 상태로 되돌아감.
- 휴학: 일정 기간 동안 학교를 쉬는 일
- 복학: 일정 기간 동안 학교를 쉬었던 학생이 다시 학교에 복귀함.

문법 check!

- A + -기 짝이 없다: 비할 데 없이 대단하거나 매우 심함을 강조하여 나타내는 말

희준 그래서 그냥 2년 휴학했어요.
So I just took two years off.

프엉 한국에선 남자들은 군대에 꼭 가야 하죠?
In Korea, men are required to go to the military, right?

군대에 가면 학교는 어떻게 해요?
How do you do school if you go to the military?

희준 응, 한국은 징병제라 남자라면 군대에 가야 해.
Yeah, Korea has a mandatory military service, so men have to go.

학교는 직접 휴학 신청을 해야 하고.
You have to apply for a leave of absence from school yourself.

대신 일반 휴학과는 달리 군 복무 중인 기간은 '군 휴학'으로 따로 처리돼.
But unlike a regular leave of absence, the time you're serving is treated as "military leave."

프엉 아! 저도 학교에서 학사 안내받을 때 군 휴학은 일반 휴학이랑 다르다고 했던 건 기억나요.
Ah! I also remember them saying at school orientation that military leave isn't the same as regular leave.

talk talk 단어 · 표현

- 징병제: 국가가 국민 모두에게 강제적으로 군사적 의무를 맡기는 의무 병역 제도
- 복무: 어떤 직무나 임무에 힘씀.

문법 check!

- N + 와/과 달리: 앞의 사실과 차이가 나는 어떤 사실을 나타내는 말
- N1 + 은/는 N2 + 와/과 다르다: N1과 N2가 서로 같지 않음, 차이가 있음을 나타내는 말

희준 맞아. 대부분의 학교에서 일반 휴학은 4학기까지 되는데, 군 휴학은 그 기간에 포함되지 않아.

Right. Most schools allow up to four semesters of regular leave, but military leave isn't included in that period.

보희 희준이가 지금 군대 간 지 얼마나 됐지?

How long has it been since you went to the army, Heejoon?

이제 상병쯤 달았으려나?

I bet you've reached *sangbyeong*[27] by now, right?

문법 check!

- A/V + -(으)려나: 혼잣말에 가까운 표현으로, 추측을 가볍게 묻는 데 사용하는 말

희준 네, 저 이제 8개월 차로 상병 달았어요.

Yes, I'm at eight months now, so I've been promoted to *sangbyeong*.

프엉 상병이요?

Sangbyeong?

희준 응, 한국 군대도 계급이 있거든.

Yeah, Korea's military has ranks too, you know.

talk talk 단어 · 표현

- 계급: 사회나 일정한 조직 내에서의 지위, 직무의 단계

훈련병부터 시작해 이병, 일병, 상병, 병장 순서로 올라가.

You start as a trainee, then it goes *ibyeong*, *ilbyeong*, *sangbyeong*, and *byeongjang*.[28]

계급마다 복무 기간은 다르고.

Each rank's length of service is different.

프엉 혹시 군대에 가지 않는 경우도 있어요?

Just wondering, are there cases where someone doesn't go to the military?

talk talk 단어 · 표현

- 군 면제: 병역의 책임이나 의무를 지지 않게 됨.
- 공로: 일을 마치거나 목적을 이루는 데 들인 노력과 수고
- 위로주: 괴로움을 덜어 주거나 슬픔을 달래 주기 위하여 마시는 술

희준 물론이지. 한국에서 군 면제 사유는 질병이나 장애가 있으면 면제야.

Of course. In Korea, causes for exemption are things like illness or disability.

또 외국 국적을 가진 경우도 그렇고 국가에 큰 공로가 있는 경우도 면제야.

You can also be exempt if you hold foreign citizenship or have made significant contributions to the country.

보희 아무튼, 우리 희준이, 고생 많다!

Anyway, our little Heejoon has been through a lot!

이 누나가 위로주 사줄게, 얼른 가자!

This *noona* of yours will buy you a drink. Come on, let's go!

공부한 내용 확인하기

Q1 무슨 내용이었는지 대답해 보세요.

1) 대학교 휴학은 얼마나 오래 할 수 있을까요?

2) 한국 남자들이 군대에 가야 하는 이유는 무엇인가요?

Q2 빈칸에 들어갈 말을 골라 알맞게 쓰세요.

제대　　　　복귀　　　　군 면제

1) 휴가 나온지 일주일이 지나서 내일 부대로 (　　　　　　)해야 한다.

2) 3개월 후에 (　　　　　　)하고 복학하면 2학년 과정부터 시작한다.

3) 올림픽 대표 선수들은 금메달을 따서 (　　　　　　)를 받았어요.

Q3 다음 문법과 제시어를 활용하여 문장을 완성해 보세요.

1) A + -기 짝이 없다

졸리다

➡ 점심을 먹고 도서관에 들어가면 ______________.

2) A/V + -(으)려나

제출하다

➡ 과제가 많아서 오늘 안에 ______________ 모르겠다.

모범 답안

Q1 1) 보통 4학기 동안 가능하지만 군 휴학은 포함되지 않기 때문에 더 오랫동안 휴학이 가능해요.
2) 징병제이기 때문이에요. 하지만 몸이 아프거나, 외국 국적이거나, 국가에 공을 세웠다면 면제예요.

Q2 1) 복귀　2) 제대　3) 군 면제

Q3 1) 졸리기 짝이 없다　2) 제출할 수 있으려나

2

방학 때 뭐 하세요?

명환 와, 벌써 방학이라니.

Wow, I can't believe it's already break.

기말고사만 넘기면 또 한 학기 끝이네. 시간 진짜 빠르다.

After finals are over, it will be the end of another semester. Time really flies.

세린 그러게요. 선배님은 방학 때 뭐 하세요?

Yeah, seriously. What are you doing over break, *Seonbaenim*?

명환 더 늦기 전에 배낭여행이나 가 볼까 생각 중이야. 너희는?

I'm thinking of maybe going backpacking before it's too late. What about you guys?

프엉 저는 아르바이트할 거예요.

I'm going to work a part-time job.

방학 동안에 한국에서 여러 경험을 해 보고 싶거든요.

I want to try out different experiences in Korea during the break.

세린 저도 알바하려고요. 등록금도 좀 모아야 하고.

I'm also going to do a part-time job. I've got to save up for tuition and all.

talk talk 단어 · 표현

- 배낭여행: 필요한 물품을 준비하여 배낭에 넣고 떠나는 여행
- 등록금: 학교나 학원에 등록할 때 내는 돈

문법 check!

- N + 동안(에): 어떤 일이 계속되거나, 어떤 일이 일어나는 데 걸린 시간의 길이를 나타내는 말

프엉 세린아, 너도 등록금 직접 마련해?

Serin, you also cover your tuition by yourself?

세린 응, 부모님께서 내주시긴 하지만, 내가 조금이라도 보태려고.

Yeah, I mean, my parents do pay, but I want to chip in, even just a little.

명환 등록금 비싸긴 하지. 전공에 따라 차이도 심하고.

Tuition is expensive, for sure. It also really depends on your major.

혹시 학자금 대출은 생각 안 해 봤어?

Have you, by chance, thought about a student loan?

세린 졸업 전부터 빚을 진다는 게 좀 부담스럽고 해서요.

I feel a bit uneasy about being in debt before I even graduate.

명환 '취업 후 상환 제도'를 이용하면, 졸업하고 취업해서 천천히 갚아도 돼.

If you use the "repay after employment" system, you can pay it back slowly after you graduate and get a job.

talk talk 단어 · 표현

- 보태다: ① 모자라는 것을 더하여 채우다. ② 이미 있던 것에 더하여 많아지게 하다. 여기서는 ①의 뜻
- 학자금: 공부하는 데에 드는 비용
- 취업: 직업을 갖게 됨.
- 상환: 갚거나 돌려줌.

문법 check!

- A/V + -고 하다: 앞의 말의 내용이 뒤의 말이 나타내는 행위를 하는 몇 가지 이유 중에 하나임을 나타내는 말

프엉 혹시 외국인도 은행에서 대출을 받을 수 있을까요?

By any chance, can non-Koreans also get loans from banks?

영환 아쉽게도 좀 어려울 거야.

Unfortunately, that's going to be a bit difficult.

한국 국적이 있는 사람에 한하여 대출 신청이 되는 걸로 알고 있어.

As far as I know, only people with Korean citizenship can apply for loans.

문법 check!

- N + 에 한하여: 앞의 조건이나 범위로 정해지거나 한정된 것만을 나타내는 말

프엉 그럼 저도 방학 때 열심히 알바나 해야겠네요.

Then I guess I'll also just have to work hard at a part-time job or something during break.

세린 알바도 좋지만, 방학에만 할 수 있는 것도 있잖아. 자격증 준비 같은 거?

Part-time jobs are fine, but there are also things you can only do during break, you know. Like studying for a certification?

프엉 자격증? 한국어 관련 말고도 추천해 줄 수 있어?

Certification? Can you recommend something besides ones related to Korean language?

세린 컴퓨터활용능력이나 한국사능력검정시험 같은 기본적인 자격증도 있고, 토익(TOEIC)을 준비하는 친구들도 많지.

There are basic certificates like the Computer Proficiency Test or the Korean History Proficiency Test, and lots of people also prepare for the TOEIC. ㉙

명환 요즘은 대외 활동이나 공모전도 많아.

These days, there are lots of external activities and contests too.

예를 들어 대학생 기자단을 한다거나, 콘텐츠 공모전 이런 거 말이야.

I mean, like joining a student journalism group or entering a content competition.

외국인 시선에서 보는 한국의 모습 같은 걸 소재로 하면 프엉은 여러 가지를 할 수 있을 거 같고,

If you use something like Korea through the eyes of a foreigner as the subject matter, I think you could do a lot of different things, Phuong,

한국어 회화 실력을 쌓기에도 좋을 것 같은데?

and it'd also help you improve your Korean speaking skills.

세린 그러게요. 공모전은 나중에 취업할 때 이력서나 자기소개서에 쓸 수도 있겠어요!

I guess that's true. You could even put the competitions on your resume or personal statement later when you hunt for jobs!

talk talk 단어 · 표현

- 대외 활동: 외부 또는 나라 밖에서 어떤 일의 성과를 거두기 위하여 힘씀.
- 공모전: 공개 모집한 작품의 전시회
- 쌓다: ① 여러 개의 물건을 겹겹이 포개어 얹어 놓다. ② 경험, 기술, 업적, 지식을 거듭 익혀 많이 이루다. 여기서는 ②의 뜻
- 자기소개서: 흔히 '자소서'라고 줄여 이르며, 자기의 이름, 경력, 성격, 계획이나 희망을 적어서 제출하는 글

문법 check!

- A + -다거나, V + -ㄴ/는다거나: 여러 가지 행위를 예로 들어 나열하면서 설명할 때 사용하는 말

프엉 한국어능력시험(TOPIK)만 준비하고 있었는데, 선배님 말대로 공모전도 알아봐야겠네요.

I was only preparing for the Test of Proficiency in Korean (TOPIK),[30] but I should check out competitions too, like you said, *Seonbaenim*.

명환 학교 국제처에 가 보면 정보가 많이 있을 거야.

If you go to the university's international office, they'll have a lot of information.

세린 프엉, 같이 찾아볼래?

Phuong, want to look into it together?

프엉 좋아. 우리 이번 방학을 알차게 보내 보자!

Sounds good. Let's make the most of this break!

명환 우리 멋진 후배들.

Just look at my amazing little *hoobaes*.

이러다 방학 끝나고 개강하면 엄청 성장한 후배들이 되어 있을지도 모르겠는걸?

At this rate, by the time the new semester starts, you might come back as new, more grown-up, *hoobaes*.

talk talk 단어 · 표현

- 알차다: 속이 꽉 차 있거나 내용이 아주 실속이 있다.
- 성장: ① 사람이나 동식물이 자라서 점점 커짐. ② 사물의 규모나 세력이 점점 커짐. 여기서는 ①의 뜻

문법 check!

- A/V + -(으)ㄹ지도 모르다, N + 일지도 모르다: 확실하지 않은 일이지만 그럴 가능성이 있다는 추측을 나타내는 말

공부한 내용 확인하기

Q1 무슨 내용이었는지 대답해 보세요.

1) 방학 때 할 수 있는 활동은 어떤 것들이 있을까요?

2) 등록금을 마련할 수 있는 방법에는 어떤 것들이 있을까요?

Q2 빈칸에 들어갈 말을 골라 알맞게 쓰세요.

학자금	상환	공모전

1) 이 건물은 ( )에서 우승한 디자인을 바탕으로 설계되었다.

2) 대출을 받으면 꾸준히 원금과 이자를 ( )해야 된다.

3) 우리 카페 알바생은 모두 ( )을 마련하려고 일을 한다.

Q3 다음 문법과 제시어를 활용하여 문장을 완성해 보세요.

1) N + 에 한하여

학생

➡ 이 장학금은 성적이 B^+ 이상인 ______________ 주어진다.

2) A/V + -(으)ㄹ지도 모르다, N + 일지도 모르다

차지하다

➡ 앞으로는 외국인 유학생이 대학생 절반을 ______________.

모범 답안

Q1 1) 배낭여행을 가거나 아르바이트를 할 수 있고, 자격증을 따거나 공모전 같은 대외 활동을 할 수 있어요.
2) 아르바이트를 하거나 학자금 대출을 알아볼 수 있어요.

Q2 1) 공모전 2) 상환 3) 학자금

Q3 1) 학생에 한하여 2) 차지할지도 모른다

3

휴학하고 뭐 할지 계획은 있어?

문법 check!

- V + -고 싶어 죽(겠)다: 말하는 사람이 하기 원하거나 바라는 것을 과장하여 나타내는 말
- V + -(으)ㄹ까 하다: 아직 정해지지 않은 일에 대하여 그 행동을 하고 싶은 마음이나 생각이 있다는 것을 나타내는 말

talk talk 단어 · 표현

- 어쩌다: '어쩐'으로 자주 쓰이며, '무슨', '웬'의 뜻을 나타냄.

프엉 언니! 보고 싶어 죽는 줄 알았어요.

Unni! I missed you so much, I thought I was going to die.

졸업하고 베트남으로 돌아갔다고 들었는데, 학교까지 어쩐 일이에요?

I heard you went back to Vietnam after graduating, so what are you doing here at school?

티엔 난 너 보려고 왔지! 근처에 출장이 있어서 들렀어.

I came to see you, of course! I had a business trip nearby, so I stopped by.

프엉 다행이에요. 저 다음 학기는 휴학할까 했거든요.

What good luck. I was actually thinking of taking a leave of absence next semester.

그래서 다음 학기에 오셨으면 못 볼 뻔했네요.

So if you come next semester, I might not be able to see you.

티엔 휴학? 휴학은 왜?

A leave of absence? Why would you take one?

프엉 사실 요즘 뭘 해도 집중이 안 돼서요.

Honestly, lately, no matter what I do, I can't focus.

티엔 그랬구나. 그럼 휴학하고 뭐 할지 계획은 세웠어?

I see. So, have you made plans for what you'll do during your leave of absence?

프엉 아직 구체적인 건 없고, 그냥 좀 쉬고 싶다는 생각뿐이에요.

I don't have anything specific yet. I think I just want to rest a bit.

1학년 때부터 계속 바쁘게 지내서 그런가 봐요.

Maybe it's because I've been so busy since freshman year.

티엔 맞아, 나도 2학년 마치고 휴학했었어.

Right, I also took a leave of absence after completing my sophomore year.

공부하랴 대외 활동하랴, 알바까지 하느라 지쳐 있었거든.

Between studying, doing extracurriculars, and even having a part-time job, I was worn out.

프엉 맞아요. 저도 한 학기 한 학기 버티는 기분이었어요.

That's true. I also felt like I was just getting through it, semester by semester.

문법 check!

- N + 뿐이다: '그것만이고 더는 없음' 또는 '오직 그렇게 하거나 그러하다는 것'을 나타내는 말
- V1 + -(으)랴 V2 + -(으)랴: 여러 가지 일을 모두 하고자 하는 뜻을 나타내는 말

talk talk 단어 · 표현

- 지치다: 힘든 일을 하거나 어떤 일에 시달려서 기운이 빠지다.
- 버티다: ① 어려운 일이나 외부의 압력을 참고 견디다. ② 어떤 대상이 주변 상황에 움직이지 않고 든든히 자리 잡다. 여기서는 ①의 뜻

talk talk 단어 · 표현

- 쉼표를 찍다: 어떤 일을 중단하고 잠시 쉬어 가다.
- 한 달 살기: 한 달 정도의 일정 기간 동안 특정 지역에 머물며 그 지역의 일상과 문화를 체험하는 여행을 재미있게 이르는 신조어
- 체류 기간: 특정한 시기부터 어느 정해진 시기까지 체류하여 머무르는 기간
- 경비: 어떤 일을 하는 데 드는 비용
- 지역 청년 센터: 각 지역 청년을 위한 정보 제공과 교육, 멘토링, 공간 대여 등 다양한 지원 서비스를 제공하는 공간

문법 check!

- A/V + -았/었던 것 같다, N + 이었던 것 같다: 과거의 사건에 대해 불확실한 기억을 표현하거나, 어떤 단서를 바탕으로 추측할 때 사용하는 말

티엔 그럴 때 쉼표 하나 찍는 게 정말 중요해.

At times like that, taking a pause is really important.

나는 그때 제주도에서 '한 달 살기'를 했는데, 내 인생에 처음으로 '쉼'이라는 걸 배웠던 것 같아.

Back then, I did a "one-month stay" in Jeju, and I think that's the first time I ever truly learned what "rest" meant.

프엉 한 달 살기요? 외국인도 '한 달 살기'를 할 수 있어요?

A one-month stay? Can foreigners do a "one-month stay" too?

티엔 가능해! 비자 체류 기간이 충분하면 문제없고, 숙소랑 경비만 잘 계획하면 돼.

It's possible! If the length of stay on your visa is long enough, there's no problem, and all you need to do is plan your lodging and expenses.

나는 게스트하우스에서 청소 도우미를 하면서 숙소비 아꼈고, 그 게스트하우스랑 연결된 '지역 청년 센터'에서 다양한 프로그램에도 참여했어.

I saved on housing by working as a cleaning helper at a guesthouse, and I also joined various programs at the "local youth center" connected to that guesthouse.

프엉 지역 청년 센터요? 처음 들어 봐요!

A local youth center? That's the first time I've heard of that!

티엔 그런 데서 한국인들이랑 함께하는 문화 교류 활동, 현지 체험, 공방 수업 같은 게 있거든.

At places like those, they have cultural exchange programs with Koreans, local experiences, workshop classes, and things like that.

프로그램도 다양해서 재밌었고 의미도 있었어.

The programs were diverse, so they were fun and also meaningful.

프엉 저도 해 보고 싶어요. 제주도같이 경치 좋은 곳에 가면 힐링이 될 것 같아요.

I want to try that too. I think it'd be really healing[31] to go somewhere scenic like Jeju.

티엔 어디 그것뿐이겠어?

But think that's all?

경치 좋은 곳에서 쉬면서 문화도 경험하고, 한국인 친구도 사귈 수 있고 이런저런 체험 행사에 참여할 수도 있고.

It's not just about relaxing, you know? You can enjoy the scenery, experience the culture, make Korean friends, and even join all kinds of local activities.

talk talk 단어 · 표현

- 현지: ① 사물이 현재 있는 곳. ② 일이 생긴 그 자리. ③ 일을 실제 진행하거나 작업하는 그곳. 여기서는 ①의 뜻

문법 check!

- N + 같이: 앞말이 보이는 전형적인 어떤 특징처럼의 뜻을 나타내는 말
- 어디 N + 뿐인가(요): 앞의 사실에 더하여 다른 사실도 있음을 강조하여 나타내는 말

티엔 그리고 진짜 중요한 건, 그렇게 쉬면서 내가 무엇을 좋아하는지도 자연스럽게 알게 된다는 거야.

The most important thing is, while you're resting like that, you naturally figure out what you really like.

프엉 엎어진 김에 쉬어 간다고 하잖아요. 저도 이번에 휴학하고 인생의 쉼표를 한번 찍으면 좋을 것 같아요.

Since I'm taking a leave of absence anyway, I think I should take a pause in life, too.

티엔 그래, 요즘은 외국인을 위한 '로컬 워케이션' 프로그램도 있으니까 알아봐!

Yeah, these days, there are even "Local Workation" programs for non-Koreans, so look into them!

다양한 경험을 하면서 좀 쉬고 나면, 복학하고 다시 달릴 힘이 생길 거야.

If you take some time to rest while having various experiences, you'll gain the strength to hit the ground running again when you return to school.

문법 check!

- V + -(으)ㄴ/는 김에: 앞의 말이 나타내는 행동에 이어서 또는 그 행동을 계기로 그것과 관련된 다른 행동도 함께함을 나타내는 말

talk talk 단어 · 표현

- 로컬 워케이션(Local Workation): 집이나 회사가 아닌 휴가지에서 근무하는 업무 형태. 새로운 지역에서의 일과 새로운 경험을 결합한 것을 말함.

공부한 내용 확인하기

Q1 무슨 내용이었는지 대답해 보세요.

1) 프엉이 휴학하기로 결심한 이유는 무엇인가요?

2) 티엔은 프엉에게 어떤 것을 추천해 주었나요?

Q2 빈칸에 들어갈 말을 골라 알맞게 쓰세요.

체류 기간　　경비　　현지

1) 여행을 가기 전에 (　　　　　　)의 상황을 미리 알아봐야 해요.

2) '한 달 살기' (　　　　　　) 마련을 위해 알바를 하고 있어요.

3) 비자의 종류에 따라 (　　　　　　)이 다르니 확인하시기 바랍니다.

Q3 다음 문법과 제시어를 활용하여 문장을 완성해 보세요.

1) V + -(으)랴 V + -(으)랴

신청하다　　파티하다

➡ 신입생은 수강 ________, 개강 ________, 정신이 없어요.

2) V + -ㄴ/는 김에

돌리다

➡ 내 방 청소기 ____________ 네 방도 청소했어.

모범 답안

Q1 1) 요즘 뭘 해도 집중이 안 되고, 쉬고 싶다는 생각뿐이어서 휴학을 하기로 했어요.
2) 인생에 '쉼표'를 한번 찍고 가기 위해 휴학하고 '한 달 살기'를 해 보는 것이 어떠냐고 제안했어요.

Q2 1) 현지 2) 경비 3) 체류 기간

Q3 1) 신청하랴, 파티하랴 2) 돌리는 김에

한 달 여행, NO! 한 달 살기, YES!

'여행'이라는 어휘를 국어사전에서 찾아보면 '일정한 목적을 가지고 다른 고장이나 나라를 돌아다니는 일'이라고 나와요. '한 달 살기'는 일상에서 벗어나 낯선 환경을 경험한다는 점은 여행과 비슷하지만, 체류 기간이 길다는 차이가 있어요. 또 여행이 새로운 '체험'과 '관광'을 위한 것이라면, '한 달 살기'는 그 지역의 생활 문화를 직접 경험하면서 그곳에서의 일상생활을 즐기는 여행이라는 점이 다르지요. 꼭 살아 보고 싶은 도시가 있다면, 당장 이사하지 않아도 괜찮아요. 우선 '한 달 살기'를 통해 여유로운 일상을 즐겨 보세요. 그러기 위해서는 먼저, 자신이 살고 싶은 지역을 선택하고, 한 달 동안 머무를 수 있는 숙소를 알아봐야 해요. 그리고 한 달 동안 어떤 삶을 즐기고 싶은지도 생각해야 하고요. 지역에서 열리는 소규모 축제에 가 보거나, 마을 주민들이 운영하는 공방 체험이나 전통음식 만들기 같은 활동에 참여해 볼 수도 있어요. 잠깐의 여행도 우리에게 많은 교훈을 주지만, '한 달 살기'는 짧은 여행에서는 느낄 수 없는 특별한 만족과 기쁨을 줄 거예요.

백년 만에 만났다고요? 배불러 죽겠다고요?

한국 사람들은 오랜만에 만난 사람을 보면 "백년 만이네요."라고 말하곤 해요. 정말로 100년 전에 만나고 지금 다시 만나는 걸까요? 물론 아니지요. 오랜만에 만났다는 것을 과장해서, 상대에 대한 반가움을 표현하는 말이에요.
이렇듯 한국어에는 시간을 과장해서 표현하는 말뿐만 아니라, 신체의 일부나 목숨을 과장해서 쓰는 표현도 많이 있어요. 예를 들어, 대화문에 나오는 '허리가 부러지다'라는 표현도 매우 과장된 표현이지요. 이는 '몸을 무리하게 써서 허리가 몹시 쑤시고 아프다.'라는 뜻으로, '부러지다' 또는 '부러질 것 같다'라고 말하는 거예요. 또한, 한국 사람들은 어떤 상태의 정도가 매우 크다는 의미로 '–아/어 죽겠다'는 표현을 자주 사용해요. '피곤해 죽겠다, 졸려 죽겠다, 배고파 죽겠다'도 있고, 이와 연관된 행동을 나타내는 '자고 싶어 죽겠다, 먹고 싶어 죽겠다'와 같은 '–고 싶어 죽겠다'도 자주 쓰이지요.
아, '아주 많이 배고프다'를 나타내는 재미있는 표현이 하나 있어요. 바로 "뱃가죽이 등가죽에 붙었다."라는 말이에요. 뱃속에 아무것도 없어서 배의 가죽과 등의 가죽이 서로 붙었다는 뜻인데, 표현이 참 무서우면서도 재미있지 않나요?

어휘가 쑥쑥!

㉕ In Korea, "누나" is a term men use to refer to an older female friend or sister. It shows closeness and respect, even if not related by blood.

㉖ All Korean men are required to complete mandatory military service (while women can volunteer, they are not obligated to serve). Most men attend university for a year or two before taking a break to fulfill this duty, making military enlistment a major part of college life and planning.

㉗ "상병" is a military rank in the South Korean armed forces. It's the third enlisted rank, equivalent to "Corporal" in most other countries.

㉘ In order: "이병(이등병)" (private second class), "일병(일등병)" (private first class), "상병(상등병)" (corporal), and "병장" sergeant.

㉙ The TOEIC(Test of English for International Communication) is a popular English proficiency test widely used in Korea for job applications and graduation requirements.

㉚ The TOPIK(Test of Proficiency in Korean) is a standardized Korean language exam for non-native speakers, often required for university admission, job applications, or visa extensions in Korea.

㉛ In Korean, "힐링" (from the English "healing") is a Konglish term that means restful, comforting, or emotionally refreshing and is used to describe experiences that help you relax or recover from stress.

PART

06

MP3 06

사회를 향해

1 코스모스 졸업이네.

2 취업 준비로 불태워 보자!

3 진로는 정했니?

프엉의 하루

프엉이에요! 요즘 어떻게 지내세요? 정말 시간이 빠르죠? 어느새 저도 4학년이 되어 졸업과 함께 본격적인 취업 준비를 시작해야 하는 시기가 왔어요. 대학교를 졸업하려면 논문을 쓰거나 졸업 시험을 봐야 하지요. 그동안 열심히 준비해서 졸업 요건은 어느 정도 맞춰 놓았지만, 취업 준비와 비자 문제를 생각하니 여전히 막막하더라고요. 그래서 교수님께 찾아가 도움을 받으려고 해요. 교수님이 취업이나 비자 문제에 대해 이것저것 자세하게 알려 주시거든요. 다른 선배님들도 이제 곧 졸업을 앞두고 사회로 나갈 준비를 하고 계세요. 저도 공백기가 없도록 선배님들을 따라 열심히 준비해서 사회로 나갈 거예요. 그동안 대학교에서 배운 것들을 제가 잘 활용할 수 있겠죠?

미리 보는 중요 표현

1. 필수 전공이랑 교양은 다 채웠는데, 전체 학점은 졸업하려면 멀었더라고.
2. 졸업까지 얼마 안 남았지만, 마지막을 향하여 달려 보자!
3. 자소서는 말할 것도 없고, 회사도 알아봐야 하고, 창업 준비도 조금씩 해야 하고.
4. 졸업 전부터 미리미리 뭔가 해 놓지 않으면 뒤처진다고 해도 과언이 아니야.
5. 프엉도 어느새 완전 한국 대학생이 다 됐네.
6. 예전에 통번역 대학원에 간다고 하지 않았나?
7. 프엉한테도 도움이 될 수 있을 듯해.
8. 진로 고민으로 막막하던 차에 교수님 덕분에 길이 조금씩 보이는 것 같아요.

1

코스모스 졸업이네.

명환 보희야, 너 이번 학기만 끝나면 진짜 졸업하는 거야?

Bohee, are you really graduating after this semester?

너 취업도 성공했다며?

I heard you also succeeded in your job search?

보희 응, 학점도 다 채웠고, 토익 점수도 맞춰서 제출했어.

Yeah, I filled all my credits and submitted my TOEIC score too.

그 덕에 코스모스 졸업하게 될 것 같아.

Thanks to that, it looks like I'll have a cosmos graduation.[32]

명환 이야, 축하한다. 벌써 취업까지.

Wow, congrats. You've already found a job, huh?

난 학점이 좀 모자라서 이번 계절 학기까지 들어야 해.

I'm still a bit short on credits, so I have to take classes even during school semester.

보희 고마워. 근데 너 몇 학점이 부족한데?

Thanks. But how many credits are you short on?

talk talk 단어 · 표현

- 코스모스 졸업: 늦여름에 하는 졸업. 한국은 보통 초봄인 2월에 졸업을 하는데, 코스모스가 피기 시작하는 8월 중하순에 졸업한다고 하여 붙은 이름

명환 6학점. 필수 전공이랑 교양은 다 채웠는데, 전체 학점은 졸업하려면 멀었더라고.

Six credits. I fulfilled all my required major and general courses, but when I checked, I was still far from the total number needed to graduate.

보희 그럼 이번 여름에 계절 학기 꼭 들어야겠네.

Then you definitely have to take classes this summer school semester.

그래도 지금 안 해 놓으면 또 한 학기 밀리기 일쑤야.

Still, if you don't take care of it now, chances are you'll be delayed another semester.

명환 사실 그보다 더 걱정되는 건 토익(TOEIC)이야.

But actually, what worries me more is the TOEIC.

보희 토익(TOEIC)은 750점 이상이면 졸업 요건 충족인 건 알지?

You know, if your TOEIC score is over 750, it counts as meeting the graduation requirement, right?

명환 응, 근데 사실 아직 시험도 안 봤어.

Yeah, but to be honest, I haven't even taken the test yet.

문법 check!

- V + -(으)려면 멀었다: 어떤 일이 일어나려면 앞으로 많은 시간이 남았음을 나타내는 말
- V + -기 일쑤(이)다: 앞의 말이 나타내는 일이 매우 자주 있음을 나타내는 말

talk talk 단어 · 표현

- 요건: ① 중요한 일이나 안건. ② 필요한 조건. 여기서는 ②의 뜻
- 충족: 일정한 분량을 채워 모자람이 없게 함.

talk talk 단어 · 표현

- 졸업 논문: 규칙에 따라 정해진 교과 과정을 이수하고 졸업하기 위하여 제출하는 논문. 전공 분야의 특정 문제에 대해서 연구하고 정리하여 교수에게 제출하여 심사를 받음.
- 졸업 시험: 졸업을 위한 정해진 교과 과정을 마쳤는지 여부를 평가하기 위한 시험
- 창업: 사업을 처음으로 이루어 시작함.

문법 check!

- V + -(으)려던 참이다: 어떤 일을 이제, 막 하려고 하는 것을 나타내는 말

명환 졸업 논문도 준비해야 하는데, 세상엔 왜 이렇게 재미있는 게 많은 걸까?

I have to prepare my graduation thesis too, but seriously, why is there so much fun stuff in the world?

보희 난 졸업 논문 대신에 졸업 시험 치려고.

I'm going to just take the graduation exam instead of doing a thesis.

말 나온 김에 내일부터 도서관에서 같이 공부할래?

Since it came up, want to study together at the library starting tomorrow?

명환 좋아. 마침 나도 공부 시작하려던 참이었어.

Sounds good. I was just about to start studying anyway.

보희 그런데 너는 창업 준비 계속할 거야?

Anyway, Are you going to keep preparing to start your own business?

명환 응, 졸업만 하면 바로 시작하려고.

Yeah, I'm going to start right after graduating.

사실 창업 아이템은 있는데, 회사 경험이 없는 게 좀 마음에 걸려.

To be honest, I already have a business item, but the fact that I don't have any company experience has been at the back of my mind.

보희 그럼 인턴이라도 한번 해 보는 건 어때?

Then how about trying an internship at least once?

명환 생각은 있는데, 큰 회사는 인턴으로 들어가는 게 쉽지 않을 것 같고, 너무 작은 회사는 잡무만 하다가 끝날 것 같아서 고민이 돼.

I'm thinking about it. It's hard to get into a big company as an intern, but if it's too small, I'm worried I'll just end up doing menial tasks.

보희 그래서 나도 대기업이나 중소기업은 피하고 중견기업 위주로 알아봤어.

Same here, which is why I avoided both large corporations and small businesses, and focused on mid-sized companies instead.

너무 크면 일부분만 보고 끝나고, 너무 작으면 일하는 시스템 자체가 없을 수도 있다고 들었거든.

If it's too big, you only see a tiny part of the work, and if it's too small, I heard they might not even have a proper system in place.

명환 맞아. 그래서 나도 실무를 배울 수 있는 회사에서 한두 해만 일해 볼까 고민도 했었어.

Right. So I also considered working at a company where I can learn practical, hands-on work, just for a year or two.

문법 check!

- V + -는 게 어때(요): 어떤 일을 조언하거나 권유할 때 사용하는 말

talk talk 단어 · 표현

- 잡무: 여러 가지 작고 시시하여 대수롭지 않은 사무나 일
- 중견기업: 자본금이나 종업원 수의 규모가 중기업보다 크고 대기업보다는 작은 기업
- 실무: 실제의 업무나 사무

보희 그러면 다음 학기에 '회계 원리' 수업 신청해 봐.

Then try signing up for "*Principles of Accounting*" class next semester.

저번 취업 박람회 때 왔던 선배들이 다들 추천해서 나도 들어 봤는데, 회사 돌아가는 구조를 이해하는 데 좋았어.

At the last job fair, the alumni who came all recommended it, so I took it too, and it really helped me understand how a company operates.

명환 좋은 팁 고마워. 나 지금 시간표를 놓고 고민하던 중이었거든.

Thanks for the good tip. I was just in the middle of figuring out my class schedule.

보희 좋아, 우리 둘 다 졸업까지 얼마 안 남았지만, 마지막을 향하여 달려 보자!

Alright then, even though neither of us has much left until graduation, let's dash to the finish!

talk talk 단어 · 표현

- 돌아가다: ① 물체가 일정한 축을 중심으로 원을 그리면서 움직여 가다. ② 일이나 형편이 어떤 상태로 진행되어 가다. ③ 어떤 것이 차례로 전달되다. 여기서는 ②의 뜻

문법 check!

- N + 을/를 놓고 고민하다: N을 논의의 대상으로 삼아 두고 어찌할 줄 몰라함을 나타내는 말
- N + 을/를 향하여 달리다: 어느 목표를 달성하기 위해 끊임없이 노력하고 나아가는 모습을 비유적으로 나타내는 말

공부한 내용 확인하기

Q1 무슨 내용이었는지 대답해 보세요.

1) 대학교 졸업 요건에는 어떤 것이 있나요?

2) 보희는 창업을 준비하는 명환에게 어떤 조언을 했나요?

Q2 빈칸에 들어갈 말을 골라 알맞게 쓰세요.

충족	중견기업	실무

1) 인턴 생활을 통해 회사의 (   )를 경험할 수 있다.

2) 학생의 학문적 욕구를 (   )시키기 위해 최선을 다한다.

3) 한국에는 대기업, (   ), 중소기업이 모두 있다고 배웠어요.

Q3 다음 문법과 제시어를 활용하여 문장을 완성해 보세요.

1) V + -기 일쑤(이)다

빠지다

➡ 축제 준비를 하다 보면 수업을 ________________.

2) V + -(으)려던 참이다

마시다

➡ 도서관 가는 길에 카페에 들러 커피를 ________________.

모범 답안

Q1 1) 학점과 외국어 점수가 기준 이상이 되어야 하거나, 졸업 논문을 쓰거나, 졸업 시험을 쳐야 해요.
2) 직접 실무를 경험하면서 운영 시스템을 배우고, 다음 학기에 회계 원리 수업을 들으라고 했어요.

Q2 1) 실무 2) 충족 3) 중견기업

Q3 1) 빠지기 일쑤(이)다 2) 마시려던 참이다

2

취업 준비로 불태워 보자!

프엉 선배님, 요즘 바쁘세요?
Seonbaenim, are you busy lately?

명환 물론 바쁘지. 오늘도 밤새야 할 것 같아.
Of course, I'm busy. I think I'll have to pull an all-nighter again today.

프엉 저도 내일 발표 준비 때문에 밤샘 예정이에요.
I'm planning to stay up all night, too, because I have a presentation tomorrow.

그런데 선배님은 무슨 일로 그렇게 바쁘신 거예요?
But anyway, what are you so busy with, *Seonbaenim*?

명환 자소서는 말할 것도 없고, 회사도 알아봐야 하고, 창업 준비도 조금씩 해야 하고.
Not to mention self-intro essays, I have to look into companies, and I also have to start working bit by bit on my business plan.

프엉 이제 진짜 졸업 준비하시는 거군요.
So I guess now you're really preparing for graduation.

명환 졸업 준비라기보다는, 사회에 나갈 준비라고 하는 게 더 맞겠지.
Rather than graduation preparation, I guess it's more like getting ready to go out into society.[33]

talk talk 단어 · 표현

- 밤샘: 잠을 자지 않고 밤을 보냄.

문법 check!

- N + 은/는 말할 것도 없다: 앞의 내용이 뒤의 내용과 같은 것은 너무 당연한 일이라 일부러 말할 필요도 없음을 나타내는 말

프엉 그런데요, 졸업하고 나서 천천히 준비해도 되지 않으세요?
Yeah, but can't you take your time and prepare after you graduate?

다들 너무 서두르는 것처럼 느껴지기도 해서요.
Sometimes it feels like everyone's in such a rush.

명환 그렇게 느낄 수도 있지.
Of course, it might feel that way.

근데 한국에서는 졸업하자마자 바로 취업을 안 하면, 그 기간이 '공백기'로 남거든.
But in Korea, if you don't get a job right after graduation, that time is seen as an "empty space."

이력서에서 그 부분이 단점으로 보일 수 있어.
It can look like a disadvantage on your resume.

졸업 전부터 미리미리 뭔가 해 놓지 않으면 뒤처진다고 해도 과언이 아니야.
If you don't get things ready in advance before graduation, it's not an exaggeration to say you'll fall behind.

프엉 한국에서는 그게 중요한 부분인가 보네요.
So I guess that's an important thing in Korea.

talk talk 단어 · 표현

- 서두르다: ① 일을 빨리 해치우려고 급하게 바삐 움직이다. ② 어떤 일을 예정보다 빠르게 혹은 급하게 처리하려고 하다. 여기서는 ②의 뜻
- 공백기: 특정한 활동이나 업적 없이 그냥 지내는 기간
- 이력서: 지금까지 거쳐 온 학업, 직업, 경험 등의 경력을 적은 문서

문법 check!

- A + 다고 해도 과언이 아니다, V + -ㄴ/는다고 해도 과언이 아니다: '앞의 말처럼 말한다고 해도 정도가 지나친 말 또는 과장된 말이 아니다'라는 의미를 나타내는 말

문법 check!

- A/V + -(으)ㄴ/는 경우가 많다: 특정한 일이 항상은 아니지만, 자주 일어나는 편임을 말할 때 사용하는 말

talk talk 단어 · 표현

- 차별화: 둘 이상의 대상을 각각 등급이나 수준의 차이를 두어 구별된 상태가 되게 함.
- 조급하다: 늦거나 느긋하지 아니하고 매우 급하다.
- 너나없이 (모두): 너와 나를 가릴 것 없이 모두

프엉 제 친구들도 보면, 휴학하고 인턴을 하거나 대외 활동을 하는 경우가 많더라고요.

Looking at my friends, a lot of them take a leave of absence to do internships or extracurricular activities.

명환 맞아, 그런 경험들이 이력서나 자소서에 들어가면 다른 사람과 차별화되니까.

Right, because those kinds of experiences help differentiate your resume or self-intro from other people.

그리고 사실 마음이 조급해지는 것도 있어.

And honestly, there's also that anxious feeling.

주변에 너나없이 모두 뭔가를 하고 있다는 얘기를 들으면, 나만 준비 안 된 것 같고.

When you hear that everyone around you is doing something, it feels like you're the only one not ready

프엉 한국은 확실히 전반적으로 분위기나 속도가 다르긴 한 것 같아요.

Korea definitely feels different in terms of the general atmosphere and the speed at which this is handled.

명환 그렇지. 근데 너도 유학 생활하면서 꽤 열심히 살아왔잖아.

That's right. But you've also been living pretty diligently during your study abroad.

프엉 네, 저도 이제는 조금 익숙해졌어요.
Yeah, I've gotten a bit used to it now.

예전에는 왜 다들 그렇게 바쁜지 이해가 안 됐는데,
I used to not understand why everyone was so busy,

한국에 살다 보니까 요즘은 왠지 저도 따라가게 되더라고요.
but after living in Korea, these days, for some reason, I find myself swept up in it too.

명환 프엉도 어느새 완전 한국 대학생이 다 됐네.
Phuong, before we knew it, you've become a full-fledged Korean university student.

프엉 그런가요? 그래도 더 열심히 살아야 할 거 같은걸요?
Think so? But still, I feel like I need to live even harder, you know?

명환 열심히 사는 거 나쁘지 않지.
Living hard isn't a bad thing.

다만, 가끔 멈춰서 숨 좀 쉬는 것도 필요하더라.
It's just that sometimes, you need to stop for a bit and breathe.

문법 check!

- V + -다 보니(까): 동작을 반복하거나 지속한 결과로 뒤의 상황이 되었거나 그것을 깨닫게 되었음을 나타내는 말

talk talk 단어 · 표현

- 어느새: 어느 틈에 벌써
- 숨을 쉬다: 어떤 상황이나 환경에서 편안함을 느끼거나 여유를 갖는다는 것을 비유적으로 이르는 말을 가리킨다.

talk talk 단어 · 표현

- 불태우다: ① 불을 붙여서 타게 하다. ② 의욕이나 정열을 끓어오르게 하다. 여기서는 ②의 뜻

프엉 좋아요. 나중을 위해 지금은 멈추지 말고 불태워 보실까요?

Good, then let's not stop now, and give it our all for the sake of what's ahead.

명환 그래! 오늘 밤은 발표 준비와 취업 준비로 불태워 보자!

Alright then! Let's go all in on preparing for the presentation tonight and searching for a job!

공부한 내용 확인하기

Q1 무슨 내용이었는지 대답해 보세요.

1) 한국에서 졸업 전에 취업 준비를 하는 이유는 무엇인가요?

2) 프엉이 한국에 와서 달라진 점은 어떤 것이 있을까요?

Q2 빈칸에 들어갈 말을 골라 알맞게 쓰세요.

공백기	차별화	어느새

1) 입학식이 엊그제 같은데 (　　　　　　　) 졸업을 앞두고 있다.

2) 휴학은 (　　　　　　　)가 아니라, 많은 것이 채워지는 시간이다.

3) 외국어 자격증을 따면 (　　　　　　　)된 역량을 증명할 수 있다.

Q3 다음 문법과 제시어를 활용하여 문장을 완성해 보세요.

1) N + 은/는 말할 것도 없다

개강식

➡ 개강하면 ______________, 신입생 환영회 등 행사가 많아요.

2) V + -다 보니(까)

듣다

➡ 수업이 처음엔 힘들었는데, ______________ 괜찮더라고요.

모범 답안

Q1 1) 이력서에서 공백기는 단점으로 보기 때문에, 인턴이나 대외 활동으로 경력을 쌓으면 유리해요.
2) 처음에는 바쁜 한국 생활을 이해하지 못했지만, 지금은 다른 한국인들처럼 열심히 살고 있어요.

Q2 1) 어느새 2) 공백기 3) 차별화

Q3 1) 개강식은 말할 것도 없고 2) 듣다 보니(까)

3

진로는 정했니?

프엉 교수님, 안녕하세요?
Hello, Professor.

귀왕 프엉 왔구나. 어서 앉아. 좀 일찍 왔네? 차 한잔 줄까?
Phuong, you're here. Come in and have a seat. You came a bit early, huh? Can I get you a cup of tea?

프엉 괜찮습니다. 오는 길에 사 온 음료 있어요.
I'm okay. I have a drink I bought on the way.

여기, 교수님 것도 챙겼죠!
Here, I got one for you, too, Professor!

귀왕 하하, 고맙다. 이제 몇 학기 남았지?
Haha, thank you. How many semesters do you have left now?

프엉 지금이 4학년 1학기니까, 딱 두 학기요.
Now's my first semester of senior year, so exactly two semesters.

발등에 불 떨어진 기분이에요.
It feels like there's a fire under my feet.

talk talk 단어 · 표현

- 발등에 불 떨어지다: 일이 몹시 절박하게 닥쳤음을 비유적으로 이르는 말

귀왕 그렇구나. 취업 준비는 어떻게 돼 가니?
I see. How's your job search going?

프엉 학점은 다 채웠고, 한국어능력시험(TOPIK) 5급도 이미 받았어요.

I fulfilled all my credits and already got a Level Five[34] on the Test of Proficiency in Korean(TOPIK).

근데 혹시 더 필요할까 봐 6급까지 따려고요.

But just in case, I'm planning to go for Level Six too.

귀왕 프엉이라면 충분히 가능하지. 졸업하고 뭐 할지 진로는 정했니?

If it's you, Phuong, I'm sure you're more than capable. Have you decided what to do for your career path after graduation?

예전에 통번역 대학원에 간다고 하지 않았나?

Didn't you used to say you were planning on going to grad school for interpretation and translation?

프엉 네, 원래는 그랬어요.

Yes, that was the original plan.

그런데 지난 학기에 티엔 선배를 만나고 생각이 좀 바뀌었어요.

But after meeting Tien *Seonbae*[35] last semester, I changed my mind a bit.

귀왕 내가 소개해 줬던 티엔?

Tien, the one I introduced you to?

문법 check!

- A/V + -(으)ㄹ까 보다: 바라지 않는 일이 생길 것을 미리 걱정할 때 사용하는 말

talk talk 단어 · 표현

- 진로: 앞으로 나아갈 길
- 대학원: 대학을 졸업한 사람이 보다 전문적으로 학술과 기술, 예술을 연구하는 과정으로 대학 과정보다 한층 더 깊은 연구와 교수가 이루어짐.

프엉 네! 그 선배 얘기를 듣고 무역 회사 쪽에 관심이 생겼어요.

Yes! After talking with her, I got interested in trading companies.

한국 기업과 베트남 기업 사이를 오가며 일하는 게 정말 매력적으로 느껴지더라고요.

Working between Korean and Vietnamese companies seemed really attractive to me.

귀왕 잘 생각했어. 너처럼 언어는 물론이거니와 문화에 대한 이해와 성실성까지 갖춘 사람이 그쪽에 가면 딱이지.

Good thinking. Someone like you, who not only has strong language skills but also understands the culture and shows real dedication, would be a perfect fit there.

그런데 혹시 체류 자격도 알아봤니?

By the way, have you looked into your visa status?

프엉 장기 체류 비자요?

You mean a long-term visa?

E-7이랑 F-2 자격이 있다는 건 알고 있었는데, 둘 다 요건이 까다롭다고 들었어요.

I heard there's the E-7 and F-2,[36] but I heard both of them have strict requirements.

귀왕 그 전에 D-10이라는 구직 활동 비자도 있어.

Before that, there's also the D-10 visa.

문법 check!

- N + 은/는 물론이거니와: 앞에 오는 말을 포함하여 전체 문장의 내용이 당연히 그러함을 나타내는 말

talk talk 단어 · 표현

- E-7: 특정 활동 비자, 한국 회사에서 외국인이 전문직으로 일할 수 있게 해주는 취업 비자
- F-2: 거주 비자, 중장기 체류와 자유로운 생활을 가능하게 해주는 비자
- D-10: 구직 비자 또는 활동 준비 비자, 한국에서 취업이나 창업을 준비하는 외국인을 위한 비자
- 구직 활동: 실업이나 현재 직업에 대한 불만족 등으로 직업을 찾는 활동

졸업하고 바로 취업이 안 돼도, 그 비자를 받으면 한국에 머물면서 취업 준비를 할 수 있지.

Even if you don't land a job right after graduating, if you get that visa, you can stay in Korea and prepare for employment.

전공과 관련된 분야로 구직할 계획이 있고, 성실하게 활동할 계획이 있다는 걸 보여 주면 돼.

You just have to show that you have a job plan related to your major and that you sincerely intend to search.

talk talk 단어 · 표현

- 머무르다: ① 도중에 멈추거나 일시적으로 어떤 곳에 묵다. ② 더 나아가지 못하고 일정한 수준이나 범위에 그치다. 여기서는 ①의 뜻
- 분야: 여러 갈래로 나누어진 범위나 부분

프엉 와, 그런 제도도 있었네요.

Wow, so there's another system like that.

알려 주셔서 감사합니다. 교수님.

Thanks for letting me know, Professor.

귀왕 학교 국제처나 출입국청 홈페이지에 안내가 잘 되어 있으니까, 꼭 확인해 봐.

The school's international office and the immigration office homepage have a lot of good information about it, so be sure to check.

말이 나온 김에 티엔 말고도 올해 졸업한 한국인 제자 중에 무역 사무 쪽에서 일하는 친구가 있는데, 프엉한테도 도움이 될 수 있을 듯해.

While we're at it other than Tien, I have a Korean student who just graduated this year and is working in trade admin, and they could be helpful to you, too, Phuong.

문법 check!

- A/V + -(으)ㄹ 듯하다: 미래에 일어날 법한 상황을 막연하게 추측하거나, 주관적인 느낌을 나타내는 말

프엉 정말요? 꼭 만나 뵙고 싶어요.
Really? I definitely want to meet them.

귀왕 내가 추천서도 한 장 써 주마. 연락해서 이야기 한번 나눠 보라고 해 볼게.
I'll also write you a letter of recommendation. I'll contact them and tell them to exchange words with you.

연락처는 이따 카톡으로 보내 주마.
I'll send their contact through KakaoTalk[37] in a bit.

프엉 정말 감사합니다.
Thank you so much.

진로 고민으로 막막하던 차에 교수님 덕분에 길이 조금씩 보이는 것 같아요.
I was feeling lost about my career path, but thanks to you, Professor, I feel like I'm starting to see the road ahead.

귀왕 프엉 같은 인재를 보내 달라고 하는 데가 많아.
There are plenty of places that are looking for a talented person like you, Phuong.

너무 걱정하지 말고, 네 페이스대로 준비해 봐.
Don't worry too much, just prepare at your own pace.

talk talk 단어 · 표현

- 추천서: 추천의 내용을 담은 글
- 길이 보이다: 막막했던 상황에서 해결책이나 앞으로 나아갈 방향이 보이기 시작하는 것으로, 방법이나 해결책이 나타남을 비유적으로 이르는 말
- 인재: 어떤 일을 할 수 있는 학식이나 능력을 갖춘 사람

문법 check!

- A/V + -던 차에: 어떠한 일을 하던 기회나 순간을 표현할 때 나타내는 말

공부한 내용 확인하기

Q1 무슨 내용이었는지 대답해 보세요.

1) 프엉은 요즘 어떤 준비를 하느라 바쁠까요?

2) 졸업을 앞둔 외국인에게 필요한 비자는 어떤 것들이 있나요?

Q2 빈칸에 들어갈 말을 골라 알맞게 쓰세요.

진로　　추천서　　인재

1) 기업에서 대학교 교수님에게 (　　　　　　)를 보내달라고 요청한다.

2) 교수의 (　　　　　　)는 학생의 성실함과 성장 가능성을 증명한다.

3) 취업과 대학원 진학 중에서 (　　　　　　)를 고민하고 있다.

Q3 다음 문법과 제시어를 활용하여 문장을 완성해 보세요.

1) A/V + -(으)ㄹ까 보다

부족하다

➡ 졸업 학점이 ______________ 봉사활동으로 더 채워 두었어요.

2) A/V + -던 차에

고민하다

➡ 입사를 ______________ 회사에 있는 선배가 연락을 줬어요.

모범 답안

Q1 1) 프엉은 무역 회사에 취업하기 위한 준비와, 토픽 6급 시험 준비를 하고 있어서 바빠요.
2) E-7, F-2 등 장기 체류 비자를 받거나, 구직 활동 비자인 D-10을 받고 취업 준비를 하면 좋아요.

Q2 1) 인재　2) 추천서　3) 진로

Q3 1) 부족할까 봐　2) 고민하던 차에

교수님, 졸업과 취업을 도와주세요!

한국에서 대학교를 졸업하기 위해서는 언어 자격증이 필요해요. 예전에는 졸업 논문을 써야지만 대학교를 졸업할 수 있었어요. 그런데 최근에는 졸업 논문을 쓰는 대신에 영어능력시험(TOEIC, TEPS, TOEFL, IELTS) 성적이 일정 수준 이상이면 졸업 자격을 주기도 해요. 또는 전공에 따라서 정해진 언어능력시험 성적(HSK, JLPT 등)이나 관련 자격증을 졸업 서류로 제출하기도 하지요. 외국인 학생들은 한국어능력시험인 'TOPIK' 성적표를 제출해야 해요. 대학교마다 다르지만 보통 4급 이상이면 졸업이 가능하답니다. 그렇다면 대학교에서 이러한 정보를 가장 잘 알고 있는 사람은 누구일까요? 네, 바로 교수님이에요. 교수님은 대학에서 학문을 연구하고 학생들을 지도하는 분입니다. 또 학생들과 상담을 통해 여러 분야에 대해 조언을 해 주시고, 학생에게 알맞은 회사를 추천해 주시기도 해요. 여러 회사에서 인턴이나 취업 정보를 받아와 학생들에게 알려 주는 경우도 있는 것처럼, 인재를 찾는 회사와 일자리를 필요로 하는 졸업생을 이어 주는 다리 역할도 하지요.

저 어떡해요, 발등에 불이 떨어졌어요.

관용어는 둘 이상의 단어가 오랫동안 함께 쓰이면서 하나의 특별한 의미로 굳어진 표현을 말해요. 즉, 원래 뜻만으로는 전체 의미를 짐작하기 어렵고, 비유적인 의미로 쓰이는 경우가 많지요. '발등에 불이 떨어지다'는 '어떤 일이 닥쳐서 몹시 급한 상황'을 나타내는 관용어예요. 또 '급하게 해야 할 일'을 나타낼 때는 형태를 조금 바꿔서 '발등에 떨어진 불'이라고 표현하기도 해요. 예를 들면, "여러 가지 일이 있지만, 발등에 떨어진 불부터 꺼야지."라고 말할 수 있지요. 또 아주 바쁜 상황을 나타내는 관용어로 '눈코 뜰 새 없다'가 있는데, 이 표현은 뒤에 '바쁘다'를 붙여서 사용하는 경우가 많아요. "요즘 연말이라서 회사가 눈코 뜰 새 없이 바빠."와 같이 표현하지요. 여러분도 아주 바쁜 상황이나 급한 일이 생겼을 때 이런 관용어를 한번 사용해 보세요. 하지만 아무리 바빠도 천천히 '숨을 고르고', 급하게 서두르지 말고 '한 박자 늦춰야 한다'는 사실은 절대 잊지 마세요.

㉜ In Korea, the academic year usually starts in spring and ends in late winter, so a "cosmos graduation" playfully refers to students graduating in the fall semester instead, around the time cosmos bloom (September–October).

㉝ In Korea, "사회에 나가는 것" ("entering society") refers to the transition into adulthood that comes with full-time work after graduation. College students are usually still seen as pre-adults, not yet full members of society.

㉞ Level 5 is the second-highest level on the Test of Proficiency in Korean, representing full working proficiency and something that Korean companies definitely look for when employing non-Koreans.

㉟ It's also common to add the title of "선배" after someone's name.

㊱ In Korea, the E-7 visa is a work visa for non-Korean professionals with specialized skills, often sponsored by a company. The F-2 Visa, on the other hand, is a long-term residency visa that allows more flexible employment but uses a point system to determine eligibility.

㊲ "카톡" is an abbreviation of "카카오톡" (KakaoTalk), Korea's most widely used messaging app. Nearly everyone in Korea uses it for chatting, group messages, sending files, scheduling, even banking.

50
40
30
20
10
0

직장 생활 편

PART 07 입사, 첫걸음

PART 08 직장 생활 시작

PART 09 사내 프로그램

PART 10 복지와 문화

PART 11 성장 로드맵

PART 12 미래 설계

PART 07

MP3 07

입사, 첫걸음

1 네이비색 옷이 신뢰감을 준다고 했지?

2 신입 발표 준비 때문에 그러시죠?

3 저에게 건배사의 기회를 주시는 건가요?

프엉의 하루

여러분, 다시 만나게 되어 반가워요. 프엉이에요! 어느덧 학교를 졸업하고, 제가 지원한 회사의 면접을 보게 되었어요. 면접 때 어떤 옷을 입어야 할지, 또 어떤 질문을 받게 될지 잘 몰라서 걱정이 많아요. 회사에 들어가게 되면, 신입 사원 발표 준비도 해야 한대요. 회사에서 처음 하는 발표라 많이 부족하겠지만, 제가 지원한 회사인만큼 열정을 가지고 열심히 준비할 거예요! 그리고 신입 사원 환영회도 참석해야 하니, 미리 알아둬야 할 게 생각보다 많아요. 대학 생활과는 많이 다르겠지만, 새로운 환경에서 나름대로 잘 적응해 보려고 해요. 그런데, 건배사요? 저도 회식 자리에서 건배사를 하나 준비해야 할까요?

미리 보는 중요 표현

1. 바쁘신데 시간을 내어 주셔서 감사합니다.
2. 한 번쯤 대답을 생각해 보는 것만으로도 충분히 도움이 될 거야.
3. 경쟁 업체와 비교하는 게 더 효과적일 것 같아요.
4. 다른 회사와 비교해서 단점을 짚고 개선 방안을 제시하면 더 좋을 것 같네요.
5. 프엉 씨가 작성한 목차를 조금씩 수정하도록 하죠.
6. 우리 부장님은 신입 사원이 고기 굽는 걸 제일 싫어하세요.
7. 프엉 씨 한국어 발음이 정말 좋더라고요. 인상적이었어요.
8. 건배사로 분위기를 띄우면 좋을 거라고 언질을 주시더라고요.

1

네이비색 옷이 신뢰감을 준다고 했지?

talk talk 단어 · 표현

- 면접: ① 서로 대면하여 만나 봄. ② 직접 만나서 인품이나 언행을 평가하는 시험. 여기서는 ②의 뜻
- 넋을 놓다: 제정신을 잃고 멍한 상태가 되다.
- 불합격: ① 시험에 떨어짐. ② 어떠한 조건이나 격식에 맞지 아니함. 여기서는 ①의 뜻

문법 check!

- V + -아/어 주셔서 감사하다: 상대방이 자신을 위해 무언가를 해 준 행동에 대해 고마움을 나타내는 말

프엉 세린아, 너 저번에 면접 봤을 때 어떤 질문 받았어?

Serin, what kinds of questions did they ask when you had your interview last time?

나 다음 주 면접인데 뭘 준비해야 하는지 몰라서 그냥 넋을 놓고 있거든.

I have an interview next week, but I don't know what to prepare, so I've just been spacing out.

세린 나에게 10억 원이 있으면 뭘 할 거냐고 물어봤어.

They asked me what I'd do if I had one billion won.

너는 10억 원 있으면 뭐 할래?

What would *you* want to do with one billion?

프엉 일단 은행에 넣어 두고 어떻게 쓸지 천천히 생각해 봐야겠는데?

First, I'd put the rest in the bank and have to slowly think about how to use it.

세린 아, 프엉 씨는 아쉽게도 불합격하셨습니다.

Ah, unfortunately, Phuong, you've been rejected.

바쁘신데 시간을 내어 주셔서 감사합니다.

Thank you for taking the time out of your busy schedule to meet with us.

프엉 왜 그래? 내 대답이 뭐가 잘못된 거 같아?

Hey, why? What seems wrong with my answer?

세린 친구랑 잡담하는 것도 아니고 그게 뭐냐? 은행에 넣겠다니.

It's not like you're just chatting with a friend—you're in an interview. Seriously? All you said was you'd put it in the bank.

프엉 그럼 너는 어떻게 대답했는데?

Then what would you have said?

세린 "저는 10억 원이 있으면 국제 정세나 국내 상황을 고려하여 수익률과 리스크를 따져 보고 가장 적합한 투자를 할 것 같습니다." 이런 식으로 대답했어.

I'd say, "If I had a billion won, I'd probably assess the best investment options by weighing profit margins and risks and returns based on the current international and domestic situation." I answered like that.

아이고, 네가 면접 본다고 하니까 내가 다 긴장된다. 혹시 네이비색 정장 있어?

Gosh, since you're doing an interview, I'm getting nervous *for* you. Do you have a navy suit, by any chance?

talk talk 단어 · 표현

- 잡담: 쓸데없이 지껄이는 말
- 수익률: 자본에 대한 수익의 비율
- 투자: 이익을 얻기 위해 어떤 일이나 사업에 자본을 대거나 시간과 정성을 쏟는 일

문법 check!

- A/V + -(으)ㄹ 것 같다: 미래에 대한 추측이나 어느 정도 불확실한 생각을 표현할 때 사용하는 말

talk talk 단어 · 표현

- 신뢰감: 굳게 믿고 의지하는 마음
- 깔맞춤: 옷이나 악세사리 등의 색상을 비슷한 계열로 맞추어 코디하는 것을 재미있게 표현하는 말
- 쫄다: 위협적인 대상 앞에서 기를 펴지 못하거나 겁을 먹다.
- 지원: 어떤 일이나 조직에 뜻을 두어 한 구성원이 되기를 바람.

문법 check!

- N + 만 아니면: 피할 수 없는 상황이나 이유를 강조할 때 사용하는 말

프엉 저번에 네이비색이 신뢰감을 주는 색이라고 했지?

Last time you said that navy gives off an air of trustworthiness, right?

그런데 나 보라색 정장밖에 없는데.

Still, the only suit I have is purple.

세린 기왕이면 네이비색이 제일 좋다는 거고, 너무 튀는 복장만 아니면 돼.

If possible, navy is best, but anything that's not too flashy will do.

깔맞춤해서 입으면 더 깔끔해 보일 거야.

If you match your colors, you'll look more polished.

그리고 쫄지 말고. 중요한 건 말하는 내용이지만, 태도도 중요해.

And don't get intimidated. What matters most is the content of what you say, but your attitude is important too.

프엉 내용도 중요하고, 태도도 중요하고.

Both the content and your attitude are important.

세린 참! 먼저 지원한 회사에 대해 많이 알아보고, 면접에서 기회가 있을 때마다 회사의 정보를 함께 섞어서 대답하면 좋아.

Right! Make sure you learn as much as you can about the company before the interview, and whenever you get the chance, mix that information into your answers.

그렇게 미리 준비한 티를 많이 내는 거지.
It's good to show that you've prepared in advance.

프엉 그래? 잠깐만, 나 그거 좀 적어야겠다.
Really? Wait a sec, I should write that down.

그리고 또 뭘 준비하면 좋을까?
And what else should I prepare?

세린 인터넷 찾아보면 면접 질문 예시가 나와 있어.
If you search online, the sample interview questions are already listed.

내가 면접 준비 커뮤니티 카페를 알려 줄게.
I'll let you know the link to an interview prep community forum.[39]

지금 링크 보내줄 테니까 바로 가입해.
I'll send the link to you now, so sign up right away.

프엉 알았어. 외국인도 가입할 수 있나? 일단 시도해 볼게.
Got it. Can non-Koreans register too? First, I'll give it a try.

세린 네가 외국인이라는 걸 잠시 잊고 있었네.
For a second I forgot you're not Korean.

talk talk 단어 · 표현

- 티를 내다: 어떤 태도나 기색을 나타내다.
- 예시: 예를 들어 보임.
- 시도: 어떤 것을 이루어 보려고 계획하거나 행동함.

세린 외국인에게는 한국 문화, 한국 생활에 대한 것도 물어볼 것 같아.

To non-Koreans, they'll probably ask about Korean culture or life in Korea.

한국 생활에 잘 적응했는지, 한국에 대해 어떤 생각을 하고 있는지, 이런 거 말이야.

Like whether you've adjusted well to life in Korea, or what you think about Korea, stuff like that.

talk talk 단어 · 표현

- 적응: 일정한 조건이나 환경에 맞추어 행동하거나 알맞게 됨.

프엉 그런 질문에 대한 답도 미리 생각을 해 둬야겠다.

I'd better think about some answers in advance for those kinds of questions, too.

세린 그래, 그리고 그 카페에 가입하면 거기에 있는 글을 꼭 다 읽어 봐야 해.

Yeah, if you register for the forum, you have to read through all the posts there.

그냥 침대에 누워서 한 번쯤 대답을 생각해 보는 것만으로도 충분히 도움이 될 거야.

Even just lying in bed one time and thinking about how you'd answer will help a lot.

문법 check!

- A/V + -(으)ㄴ/는 것만으로도: 어떤 행동이나 상태 그 자체만으로도 특별한 의미나 결과가 있음을 나타내는 말
- V + -(으)ㄹ 뻔하다: 어떤 일이 일어나기 직전의 상태까지 갔음을 나타내며, 조금만 잘못했다면 그 일이 일어났을 것이라는 뜻을 나타내는 말

프엉 고마워, 세린아.

Thanks, Serin.

오늘 너 안 만났으면 진짜 큰일 날 뻔했네.

If I hadn't met you today, I would've been in real trouble.

공부한 내용 확인하기

Q1 무슨 내용이었는지 대답해 보세요.

1) 한국에서 면접을 볼 때 어떤 옷을 입고 가면 좋을까요?

2) 외국인이라면 면접에서 어떤 답변을 추가로 준비해야 할까요?

Q2 빈칸에 들어갈 말을 골라 알맞게 쓰세요.

넋을 놓다	잡담	깔맞춤

1) 그녀는 넓은 바다 풍경을 (   ) 바라보았다.

2) 오늘 입고 온 옷은 빨간색으로 (   )을 했구나!

3) 친구와 오랜만에 만나서 (   )을 늘어놓아요.

Q3 다음 문법과 제시어를 활용하여 문장을 완성해 보세요.

1) A/V + -(으)ㄴ/는 것만으로도

상상하다

➡ 면접 보는 상황을 ____________________ 너무 떨려요.

2) V + -(으)ㄹ 뻔하다

실수하다

➡ 면접을 볼 때 너무 긴장되서 ____________________.

모범 답안

Q1 1) 면접을 볼 때는 네이비색의 정장이 좋아요. 네이비색이 아니더라도 튀지 않는 색이면 괜찮아요.
2) 한국 생활이나 한국 문화에 대한 질문의 답변을 준비하면 좋아요.

Q2 1) 넋을 놓고 2) 깔맞춤 3) 잡담

Q3 1) 상상하는 것만으로도 2) 실수할 뻔하다

2

신입 발표 준비 때문에 그러시죠?

talk talk 단어 · 표현

- 목차: 목록이나 제목의 차례
- 나열: ① 죽 벌여 놓음. 또는 죽 벌여 있음. ② 나란히 줄을 지음. 여기서는 ①의 뜻

프엉 레오 씨, 지금 시간 괜찮아요?

Leo, do you have time now?

레오 네, 신입 발표 준비 때문에 그러시죠?

Yes, this is about preparing for the new employee presentation, isn't it?

아까 파일 봤어요.

I looked over the file just now.

프엉 일단 목차를 써 봤는데, 이게 맞는지 모르겠어요.

First off, I already wrote an outline, but I'm not sure if it's right.

레오 음, 우리 회사에 대한 내용만 나열되어 있네요.

Hmm, looks like it only lists information about our company.

프엉 주제가 '우리 회사의 과거와 현재, 그리고 미래'라서 우리 회사에 대한 내용을 중심으로 구성했어요.

The topic is "The Past, Present, and Future of Our Company," so I centered it around information about our company.

레오 그렇긴 한데, 경쟁 업체와 비교하는 게 더 효과적일 것 같아요.

That might be, but I think it would be more effective to compare with other companies.

프엉 아, 그렇겠네요.

Ah, that's probably right.

레오 씨, 다른 업체에 대해서 좀 아세요?

Leo, do you know a bit about other companies?

레오 저도 잘 모르지만, 다른 업체에 대한 자료를 찾는 건 어렵지 않을 것 같아요.

I don't know that well myself, but it shouldn't be hard to find information about other companies.

프엉 맞아요, 경쟁 업체에 대한 자료는 금방 찾을 수 있어요.

Correct, you can quickly find information on our competitor.

레오 그리고 우리 회사에 대해 이야기할 때,

That's right. And when we talk about our company,

굳이 이런 사고나 실수를 집중적으로 얘기할 필요가 있을까요?

do we really need to focus on mentioning accidents or mistakes like these?

talk talk 단어 · 표현

- 경쟁 업체: 비슷한 종류여서 서로 앞서려고 다툼이 일어나는 사업의 주체
- 집중적: 한곳을 중심으로 모이거나 모으는 것

문법 check!

- N + 에 대해서: 어떤 주제나 대상에 대해 이야기하거나 관심을 가질 때 나타내는 말
- A/V + -(으)ㄹ 때: 어떤 행동이나 상황이 일어나는 동안이나, 그 시기 또는 그러한 일이 일어난 경우를 나타내는 말

talk talk 단어 · 표현

- 자부심: 자기 자신 또는 자기와 관련된 것에 대하여 스스로 그 가치나 능력을 믿고 당당히 여기는 마음
- 개선 방안: 잘못된 것이나 부족한 것, 나쁜 것을 고쳐 더 좋게 만들어 나갈 방법이나 계획

문법 check!

- A/V + -(으)ㄴ/는 게 아니라, N + 이/가 아니라: 현재나 일반적인 사실에 대해 부정하고 대조하는 내용을 제시할 때 나타내는 말
- A/V + -고요, N + 이고요: 앞의 내용에 덧붙여 다른 내용을 말하거나, 부드러운 어조로 추가적인 정보를 전달할 때 사용하는 말

레오 **우리에게 이런 발표를 시키는 의도는 회사에 대한 자부심을 느끼게 하려는 게 아니라**

I thought about the purpose of making us do this presentation—not so much to make us feel proud of the company,

우리 회사의 장단점을 분명하게 파악하고 있는지 알아보려는 거 아닐까요?

but more about figuring out whether we clearly identify the strengths and weaknesses of our company?

프엉 **그렇네요. 발표 의도를 생각하면 그건 발표에 꼭 들어가야 할 부분이네요.**

You're right. If you think about the purpose of the presentation, this is definitely something that should be included.

레오 **네, 장점만 이야기하면 지루해질 수도 있고요.**

Yeah, I mean, only talking about strengths could get boring.

대신 프엉 씨 의견대로 다른 회사와 비교해서 단점을 짚고 개선 방안을 제시하면 더 좋을 것 같네요.

Instead, like your opinion, Phuong, if we point out weaknesses by comparing with other companies and suggest measures to improve, I think it would be better.

프엉 맞아요. 그러면 더 설득력 있겠네요.

Right. Then it would probably be more convincing.

그럼 다른 회사는 같은 상황에서 어떤 행동을 했고, 그래서 어떤 결과가 있었는지 알아보는 게 좋겠어요.

Then it would be good to figure out what actions other companies took in the same situations, and what results came from that.

레오 좋아요! 그러면 프엉 씨가 작성한 목차를 조금씩 수정하도록 하죠.

Sounds good! Then let's revise the outline you wrote a little, Phuong.

방금 이야기 나눈 걸 바탕으로 제가 수정해서 다시 보내드릴게요.

I'll revise it based on what we just discussed and send it back to you.

그때 또 얘기 나눠요.

Then let's discuss it again.

프엉 네, 지금 바로 제가 작성한 목차 먼저 보내 드릴게요.

Okay, first, I'll send you the outline I wrote right now.

수정하시고 나서 알려 주세요.

Let me know after you've revised it.

talk talk 단어 · 표현

- 설득력: 상대방이 이쪽 편의 이야기를 따르도록 깨우치는 힘
- 작성: 서류, 원고를 만듦.

문법 check!

- A/V + -았/었는지: 과거의 불확실한 정보나 막연한 의문을 나타내는 말
- V + -도록 하다: ① 듣는 사람에게 어떤 행동을 명령하거나 권유를 나타내는 말로 '-(으)ㅂ시다'보다 공식적이고 책임감이 더 느껴지는 표현이다. ② 말하는 사람이 어떤 행위를 할 것이라는 의지나 다짐을 나타낸다. 여기서는 ①의 뜻

talk talk 단어 · 표현

- 나누다: ① 음식을 함께 먹거나 갈라 먹다. ② 말이나 이야기, 인사를 주고 받다. ③ 같은 핏줄을 타고 나다. 여기서는 ②의 뜻
- 퇴근: 일터에서 근무를 마치고 돌아가거나 돌아옴.

레오 그럼 우리 언제 다시 얘기 나눌까요?
Then, when should we discuss it again?

오늘 퇴근 후에 시간 어떠세요?
Do you have time after work today?

프엉 좋아요. 이따 6시에 1층에서 만나요.
Sounds good. Let's meet in a little bit at 6 o'clock in the lobby.

공부한 내용 확인하기

Q1 무슨 내용이었는지 대답해 보세요.

1) 두 사람은 발표 내용을 어떻게 구성하려고 하나요?

2) 발표를 준비하기 위해서 어떤 것부터 알아봐야 할까요?

Q2 빈칸에 들어갈 말을 골라 알맞게 쓰세요.

목차 자부심 개선 방안

1) 이것의 문제점을 분석하고 ( )까지 찾아오세요.

2) 글머리에는 전체 내용을 알 수 있도록 ( )를 넣으세요.

3) 한국인들은 한글에 대해 굉장한 ( )을 가지고 있어요.

Q3 다음 문법과 제시어를 활용하여 문장을 완성해 보세요.

1) A/V + -(으)ㄹ 때

앉다

➡ 자리에 __________ 이름표를 확인하시면 돼요.

2) A/V + -고요, N + 이고요

가깝다

➡ 지하철을 탈까요? 여기서 역이랑도 __________.

모범 답안

Q1 1) 다른 경쟁 업체와 비교하면서 회사의 장단점을 분석하고 개선 방안도 제시하려고 해요.
2) 발표 자료를 수정하고, 다른 기업이 위기 상황에서 어떻게 대처했는지를 알아봐야 해요.

Q2 1) 개선 방안 2) 목차 3) 자부심

Q3 1) 앉을 때 2) 가깝고요

3

저에게 건배사의 기회를 주시는 건가요?

talk talk 단어 · 표현

- 식구: ① 한집에서 함께 살면서 끼니를 같이 하는 사람. ② 한 조직에 속하여 함께 일하는 사람을 비유적으로 이르는 말. 여기서는 ②의 뜻
- 환영사: 오는 사람을 반갑게 맞이하는 뜻으로 하는 인사말

문법 check!

- A/V + -아/어지다: ① 동사 뒤에서 사용되어, 남의 힘에 의하여 앞말이 뜻하는 행동을 입음을 나타내는 말. ② 형용사 뒤에서 사용되어, 앞말이 뜻하는 상태로 됨을 나타내는 말. 여기서는 ②의 뜻

성훈 자, 여러분 잠깐만 주목해 주세요.

Alright, everyone, please give me your attention for a moment.

우리 영업팀에 새로운 식구들이 오셨는데요, 프엉 씨와 레오 씨입니다.

We have new members[40] in our Sales Team it's Phuong and Leo.

박수로 환영해 주시기를 바랍니다.

Please welcome them with a round of applause.

배고픈데 환영사가 길어지면 안 되죠.

Since we're all hungry, the welcome speech shouldn't go on for too long.

다들 맛있게 먹어요!

Everyone, enjoy your meal!

샛별 어머! 프엉 씨, 그 집게랑 가위 빨리 저한테 주세요!

Oh! Phuong, quick, hand me those tongs and scissors!

프엉 아니에요. 제가 구울게요, 대리님.

No, it's alright. I'll grill it, *Daerinim*.

제가 고기를 좀 구울 줄 알거든요.

I actually know how to grill meat pretty well.

샛별 아니, 그게 아니고요, 우리 부장님은 신입 사원이 고기 굽는 걸 제일 싫어하세요.
No, that's not it. Our *Bujangnim* hates it the most when new employees grill the meat.[41]

성훈 프엉 씨, 우리 영업팀에서는 신입 사원은 고기를 굽지 않는 게 전통이에요.
Phuong, in our Sales Team, it's tradition not to let new employees grill the meat.

그냥 편하게 있어요.
So just relax and enjoy yourself.

샛별 아, 맞다. 그런데 이번 신입 사원 발표, 정말 좋았어요.
Oh, right! By the way, the new employee presentation was really good.

우리 영업팀이 제일 잘했잖아요.
Our Sales Team did the best, didn't we?

성훈 맞아요. 레오 씨, 프엉 씨, 정말 고생 많았어요.
That's right. Leo, Phuong, you really went through a lot.[42]

특히 프엉 씨 한국어 발음이 정말 좋더라고요.
Your Korean pronunciation was especially good, Phuong.

talk talk 단어 · 표현

- 신입 사원: 어떤 회사에 새로 들어온 사람
- 전통: 어떤 집단이나 공동체에서, 지난 시대부터 전해 내려오며 고유하게 만들어진 사상·관습·행동의 양식
- 발음: 음성을 냄. 또는 그 음성

문법 check!

- A/V + -더라고(요): 화자가 과거에 직접 경험하여 새롭게 알게 된 사실을 다른 사람에게 그대로 옮겨와 나타내는 말

talk talk 단어 · 표현

- 인상적: 어떤 대상에 대하여 마음속에 새겨지는 느낌이 강하게 남는 것
- 건배사: 주로 술자리 등에서 건배를 제의하면서 하는 인사말

성훈 인상적이었어요.
It was impressive.

프엉 사실 엄청 떨렸어요.
Honestly, I was shaking really bad.

좋게 봐 주셔서 감사합니다.
Thank you for seeing it favorably.

샛별 고기가 거의 익은 것 같은데, 우리 건배할까요?
The meat looks like it's almost done, so should we have a toast?

성훈 자, 그럼 다들 잔을 채워 주세요.
Then, everyone, please fill your glasses.

레오 씨, 건배사를 부탁해도 될까요?
Leo, may I ask you to give the toast?

샛별 오, 레오 씨의 건배사가 기대되네요.
Oh, I'm looking forward to Leo's toast.

레오 저에게 건배사의 기회를 주시는 건가요?
Are you giving me the opportunity to make a toast?

그럼, "미래를 향하는 우리 회사, 세계로 향하는 영업팀을 위하여!"

In that case, "To our company moving toward the future, and to the Sales Team making its way out into the world!"

모두 위하여!

Cheers![43]

프엉 레오 씨, 건배사 준비해 오신 거예요?

Leo, did you come prepared with that toast?

레오 네, 김 대리님이 건배사로 분위기를 띄우면 좋을 거라고 언질을 주시더라고요.

Yes, Kim *Daerinim* hinted that it would be good to liven up the mood with a toast.

사실 발표보다 더 떨렸어요.

Honestly, I think I was shaking more than for the presentation.

러시아엔 이런 문화가 없어서요.

In Russia, we don't have this kind of culture.

프엉 그런 것치고는 정말 멋진 건배사였어요!

If that was the case, it was a really wonderful toast!

문법 check!

- N + 을/를 위하여: 어떤 대상에게 이롭게 하거나 어떤 목표나 목적을 이루려고 함을 나타내는 말
- V + -우-: 사동의 의미를 더하는 접사 중 하나로, '-이-, -히-, -리-, -기-, -우-, -구-, -추-'와 같은 사동 접사는 주어의 행위로 다른 대상이 어떤 행동을 하도록 만들 때 사용하는 말

talk talk 단어 · 표현

- 언질을 주다: 어떤 일이나 현상의 결과를 예측할 수 있는 단서를 제공하다.

프엉 레오 씨 덕분에 분위기가 더 좋아졌어요.

Thanks to you, Leo, the mood got even better.

저도 다음에는 준비해 볼게요!

I'll try preparing one next time too!

공부한 내용 확인하기

Q1 무슨 내용이었는지 대답해 보세요.

1) 영업팀에서 오늘 회식을 한 이유는 무엇인가요?

2) 레오가 건배사를 멋지게 할 수 있었던 이유는 무엇일까요?

Q2 빈칸에 들어갈 말을 골라 알맞게 쓰세요.

전통	인상적	언질을 주다

1) 신입 사원 환영회를 하는 것은 우리 팀의 (   )이다.

2) 대리님이 저에게 이렇게 하는 게 어떻겠냐고 (   ).

3) 이 드라마는 사랑이 나오지 않는다는 점이 (   )이다.

Q3 다음 문법과 제시어를 활용하여 문장을 완성해 보세요.

1) A/V + -아/어지다

자연스럽다

➡ 한국어로 말하는 게 점차 ____________________ 것 같아.

2) A/V + -더라고(요)

발표하다

➡ 세미나에서 모두 정해진 시간 안에 ____________________.

모범 답안

Q1 1) 영업팀에 신입 사원인 프엉과 레오가 들어와 환영하는 의미로 회식을 했어요.
2) 김 대리가 분위기를 띄울 수 있는 건배사를 준비하면 좋을 것 같다고 미리 말했기 때문이에요.

Q2 1) 전통 2) 언질을 주셨다 3) 인상적

Q3 1) 자연스러워지는 2) 발표하더라고(요)

입사 면접, 어떻게 준비하면 좋을까요?

원하는 회사에 들어가기 위해서는 먼저 지원 서류를 제출해야겠지요. 그리고 서류 합격 통보를 받은 후 면접을 보게 돼요. 면접관 앞에 앉아 질문을 받아야 하는 그 상황, 저는 생각만 해도 덜덜 떨려요. 하지만 여러분, 너무 걱정하지 마세요. 준비를 많이 할수록 긴장을 덜 하게 될 테니까요.
면접을 보기 전에는 먼저 깔끔한 복장을 준비하세요. 남자든 여자든 면접을 볼 때는 정장을 입고 가는 것이 좋아요. 보통 검은색이나 네이비색 정장을 입는데요, 저는 두 가지 색상 중에서는 네이비색을 추천해요. 네이비색 정장은 상대방에게 신뢰감과 안정감을 준다고 해요. 이 때문에 중요한 미팅이나 면접 자리의 복장으로 자주 선택되곤 하지요. 그리고 가장 많이 하는 질문에 대비해야 해요. 일단 간단한 자기소개를 준비해야 하고요, 그 회사에 지원한 이유도 물어볼 거예요. 지원한 회사에 대해 얼마나 알고 있는지 확인하는 질문도 빠지지 않겠죠? 그러니 회사에 대한 정보를 충분히 알아보고 답변을 준비하면 분명 좋은 결과가 있을 거예요.

모두 잔을 채우세요. 청바지!

한국의 술자리에서는 모두가 함께한다는 의미로 첫 번째 잔을 동시에 마셔요. 먼저, 각자 자신의 술잔에 술을 채우고, 함께 잔을 부딪친 후에 마시는데 이렇게 잔을 부딪치는 것을 건배라고 하지요. 그리고 건배를 할 때 하는 말을 '건배사'라고 해요.
주로 건배사는 그 자리의 리더가 하지만, 만약 특별한 의미가 있는 자리라면 그 자리의 주인공이 건배사를 맡기도 해요. 건배사는 대체로 단순하게 "우리 회사의 발전을 위하여!", "이번 프로젝트 성공을 위하여!", "우리의 우정을 위하여!", "우리 가족의 건강과 행복을 위하여!"처럼 술자리의 목적에 '위하여'를 붙여 말해요. 그런데 어떤 경우에는 이런 표현을 줄임말로 만들어 더 멋있게 건배사를 하기도 해요. 예를 들어 '진'하고 '달'콤한 '내(래)'일을 희망한다는 뜻으로 "진달래!"라고 외치기도 하고요, '청'춘은 '바'로 '지'금부터라는 뜻으로 "청바지!"를 외치기도 해요. 저도 줄임말로 여러분에게 저의 마음을 표현해 볼게요.

'여'러분의 '기'쁨이 '저'의 '기'쁨이라는 뜻으로 "여기저기!"

어휘가 쏙쏙!

38 "10억," or shipeok, is roughly equivalent to one million US dollars, assuming an exchange rate of about 1,000 Korean won to 1 USD.

39 In Korea, an online "카페" ("cafe") refers to an online forum or community where people share information on specific topics. The term became popular through Naver, Korea's main search engine, which hosts countless "Naver Cafes."

40 "식구" literally means "people who eat together" and in Korea it's used to refer not only to one's family but also to close groups like coworkers or community members, emphasizing a sense of belonging.

41 In Korean dining culture, especially at barbecue restaurants, it's usually the younger or junior members of a group who grill the meat or handle small tasks as a way of showing respect and care for others.

42 "고생 많았어요" has no exact English equivalent, but is a super common Korean phrase used in many situations to acknowledge someone's effort, struggle, or hard work with gratitude and empathy.

43 "위하여" is the standard Korean formula for making any toast, especially at company gatherings, similar to saying "Cheers!" in English.

PART

08

MP3 08

직장 생활 시작

1 다 회의의 일부예요.

2 발표의 달인이네요.

3 출장 전에 점검하는 게 좋을 것 같아서요.

프엉의 하루

오늘도 좋은 하루예요! 프엉이에요! 저는 무사히 회사에 입사해 드디어 신입 사원이 되었어요. 아직 서투른 부분이 많지만, 입사 동기인 레오 씨와 함께 열심히 회사 생활에 적응하려고 노력 중이에요. 이제 저도 선배님들을 따라 회의 준비도 해야 하고, 제품 홍보와 관련된 발표도 준비해야 해요. 공식적인 회의는 처음이라 신입 사원으로서 알아야 할 것들이 많지만, 선배님들이 많이 도와주셔서 잘 해낼 수 있을 것 같아요. 그런데 선배님이 출장을 가신다고요? 아직 혼자 업무를 맡기에는 미숙한 점이 있지만, 업무에 더 빨리 적응할 수 있는 좋은 기회라고 생각해요. 맡겨 주시는 일이라면 뭐든지 최선을 다해 볼게요!

미리 보는 중요 표현

1. 의견을 말할 때 직접적으로 말하기보단, 조금 돌려서 말하는 게 좋아요.
2. 그 전에 먼저 나가는 행동은 예의가 없어 보일 수 있어요.
3. 제품을 소개하는 대신에 홍보 전략 쪽에 초점을 맞추는 게 좋겠어요.
4. 너무 긴장되면 발표하기 전에 심호흡을 몇 번 해 봐요.
5. 전생에 무슨 덕을 쌓았길래 이렇게 훌륭한 팀원들을 뒀어요?
6. 출장 가기에 앞서 업무를 미리 점검해 두는 게 좋을 것 같아서요.
7. 전반적인 흐름을 지금 파악해 두면 프엉 씨한테도 큰 도움이 될 거예요.
8. 데이터를 기준으로 빈칸 채워 주세요. 마지막 수정 시간도 꼭 기재하고요.

1

다 회의의 일부예요.

레오 대리님, 회의 때 저는 거의 듣기만 하는 것 같아요.

Daerinim, during meetings, it seems like I pretty much only listen.

아직 많이 부족하지만, 그래도 제 생각을 말하고 싶은데 어떻게 해야 할지 모르겠어요.

I know I still have a long way to go, but I want to share my thoughts, and I don't know how.

문법 check!

- A/V + -기만 하다: 특정 행동이나 상태가 반복되거나 지속됨을 나타내는 말
- V + -았/었더니: 과거의 사실이나 상황에 뒤이어 어떤 사실이나 상황이 일어남을 나타내는 말

찬호 처음엔 다들 그래요. 일단 한국에서는 의견을 말할 때 직접적으로 말하기보단, 조금 돌려서 말하는 게 좋아요.

It's like that for everyone at first. First of all, in Korea when saying an opinion, instead of saying it directly, it's better to say it in a roundabout way.

"이건 아닌 것 같습니다."보다는 "혹시 이런 방향도 검토해 볼 수 있을까요?"처럼요.

Instead of "I don't think this is right," be like, "Maybe we could also examine this other direction?"

분위기를 부드럽게 만드는 표현이 필요하죠.

Expressions that soften the mood are necessary.

talk talk 단어 · 표현

- 직접적: 중간에 제삼자나 매개물이 없이 바로 연결되는 것
- 돌려(서) 말하다: 직설적으로 말하지 않고 짐작하여 알아듣도록 말하다.

레오 맞아요. 지난 회의 때 어떤 분이 반대 의견을 냈더니 갑자기 조용해졌어요.

That's right. At the last meeting, when someone proposed an opposing opinion, it suddenly went quiet.

찬호 그럴 수 있어요. 특히 회의는 상사분들의 말씀을 중심으로 진행되니까, 타이밍도 잘 봐야 해요.

That can happen. Especially since meetings proceed according to what the bosses say, you also need to watch the timing carefully.

레오 그렇군요. 그날 저도 할 말을 준비했었는데, 분위기 때문에 입도 열지 못했어요.

I see. That day, I had prepared something to say too, but because of the mood, I couldn't even open my mouth.

찬호 그럼 다음에는 미리 자료를 공유하고, 중간에 짧게 발표할 수 있도록 부탁드려 보세요.

Then next time, share your materials beforehand, and request to give a short presentation in the middle.

상사분들도 그런 준비는 높이 평가하세요.

The bosses rate that kind of preparation highly.

레오 지금 저에게 주신 회의 자료처럼 제가 준비한 걸 회의 전에 공유하라는 거죠?

So you mean I should share what I've prepared before the meeting, like the meeting materials you just gave me?

talk talk 단어 · 표현

- 상사: 자기보다 직급이나 지위가 위인 사람
- 공유: ① 두 사람 이상이 한 물건을 공동으로 소유하거나 이용함. ② 정보나 의견, 감정을 나눔. 여기서는 ②의 뜻
- 평가: 어떤 대상의 가치나 수준을 헤아려 정함. 또는 그 가치나 수준

문법 check!

- A/V + -았/었었다: 현재와 비교하여 다르거나 단절되어 있는 과거의 사건을 나타내는 말

talk talk 단어 · 표현

- 요약: 말이나 글의 요점을 잡아서 정리함.
- 사회생활: 사람이 사회에 속하여 집단적으로 모여서 질서를 유지하며 살아가는 공동생활
- 예의범절: 일상생활에서 갖추어야 할 모든 예의와 절차

문법 check!

- A + -아/어 보이다: 자신의 판단을 근거로, 겉으로 볼 때 앞의 말이 나타내는 것처럼 느껴지거나 추측됨을 나타내는 말

찬호 맞아요. 회의 전 공유, 회의 중 요약, 회의 후 정리. 이렇게 3단계를 따르면 돼요.

Right. Before the meeting, share, during the meeting, summarize, and after the meeting, organize. Follow these three steps.

레오 회의가 끝났을 때도 조심해야 할 게 있나요?

After the meeting ends, is there anything I should be careful about, too?

찬호 회의가 끝나고 나갈 때는 상사분들이 먼저 자리에서 일어나야 해요.

When the meeting ends and people leave, the bosses must be allowed to get up from their seats first.

그 전에 먼저 나가는 행동은 예의가 없어 보일 수 있어요.

If you leave before them, it can come across as impolite.

레오 단순히 발표만 신경 쓸 게 아니라 사회생활에 필요한 예의범절도 미리 배워야겠네요.

So I not only need to learn about presenting, but also about the rules[45] of etiquette necessary for social life.

찬호 말을 잘하는 것도 중요하지만, 어떻게 말하고, 준비하고, 끝내는지도 다 회의의 일부예요.

Speaking well is important, but how you speak, you prepare, and you finish—it's all part of the meeting.

공부한 내용 확인하기

Q1 무슨 내용이었는지 대답해 보세요.

1) 회의에서 의견을 낼 때 어떻게 말하는 게 좋은가요?

2) 회의 전 해야 할 일과 회의가 끝난 후 주의할 점은 무엇인가요?

Q2 빈칸에 들어갈 말을 골라 알맞게 쓰세요.

공유　　　평가　　　요약

1) 이번 회의에서는 지난 사업을 (　　　　　　)하도록 하겠습니다.

2) 업무에 문제가 생겼을 때는 바로 상황을 (　　　　　　)해 주세요.

3) 보고서 분량이 많으니까, 짧게 (　　　　　　)해 주세요.

Q3 다음 문법과 제시어를 활용하여 문장을 완성해 보세요.

1) A/V + -기만 하다

보다

➡ 동영상을 시청할 때는 ________________ 말고 메모도 하면 좋아요.

2) V + -았/었더니

전하다

➡ 회사에 결혼 소식을 ________________ 다들 축하해 줬어요.

모범 답안

Q1 1) 회의에서 의견을 낼 때 직접적으로 말하는 것보다, 돌려서 부드럽게 표현하는 것이 좋아요.
2) 회의 전 미리 자료를 공유하고, 회의 후에는 상사들이 먼저 일어날 때까지 기다려야 해요.

Q2 1) 평가 2) 공유 3) 요약

Q3 1) 보기만 하지 2) 전했더니

2

발표의 달인이네요.

샛별 프엉 씨, 발표 준비 잘했네요.

Phuong, you prepared well for your presentation.

그런데 우리 제품을 잘 알고 있는 영업팀이랑 홍보팀을 대상으로 하는 거니까,

But since the audience is the Sales Team and PR Team, who already know our product well,

제품을 소개하는 대신에 홍보 전략 쪽에 초점을 맞추는 게 좋겠어요.

instead of introducing the product, it would be better to focus on the PR strategy.

특히 이 부분, 기존 자료를 그대로 사용한 거죠?

Especially this part, where you used the existing material just as it was, right?

프엉 네, 홍보팀에서 받은 자료를 참고했어요.

Yes, I referred to the material I received from the PR Team.

샛별 발표 대상과 목적을 분명히 하고, 프엉 씨만의 시각으로 재구성해 보세요.

Make the audience and purpose of the presentation clear, and try restructuring it based on your own perspective, Phuong.

그리고 발표할 때는 시선이 자꾸 노트북 쪽으로 가면 안 돼요.

And when you present, you can't keep letting your gaze go toward your laptop.

talk talk 단어 · 표현

- 대상: 어떤 일의 상대 또는 목표나 목적이 되는 것
- 재구성: 한 번 구성하였던 것을 다시 새롭게 구성함.

문법 check!

- N + 에 초점을 맞추다: 특정 대상이나 내용에 집중함을 나타내는 말

청중 쪽을 한 번씩 바라보는 게 훨씬 좋아요.

Looking at the audience once in a while is much better.

프엉 연습할 때 이 정도는 아니었는데, 막상 앞에 서니까 엄청 긴장되고 머리가 하얘지는 거 있죠?

When I practiced, it wasn't this bad, but once I actually stood up there, I got super nervous and my mind went blank, you know?

그래서 말이 빨라지고 목소리도 작아졌던 것 같아요.

So I think I spoke too fast and my voice got smaller.

샛별 누구나 그래요.

It's like that for everyone.

너무 긴장되면 발표하기 전에 심호흡을 몇 번 해 봐요.

If you get too nervous, try taking a few deep breaths before presenting.

한결 편안해질 거예요.

You'll be noticeably more comfortable.

그리고 너무 많은 걸 외우려고 하지 말고요.

And don't try to memorize too much.

talk talk 단어 · 표현

- 청중: 강연이나 설교, 음악을 듣기 위하여 모인 사람들
- 머리가 하얘지다: 극심한 긴장, 스트레스, 충격 등으로 인해 순간적으로 생각이 끊기거나 멍해지다.
- 심호흡: 의식적으로 폐 속에 공기가 많이 드나들도록 숨 쉬는 방법
- 한결: 전에 비하여서 한층 더

문법 check!

- V + -기 전에: 뒷말에 나타나는 행동이 앞에 오는 말에 나타나는 행동보다 앞서는 것을 나타내는 말

샛별 키워드만 확실히 외우고, 이해한 걸 자연스럽게 말하는 연습을 해 보세요.

Just make sure to completely memorize the key words, and practice speaking naturally from what you understand.

프엉 네! 다음에는 좀 더 여유 있는 모습 보여 드릴게요.

Yes! Next time I'll show a relaxed side of myself.

샛별 좋아요. 그리고 목소리도 자신감 있게!

Good. And speak with confidence, too.

프엉 씨 한국어 발음은 이미 충분히 좋으니까, 자신감만 더 있으면 진짜 완벽해요.

Phuong, your Korean pronunciation is already more than good enough, so if you just have confidence, it will be truly perfect.

프엉 조언해 주셔서 감사합니다. 다시 준비해 보겠습니다!

Thanks for your advice. I'll prepare again!

<발표가 끝난 후>

<After the presentation ends>

성훈 프엉 씨, 발표의 달인이네요.

Phuong, you're the master of presentations.

문법 check!

- V + -아/어 드리다: 남에게 도움을 제안하거나 약속할 때, 또는 남에게 도움을 요청할 때 주로 사용하는 말로 '-아/어 주다'보다 공손한 표현으로 사용하는 말

talk talk 단어 · 표현

- 자신감: 자신이 있다는 느낌
- 조언: 말로 거들거나 깨우쳐 주어서 도움. 또는 그 말
- 달인: 학문이나 기술, 예술 분야에서 남달리 뛰어난 힘을 가진 사람

특히 흐름이 참 잘 잡혀 있었어요.
The flow was especially well handled.

프엉 **감사합니다, 부장님.**
Thank you, *Bujangnim*[46].

엄 대리님이 방향을 잘 잡아 주셨어요.
Eom *Daerinim* guided me in the right direction.

기상 **유 부장은 복도 많네.**
Yoo *Bujang*, you're really lucky.

전생에 무슨 덕을 쌓았길래 이렇게 훌륭한 팀원들을 뒀어요?
What kind of virtue did you accumulate in a past life to have such excellent team members?

성훈 **그렇죠? 신입 시절에는 디자인만 예쁘게 만드는 데 집중해서 내용은 부족하기 십상인데,**
Right? When you're new, it's natural to focus only on making the design look good, but the content ends up falling short.

오늘 발표는 목적이 분명히 드러나 있어서 좋았어요.
But today's presentation was good because it clearly stated its purpose.

talk talk 단어 · 표현

- 복: 삶에서 누리는 좋고 만족할 만한 행운. 또는 거기서 얻는 행복
- 전생에 덕을 쌓다: 이 세상에 태어나기 이전 생애에서 착한 일을 하여 쌓은 업적과 어진 덕을 많이 얻거나 가지다.

문법 check!

- V + -기 십상이다: 앞의 말이 나타내는 상황이 되기 쉽다거나 그럴 가능성이 크다는 의미를 나타내는 말

프엉 칭찬해 주셔서 감사합니다.
Thanks for the compliment.

talk talk 단어 · 표현

- 살아나다: ① 죽었거나 거의 죽게 되었다가 다시 살게 되다. ② 약해진 세력이나 기운이 다시 강해지다. 여기서는 ②의 뜻
- 기(를) 살리다: 기운을 북돋다.

성훈 두 사람 덕분에 우리 영업팀 분위기가 확 살아났네요.
Thanks to you two, the mood of our Sales Team was totally saved.

영업팀 기를 살려 준 셈이랄까.
You could say you lifted the Sales Team's spirit.

정말 수고 많았어요.
Really, you went through a lot of effort.

공부한 내용 확인하기

Q1 무슨 내용이었는지 대답해 보세요.

1) 프엉의 발표를 보고 엄 대리는 어떤 조언을 해 주었나요?

2) 엄 대리는 프엉에게 긴장이 되면 어떻게 하라고 했나요?

Q2 빈칸에 들어갈 말을 골라 알맞게 쓰세요.

자신감	조언	기(를) 살리다

1) 의기소침해진 신입의 ( )기 위해 회식을 할까 해요.

2) 일이 막힐 때마다 나는 선배님께 ( )을 구한다.

3) 내가 잘하는 일을 할 때면 언제나 ( )이 넘친다.

Q3 다음 문법과 제시어를 활용하여 문장을 완성해 보세요.

1) V + -기 전에

들어가다

➡ 프엉 씨, 회의 ________ 회의 자료 공유하는거 잊지 마세요.

2) V + -기 십상이다.

잃다

➡ 피곤하면 집중력을 ________.

모범 답안

Q1 1) 대상과 목적을 분명히 하고, 자신만의 자료로 재구성해 청중을 바라보고 발표하라고 조언해 주었어요.
2) 발표하기 전에 심호흡을 하면 훨씬 마음이 편해질 거라고 했어요.

Q2 1) 기(를) 살리 2) 조언 3) 자신감

Q3 1) 들어가기 전에 2) 잃기 십상이다

3

출장 전에 점검하는 게 좋을 것 같아서요.

찬호 프엉 씨, 저 다음 주에 출장인 거 알고 있죠?

Phuong, you know I'm going on a business trip next week, right?

프엉 네, 화요일에 부산으로 출장 가신다고 들었어요.

Yes, I heard you're going to Busan on Tuesday.

찬호 맞아요.

That's right.

그래서 출장 가기에 앞서 업무를 미리 점검해 두는 게 좋을 것 같아서요.

So I thought it would be good to go over your workload and have it ready in advance of my business trip.

프엉 그럼 다음 주 월요일에 시간을 비워 둘까요?

Then should I keep next Monday open?

찬호 업무 주기가 일주일 단위로 돌아가니까,

Since the work cycle runs on a weekly basis,

오늘부터 월요일까지 하루하루 미리 체크해 두는 게 더 나아요.

it's better to check things day by day from today until Monday.

talk talk 단어 · 표현

- 출장: 용무를 위하여 임시로 다른 곳으로 나감.
- 단위: ① 길이, 무게, 수, 시간 등의 수량을 수치로 나타낼 때 기초가 되는 일정한 기준. ② 전체를 이루는 기본 요소로서 낱낱의 조직이나 집단. 여기서는 ①의 뜻

문법 check!

- V + -기에 앞서(서): 어떤 행위나 행동을 시작하기 전에 해야 할 일이나 먼저 내세우는 조건을 나타내는 말

제가 필요한 업무는 그때그때 알려 드릴 테니까 잘 메모해 두세요.

I'll let you know your workload as it comes up, so make sure to make a memo.

프엉 알겠습니다.

I understood.

그런데 대리님 출장 일정은 거래처에서도 알고 계신 거죠?

But, *Daerinim*, the client knows about your business trip schedule too, right?

찬호 기본 일정은 전달돼 있어요.

My basic schedule has been relayed.

그래도 출장 중에 일이 멈추면 안 되니까,

Still, since work can't stop during the business trip,

전반적인 흐름을 지금 파악해 두면 프엉 씨한테도 큰 도움이 될 거예요.

if you figure out the overall flow now, it will be a big help for you, too, Phuong.

프엉 네, 이번 기회에 전체적인 업무 구조를 좀 더 잘 이해할 수 있을 것 같아요.

Yes, I think this will be a good chance for me to better understand the overall work structure.

문법 check!

- A/V + -(으)ㄹ 테니까: '-ㄹ 터이니까'를 줄여 이르는 말로, 뒤에 오는 말에 대한 조건임을 강조하여, 앞에 오는 말에 대한 말하는 사람의 의지를 나타내는 말

talk talk 단어 · 표현

- 거래처: 돈이나 물건을 계속 거래하는 곳
- 전반적: 어떤 일이나 부분에 대하여 그것과 관계되는 전체
- 파악: 어떤 대상의 내용이나 본질을 확실하게 이해하여 앎.

찬호 프엉 씨 입장에선 익숙하지 않은 일이 많을 거예요.

Phuong, from your position, there will be many things you're not familiar with.

하지만 이번처럼 실무를 직접 다뤄 보면,

But if you directly handle the actual workload like this,

어떤 업무가 어떤 순서로 돌아가는지 파악할 수 있을뿐더러

not only will you be able to figure out which tasks go in what order,

업무에도 훨씬 빠르게 적응할 수 있을 거예요.

but you'll also adapt to the work much faster.

문법 check!

- A/V + -(으)ㄹ 뿐더러, N + 일뿐더러: 어떤 일이 그것만으로 그치지 아니하고 나아가 다른 일이 더 있음을 나타내는 말

<다음 주 화요일, 전화 통화>

<Next week, Tuesday, on the phone>

프엉 네, 대리님.

Yes, *Daerinim*.

찬호 프엉 씨, 지금 자리에 있지요?

Phuong, you're at your desk now, right?

제가 메일로 파일 하나 보냈어요.

I sent you a file by email.

프엉 네, 방금 확인했어요.
Yes, I just checked it.

바로 작성하면 될까요?
Should I start filling it out right away?

찬호 네, 가장 최근 데이터를 기준으로 빈칸 채워 주세요.
Yes, fill in the blanks based on the most recent data.

마지막 수정 시간도 꼭 기재하고요.
Make sure to also enter the last revision time.

프엉 작성이 끝나면 어떻게 할까요?
After I finish filling it out, how should I go about it?

찬호 엄 대리님께 먼저 보여 드리고,
First show it to Eom *Daerinim*,

수정 사항 없으면 저한테 최종 전달해 주세요.
and if there are no revisions needed, send it to me as the final version.

엄 대리님께는 제가 미리 말씀드려 둘게요.
I'll let Eom *Daerinim* know in advance.

문법 check!

- N + 을/를 기준으로: '어떤 것을 표준이나 근거로 삼아'라는 의미를 나타내는 표현으로, 판단이나 결정의 근거, 시간의 시작점이나 시점, 비교나 분류의 기준을 제시할 때 사용하는 말

talk talk 단어 · 표현

- 기재: 문서에 기록하여 올림.
- 최종: 맨 나중

talk talk 단어 · 표현

- 처리하다: 사무나 사건을 절차에 따라 정리하여 치르거나 마무리를 짓다.

프엉 네, 빠르게 처리해 보겠습니다!

Yes, I'll get right on it!

공부한 내용 확인하기

Q1 무슨 내용이었는지 대답해 보세요.

1) 업무를 미리 점검하면 어떤 점이 좋을까요?

2) 찬호가 프엉에게 전화로 부탁한 것은 무엇인가요?

Q2 빈칸에 들어갈 말을 골라 알맞게 쓰세요.

출장 거래처 기재

1) 오후 3시에 (   )와 미팅이 예정되어 있습니다.

2) 중요한 회의에 참석하기 위해 서울로 (   )을 떠났습니다.

3) 신청서에는 이름과 주소를 정확히 (   )해야 합니다.

Q3 다음 문법과 제시어를 활용하여 문장을 완성해 보세요.

1) A/V + -(으)ㄹ 테니까

도와주다

➡ 제가 ____________________ 걱정하지 마세요.

2) A/V + -(으)ㄹ뿐더러, N + 일뿐더러

편하다

➡ 기차로 가면 ____________________ 더 빠르거든요.

모범 답안

Q1 1) 전반적인 업무를 파악할 수 있고, 업무에 빠르게 적응할 수도 있어요.

2) 최근 데이터를 기준으로 빈칸을 채운 뒤, 엄 대리에게 검토 받은 최종 파일을 보내라고 했어요.

Q2 1) 거래처 2) 출장 3) 기재

Q3 1) 도와줄 테니까 2) 편할뿐더러

'사수와 부사수'가 뭐예요?

사수와 부사수는 원래 군대에서 쓰는 말이에요. 군대에서 두 명의 군인이 함께 임무를 수행할 때, 경력이 더 많은 사람이 '사수'가 되고 나머지 사람은 '부사수'가 되지요. 한마디로 사수의 명령에 따라 부사수가 함께 움직이면서 일을 해요. 그런데 시간이 지나면서 사람들이 회사에서도 사수와 부사수라는 말을 쓰기 시작했어요. 회사에 먼저 들어와 경험이 많은 상사를 사수, 회사에 막 들어온 신입 사원을 부사수라고 부르지요.

군대에서나 회사에서 사수가 부사수에게 명령만 하는 것은 아니에요. 사수는 부사수가 꼭 알아야 할 일을 가르쳐 주고, 부사수가 한 일을 확인해 부족한 부분을 알려 주면서 더 잘 성장할 수 있도록 도와주지요. 멘토(mentor)는 멘티(mentee)의 삶을 이끌어 주고 조언을 해 주는 사람인데요, 사수와 부사수는 '직장 안에서의 멘토와 멘티'라고 볼 수 있어요.

전생에 좋은 일을 많이 하셨나 봐요.

여러분은 "내가 전생에 무슨 죄를 지었길래."라는 말을 들어 본 적 있나요? 한국 사람들이 평소에도 자주 쓰는 표현으로, 드라마나 영화에서도 많이 등장하지요. 어떤 종교에서는 사람이 죽고 나면 다시 태어나 새로운 인생을 산다고 해요. 지금 살고 있는 인생을 '현생'이라고 하고, 전에 살았던 인생을 '전생'이라고 불러요.

만약 전생에 좋은 일을 많이 했다면 현생에서 복을 받고, 반대로 전생에서 나쁜 짓을 많이 했다면 현생에서 벌을 받게 된다고 하지요. 그래서 아주 운이 좋을 때는 "전생에 무슨 덕을 쌓았길래 이런 좋은 일이 생기지?"라고 말하고, 이를 조금 더 과장해서 표현할 때는 "전생에 나라를 구했나 봐."라고도 말하지요. 또 정말 나쁜 일이 생겼을 때는 "내가 전생에 무슨 죄를 지었길래 이런 일을 겪지?"라고 하며, 이걸 재미있게 바꿔 표현할 때는 "나는 전생에 나라를 팔아먹었나 봐."라는 말을 쓰기도 해요. 여러분은 요즘 좋은 일이 많이 생기고 있나요? 그럼, 여러분은 전생에 아주 좋은 일을 많이 하면서 살았나 봐요.

44 "아직 많이 부족하지만" (akin to "I'm lacking in many ways" or "I still have a lot to improve") is a fixed phrase Koreans use to show modesty, reflecting the cultural value placed on humility.

45 In Korea, showing respect to elders and those around you is considered very important. As a result, various customs related to manners have developed. For example, you can see these acts of politeness in many situations—such as when greeting elders, giving or receiving something, or calling someone by name.

46 It is standard for people to refer to their coworkers, especially their superiors, by their titles and not their first names. Common titles in Korean corporate settings (in descending rank) are: "대표님" *daepyonim* (CEO/President), "사장님" *sajangnim* (Company President or Owner), "부장님" *bujangnim* (Department Head or Manager), and "대리님" *daerinim* (Assistant Manager).

PART

09

MP3 09

사내 프로그램

1 인사팀에서 진행하는 교육이에요.

2 워크숍은 동료들과 가까워지는 시간이니까요.

3 회사 동호회에 가입했어요.

프엉의 하루

안녕하세요. 프엉이에요! 드디어 이번 주부터 신입 교육이 시작돼요. 신입 사원으로 회사에 적응하기 위해 알아야 할 것들이 참 많은 것 같아요. 저와 같은 신입 사원분들과 함께 다양한 교육을 통해 차근차근 하나씩 배워 나가야겠어요. 그리고 다음 주에는 회사 워크숍에 다녀 올 예정이에요. 첫 워크숍이라 긴장도 되고 설레기도 해서, 혹시 제가 따로 준비해야 할 건 없는지 선배님께 여쭤보려고 해요. 그리고 이건 이번에 알게 된 사실인데, 많은 분이 직장을 다니면서도 각자의 취미 활동을 꾸준히 하고 계시더라고요. 그래서 저도 회사 생활에 익숙해지기 위해 다양한 활동을 시작해 볼까 해요. 우선 회사에 어떤 동호회들이 있는지 알아보고, 그중에서 저에게 잘 맞는 동호회에 가입해 보려고요. 저랑 같은 취미를 가진 사람을 만나는 건 즐거운 일이니까요. 여러분도 제가 어떤 동호회에 가입할지 궁금하시죠?

미리 보는 중요 표현

1. 한국어로 발표하려면 부담되잖아요.
2. 너무 겁내지 말고, 편안한 마음으로 교육 재미있게 들어 봐요.
3. 워크숍이면 발표나 토론도 하지 않나요?
4. 분위기에 너무 부담 갖지 말고, 할 수 있는 만큼만 하면 돼요.
5. 워크숍은 업무가 아니라, 동료들과 가까워지는 시간이니까요.
6. 예전에는 그랬는데, 요즘은 주말마다 산에 가지요.
7. 문화를 접할 수 있는 기회이기도 하고, 동료와 친해질 수 있는 기회이기도 하지요.
8. 쑥스럽지만 기타 동호회였어요.

1

인사팀에서 진행하는 교육이에요.

레오 프엉 씨, 이번 주 교육 준비됐어요?

Phuong, are you ready for this week's training?

저는 미리 안내 자료도 읽어 봤어요.

I even read the information materials in advance.

프엉 하루 종일 교육을 받는다고 하니까 조금 긴장돼요.

I heard the training lasts all day, so I'm a little nervous.

대리님, 우리 부서만 가는 건가요?

Is it only our department going, *Daerinim*?

찬호 아니요, 이번 교육은 회사 전체 공통 프로그램이에요.

No, this training is a common program for the entire company.

인사팀에서 매년 진행하는 신입 교육이어서 신입 사원은 다 참석해야 해요.

It's the new employee training program run by the HR Team each year, so all new employees have to attend.

프엉 교육 내용이 되게 다양하던데요?

The content of the training seemed really diverse.

talk talk 단어 · 표현

- 부서: 기관, 기업, 조직에서 일이나 사업의 체계에 따라 나뉘어 있는, 사무의 단위
- 인사팀: 조직에서 인사(관리나 직원의 고용, 평가 등과 관계되는 행정적인 일)를 목적으로 짜여진 부서. 또는 그 부서에 속한 사람
- 참석: 모임이나 회의 자리에 참여함.

문법 check!

- A/V + -던데(요), N + 이던데(요): 과거에 직접 경험한 사실을 전달하여 듣는 사람의 반응을 기대함을 나타내는 말

인사 예절과 전화 응대, 이메일 쓰는 법이랑 보고서 작성까지.

Greeting people, answering the phone, how to write emails, and even writing reports.

레오 그런데 발표도 있다고 해서 좀 걱정돼요.

But I heard there are presentations too, so I'm kind of worried.

한국어로 발표하려면 부담되잖아요.

If you're going to present in Korean, it's a lot of pressure, right?

찬호 맞아요, 근데 점수를 매기진 않아요.

True, but they don't grade you, or anything.

실습 중심이고 분위기도 편한 편이라 너무 걱정하지 않아도 돼요.

It's centered around practice, and the atmosphere is on the comfortable side, so you don't have to worry too much.

프엉 그래도 긴장되네요.

Still, I feel nervous.

대리님도 신입 때 이 교육 받으셨죠?

Daerinim, you also took this training when you were a new employee, right?

뭐가 제일 도움이 되셨어요?

What helped you the most?

talk talk 단어 · 표현

- 응대: ① 손님을 맞아들여 접대함. ② 부름이나 물음 또는 요구에 응하여 상대함. 여기서는 ②의 뜻
- 실습: 이미 배운 이론을 토대로 하여 실제로 해 보고 익히는 일

문법 check!

- V + -(으)려면: 어떤 일을 할 의도가 있음을 가정할 때 사용하는 말

talk talk 단어 · 표현

- 보고서: 일에 관한 내용이나 결과를 알리는 글이나 문서

찬호 저는 보고서 교육이 제일 좋았어요.
For me, the report training was the best.

그때 배운 내용을 지금도 써먹고 있거든요.
I still make use of the content I learned back then, now.

레오 보고서 문장 쓰는 법이요?
Like the way to write sentences in reports?

문법 check!

- A/V + -듯이: 뒤 문장의 내용이 앞 문장의 내용과 거의 같음을 나타내는 말

찬호 네, 처음엔 다들 그냥 말하듯이 보고서를 쓰잖아요.
Yes, at first, everyone just writes reports the way they'd normally speak.

근데 교육 때 문장을 어떻게 시작하면 좋은지,
But in the training, they tell you how to start sentences well,

업무 상황에서 자주 쓰는 표현은 뭐가 있는지 알려 줘요.
and what common expressions to use in business settings.

프엉 그런 게 진짜 저한테 꼭 필요한 정보예요.
That's exactly the kind of information I really need.

회사에서 메일 하나를 보내는 데도 어떤 표현을 사용해야 좋을지 고민돼서 오래 걸리곤 해요.

Even to send one email at work, because I worry about which expressions to use, it ends up taking a long time.

문법 check!

- V + -곤 하다: 같은 상황이 반복됨을 나타내는 말

레오 맞아요.

Right.

저는 예전엔 "이거 해 주세요."만 썼는데,

I used to only write, "Please do this,"

요즘은 "확인 부탁드립니다."와 같은 말을 많이 쓰게 돼요.

but these days I often use words like, "I'd like to kindly ask you to check."

찬호 저도 처음에 회사 다닐 때는 완전 회사 말투 초보였는데, 지금은 눈 감고도 하죠.

When I also first started working, I was a total beginner at office lingo, but now I do it with my eyes closed.

다들 그런 과정을 겪으니까 너무 부담 갖지 마요.

Everyone goes through that process, so don't feel too much pressure.

열심히 듣고, 필요한 건 따로 정리해 두면 나중에 분명히 도움이 될 거예요.

Listen carefully, and separately organize what you need since later on it will definitely be helpful.

talk talk 단어 · 표현

- 초보: ① 처음으로 내딛는 걸음. ② 학문이나 기술을 익힐 때의 그 처음 단계나 수준. 여기서는 ②의 뜻
- 눈 감고(도) 하다: 어떤 일에 대한 숙련도가 매우 높아 아무런 어려움 없이 해낼 수 있음을 비유적으로 이르는 말

talk talk 단어 · 표현

- 진작: 좀 더 일찍이. 주로 기대나 생각대로 잘되지 않은 지나간 사실에 대하여 뉘우침이나 원망의 뜻을 나타내는 문장에 씀.
- 겁내다: 무섭거나 두려운 마음을 나타내다.

찬호 그리고 교육이 끝나고 나면, 다들 "아, 이건 진작 들었어야 했어."라고 말하더라고요.

And after the training ends, everyone always says, "Ah, I wish I'd heard this sooner."

그러니까 너무 겁내지 말고, 편안한 마음으로 교육 재미있게 들어 봐요.

What I'm saying is don't be too scared, relax, and enjoy the training.

공부한 내용 확인하기

Q1 무슨 내용이었는지 대답해 보세요.

1) 회사 신입 교육에서 무엇을 배울 수 있나요?

2) 찬호는 신입 교육을 듣고 어떤 도움을 받았나요?

Q2 빈칸에 들어갈 말을 골라 알맞게 쓰세요.

부서	인사팀	겁내다

1) 신입 사원을 관리하는 일은 (   )에서 담당하고 있다.

2) 그는 처음 해 보는 일이지만 전혀 (   )는 기색이 없었다.

3) 이 업무는 우리 (   )에서 담당하고 있습니다.

Q3 다음 문법과 제시어를 활용하여 문장을 완성해 보세요.

1) A/V + -던데(요), N + 이던데(요)

유용하다

➡ 이번 신입 교육에서 배운 내용이 정말 ____________________.

2) V + -곤 하다

보내다

➡ 주말엔 운동이나 독서도 하면서 시간을 ____________________.

모범 답안

Q1 1) 인사 예절과 전화 응대, 이메일 쓰는 법과 보고서 작성법 등을 배울 수 있어요.
2) 보고서를 어떤 문장으로 시작하는지, 자주 쓰는 표현이 무엇인지를 배울 수 있었어요.

Q2 1) 인사팀 2) 겁내 3) 부서

Q3 1) 유용하던데(요) 2) 보내곤 하다

2

워크숍은 동료들과 가까워지는 시간이니까요.

talk talk 단어 · 표현

- 워크숍(workshop): 한국에서 워크숍의 의미는 직원 교육, 부서 회의, 단합 활동까지 모두 포함한 행사를 의미함.
- 토론: 어떤 문제에 대하여 여러 사람이 각각 의견을 말하며 논의함.
- 의견: 어떤 대상에 대하여 가지는 생각

문법 check!

- N + (이)면: 둘 이상의 사물을 같은 자격으로 이어 줌을 나타내는 말

프엉 대리님, 다음 주에 워크숍 가잖아요.

Daerinim, we're going to the workshop next week, right?

혹시나 제가 따로 준비할 게 있을까요?

Is there anything I should prepare on my own?

샛별 준비요? 따로 준비할 건 없어요.

Prepare? There's nothing for you to prepare on your own.

프엉 씨, 그냥 편하게 다녀오면 돼요.

Phuong, you can just go and relax.

프엉 워크숍이면 발표나 토론도 하지 않나요?

If it's a workshop, won't we do presentations and debates also?

샛별 그냥 조별 활동에서 간단하게 의견을 나누는 정도예요.

Just simple sharing of opinions in group activities.

찬호 맞아요. 첫날엔 레크리에이션도 하고, 회사 비전에 관한 영상도 볼 거예요.

Correct. On the first day, we'll do some recreation, and we will also watch a video about the company vision.

샛별 작년에 영상 보면서 조별 토론도 했는데, 외국인 직원들도 적극적으로 참여했었어요.

Last year, as we watched the video, we had a group debate, and even the non-Korean employees actively participated.

찬호 프엉 씨, 옷은 따로 준비하셨어요?

Phuong, did you prepare separate clothes to wear?

프엉 그냥 평소에 입는 거 챙기려고요.

I'm just going to bring what I usually wear.

찬호 회사에서 단체 티셔츠를 나눠 줘요.

The company gives out team T-shirts[47].

편한 운동화만 있으면 돼요.

All you need are comfortable sneakers.

프엉 대리님, 식사는 어떻게 나와요?

Daerinim, how are meals provided?

샛별 단체 식사예요.

It's group meals.

뷔페나 도시락인데, 식단에 민감하면 미리 말해 두는 게 좋아요.

Either buffet or boxed lunches, but if you're sensitive about your diet, it's good to say something in advance.

talk talk 단어 · 표현

- 단체: ① 같은 목적을 달성하기 위하여 모인 사람들의 일정한 조직체. ② 여러 사람이 모여서 이루어진 집단. 여기서는 ①의 뜻
- 뷔페: 여러 가지 음식을 차려 놓고 손님이 스스로 선택하여 덜어 먹도록 함.
- 식단: 일정한 기간 동안 먹을 음식의 종류와 순서를 짜 놓은 표, 또는 그러한 종류나 순서

찬호 맞아요. 음식이 입에 안 맞을 수도 있으니까요.

That's right. Since the food might not suit you.

그리고 무슬림이나 채식주의자라면 배려해 주더라고요.

And if someone is Muslim or vegetarian, they make accommodations.

talk talk 단어 · 표현

- 배려: 도와주거나 보살펴 주려고 마음을 씀.
- 전문: 어떤 분야에 상당한 지식과 경험을 가지고 오직 그 분야만 연구하거나 맡음. 또는 그 분야

프엉 드라마에서 봤는데, 장기자랑 같은 것도 하나요?

I saw it in a drama, but do they also do talent shows?

찬호 예전엔 있었어요. 그런데 요즘은 레크리에이션 활동을 많이 하죠.

They used to. But these days they do more recreational activities.

전문 강사분이 오셔서 분위기를 띄워 주고, 부담 없이 즐길 수 있게 도와줄 거예요.

A professional trainer comes to liven up the atmosphere and helps everyone relax and enjoy themselves without any pressure.

문법 check!

- A/V + -(으)ㄴ/는 만큼, N + 만큼: 앞말과 행동이나 상태, 수량이 비슷하거나 같은 정도를 나타내는 말

샛별 분위기에 너무 부담 갖지 말고, 할 수 있는 만큼만 하면 돼요.

Don't feel too intimidated, you can just do as much as you can.

프엉 게임도 한다고 들었는데 조금 걱정돼요.
몸 쓰는 건 익숙하지 않아서요.

I also heard there are games, and I'm a bit worried. Since I'm not used to physical activities.

찬호 줄다리기, 팔씨름, 닭싸움 같은 간단한 게임이에요.

They're simple games like tug-of-war, arm wrestling, or chicken fights[48].

진지한 운동회는 아니니까 걱정하지 마세요.

It's not a serious sports competition, so don't worry.

샛별 그래도 부상 당하지 않게 조심해야 해요.

Still, be careful not to get hurt.

운동화도 꼭 신어야 하고요.

And make sure you wear sneakers.

찬호 프엉 씨, 승부욕 좀 있으세요?

Phuong, do you have a bit of a competitive drive?

프엉 저요? 에이, 저는 조용히 있는 걸 좋아하는데요.

Me? Oh no, I like to stand there quietly.

talk talk 단어 · 표현

- 부상: 몸에 상처를 입음.
- 승부욕: 상대와 경쟁을 하여 승부를 내거나 이기려고 하는 욕구나 욕심

문법 check!

- A/V + -지 않게 하다: 어떤 행동이나 상태가 발생하지 않도록 의도적으로 조치하거나 관리함을 나타내는 말

문법 check!

- A/V + -다가: 어떤 동작이나 상태가 중단되고 다른 동작이나 상태로 바뀜을 나타내는 말
- V + -고 오다: 앞선 동작이 완료된 후 그 결과 상태를 유지하는 것을 나타내는 말

talk talk 단어 · 표현

- 후기: 본문 끝에 덧붙여 기록함. 또는 그런 글
- 동료: 같은 직장이나 같은 부문에서 함께 일하는 사람

찬호 다들 그렇게 말하다가 막상 게임이 시작되면 1등을 욕심내더라고요.

Everyone says that, but once the games start, they all want to win first place.

프엉 씨도 기대할게요.

I'll be looking forward to it, Phuong.

샛별 마지막엔 조별로 워크숍 후기를 나눠요.

At the end, each group shares their review of the workshop.

기억에 남는 순간 하나쯤 정리해 두면 좋아요.

It's good if you think of at least one memorable moment in advance.

찬호 가서 좋은 기억 남기고 오세요.

Go and make some good memories.

이번에 하는 워크숍은 업무가 아니라, 동료들과 가까워지는 시간이니까요.

This workshop isn't about work, it's a time to get closer to colleagues.

공부한 내용 확인하기

Q1 무슨 내용이었는지 대답해 보세요.

1) 워크숍에 가져가야 할 준비물은 무엇인가요?

2) 워크숍에서는 무슨 활동을 하나요?

Q2 빈칸에 들어갈 말을 골라 알맞게 쓰세요.

식단	부상	승부욕

1) 어제 교통사고로 누가 심한 (   )을 당했다고 들었어요.

2) 건강을 위해 운동과 함께 (   )을 관리하고 있습니다.

3) 그 사람은 어떤 일이든 이기고 싶어 하는 (   )이 강하다.

Q3 다음 문법과 제시어를 활용하여 문장을 완성해 보세요.

1) A/V + -(으)ㄴ/는 만큼, N + 만큼

쉽다

➡ 단체 활동을 할 때는 다치기 ______________ 더 조심해야 한다.

2) A/V + -다가

읽다

➡ 어젯밤에는 책을 ______________ 피곤해서 잤어요.

모범 답안

Q1 1) 워크숍마다 다르지만, 보통 따로 챙겨야 할 준비물은 없고 개인 용품만 챙기면 돼요.
2) 워크숍에서는 간단한 조별 활동과 회사 비전 영상 시청, 그리고 레크리에이션 활동 등을 해요.

Q2 1) 부상 2) 식단 3) 승부욕

Q3 1) 쉬운 만큼 2) 읽다가

3

회사 동호회에 가입했어요.

문법 check!

- A/V + -(으)ㄴ/는데, N + 인데: 뒤의 말을 하기 위해 그 대상과 관련된 상황이나 배경을 제시할 때 사용하는 말

talk talk 단어 · 표현

- 사모님: 윗사람의 부인을 높여 부르거나 이르는 말
- 산악회: 등산하는 사람들로 이루어진 단체
- 동호회: 같은 취미를 가지고 함께 즐기는 사람들의 모임

프엉 부장님은 주말에 주로 뭐 하세요?
Bujangnim, what do you mainly do on weekends?

가족분들이랑 시간 보내세요?
Do you spend time with your family?

성훈 예전에는 그랬는데, 요즘은 주말마다 산에 가지요.
I used to, but these days I go to the mountains every weekend.

프엉 사모님이랑 같이 가시나 봐요?
I suppose you go with your wife?

성훈 가끔 아내랑 가기도 하는데, 나는 산악회 활동을 주로 해요.
While I sometimes do go with my wife, I mainly do it with my mountain-climbing club.

프엉 회사에도 등산 동호회가 있던데, 거기에는 안 들어가셨어요?
I saw there's also a hiking club in the company, you didn't join that one?

성훈 회사 동호회는 젊은 직원들끼리 모일 수 있게 배려해야죠.
Company clubs should be left for the younger employees to get together.

아무래도 부장이 들어가면 불편하지 않겠어요?

If a *bujang* joins, don't you think it would make them feel uncomfortable?

프엉 에이, 그런 말씀 마세요.

Hey, don't say that.

'같이 즐기는 마음'이 중요한 거잖아요.

What's important is the "spirit of having fun together," right?

성훈 그렇게 말해 주니 고맙네요.

Thanks for saying that.

프엉 씨는 회사 동호회 가입한 거 있어요?

Phuong, have you joined any company clubs?

프엉 저는 회사 볼링 동호회에 가입했어요.

I joined the company bowling club.

매주 화요일에 모여요.

We meet every Tuesday.

성훈 그 동호회 회원이 꽤 많다고 들었는데, 맞아요?

I heard that club has a lot of members, is that right?

talk talk 단어 · 표현

- 아무래도: 아무리 생각해 보아도. 또는 아무리 이리저리 하여 보아도
- 가입: 조직이나 단체에 들어가거나, 서비스를 제공하는 상품을 신청함.

프엉 네, 등록한 인원은 스무 명쯤 돼요.

Yes, about twenty people are registered.

실제로 모임에 참여하는 사람은 열 명 남짓이고요.

In reality, only about ten people participate.

회사가 바쁠 땐 서너 명만 올 때도 있어요.

When the company is busy, there are times when only three or four people come.

talk talk 단어 · 표현

- 남짓: 크기, 수, 부피가 어느 한도에 차고 조금 남는 정도임을 나타내는 말
- 인간관계: 인간과 인간, 또는 인간과 집단과의 관계를 통틀어 이르는 말

성훈 그래도 꾸준히 활동하면 좋은 인간관계가 생기죠.

Still, if you keep at it, you'll build good relationships, right?

외국인 직원에게는 한국의 동호회 문화를 접할 수 있는 기회이기도 하고,

For non-Korean employees, it's a chance to encounter Korean club culture,

동료와 친해질 수 있는 기회이기도 하지요.

and also an opportunity to get close to colleagues.

문법 check!

- N + 이기도 하고 N + 이기도 하다: 동시에 발생하는 여러 동작이나 상태를 나타내는 말
- A/V + -(으)ㄹ 듯 말 듯: 그런 것 같기도 하고 그러지 아니한 것 같기도 함을 나타내는 말

프엉 맞아요. 그런데 그 볼링이라는 게 되게 오묘해요. 실력이 늘 듯 말 듯 해서 더 재미있는 것 같아요.

That's right. But there's something really strange about bowling. It's like my ability is just about to improve, then not, which makes it even more fun.

성훈 하하, 볼링이 딱 그래요. 한 번 빠지면 계속 가게 되죠.
Haha, bowling is just like that. Once you get hooked, you keep going back.

프엉 부장님은 예전에 어떤 동호회 하셨어요?
Bujangnim, what kind of club did you do before?

성훈 저요?
Me?

쑥스럽지만 기타 동호회였어요.
Embarrassing as it's, the guitar club.

대학 때는 밴드 활동도 좀 했고요.
In college, I also did some band activities.

프엉 와, 부장님, 진짜 멋지세요!
Wow, that's really cool, *Bujangnim*!

성훈 아이고, 프엉 씨, 비행기 태우지 말아요.
Gosh, Phuong, don't flatter me.[43]

저는 그냥 놀기 좋아했던 평범한 사람이에요.
I was just an ordinary person who liked to have fun.

talk talk 단어 · 표현

- 쑥스럽다: 하는 짓이나 모양이 자연스럽지 못하여 민망하고 어색한 데가 있다.
- 비행기(를) 태우다: 남을 지나치게 칭찬하거나 높이 평가하다.

문법 check!

- A/V + -았/었던: 과거의 사건이나 상태를 다시 떠올리거나, 그 사건이나 상태가 현재와는 다른 단절됨을 나타내는 말

문법 check!

- A/V + -(으)면 A/V + -(으)ㄹ 수록: 시간이 지나면서 어떤 상황이나 정도가 점점 심해짐을 나타내는 말

프엉 아니에요. 부장님은 알면 알수록 더 멋진 분이세요.

No way. The more I get to know you, the cooler a person you are, *Bujangnim*

성훈 프엉 씨처럼 긍정적인 신입 덕분에 제가 더 힘이 나네요.

Thanks to positive new employees like you, I feel more energized.

공부한 내용 확인하기

Q1 무슨 내용이었는지 대답해 보세요.

1) 부장님은 주말에 주로 어떻게 시간을 보내나요?

2) 회사 동호회에 가입하면 어떤 점이 좋을까요?

Q2 빈칸에 들어갈 말을 골라 알맞게 쓰세요.

동호회	인간관계	비행기(를) 태우다

1) 멋진 사진을 찍고 싶어서 사진 (   ) 활동을 시작했습니다.

2) 너무 (   )면 거만해질 수도 있어요.

3) 낯선 곳에서 적응하려면 (   ) 형성이 무엇보다 중요하다.

Q3 다음 문법과 제시어를 활용하여 문장을 완성해 보세요.

1) N + 이기도 하고 N + 이기도 하다

경험	공부

➡ 여행은 좋은 ____________ 여러 가지를 배우는 ____________.

2) A/V + -(으)면 A/V + -(으)ㄹ수록

치다

➡ 볼링은 ________________ 실력이 느는 것 같아요.

모범 답안

Q1 1) 주말마다 등산을 가요. 주로 산악회 활동을 하러 가는데 가끔 아내와 둘이서 가기도 해요.
2) 한국의 동호회 문화를 접할 수 있기도 하며, 동료와 친해질 수 있는 기회가 생길 수도 있어요.

Q2 1) 동호회 2) 비행기(를) 태우 3) 인간관계

Q3 1) 경험이기도 하고, 공부이기도 하다 2) 치면 칠수록

워크숍은 어떤 거예요?

워크숍(Workshop)은 원래 '공동 연수'라는 의미를 가지고 있어요. 참가자들이 능동적으로 참여해 함께 특정 주제를 연구하거나 토론하는 모임을 뜻하지요. 단어의 의미만 보면 아주 적극적이고 생산적인 활동을 떠올릴 수 있겠지만, 한국에서 사용하는 '워크숍'이라는 개념은 이보다 훨씬 더 넓게 쓰이고 있지요. 일반적으로 워크숍이라고 하면 새로운 프로젝트를 시작하거나 기존의 업무를 진행하기 위해 회의와 연구 일정으로 채워진 프로그램을 떠올리곤 해요. 하지만 실제로는 직원들의 친목을 다지기 위한 오락 중심의 즐기는 워크숍도 많이 있어요. 두 가지 성격이 적절히 섞여 있는 경우도 흔하지요. 또한 예전에는 숙소가 있는 장소에서 2~3일간 머물며 진행하는 워크숍이 대부분이었지만, 최근에는 당일치기로 일정을 잡는 경우가 많아요. 숙박을 포함한 워크숍은 점차 줄어들고, 짧고 효율적인 워크숍 프로그램이 선호되는 추세를 보이고 있지요.

난 다시 태어났어요.

"테니스를 시작하고 저는 다시 태어났습니다."라는 표현은 무슨 뜻일까요? 테니스를 시작해서 죽었다가 다시 살아난 걸까요? 그건 아니고요, 보통 어떤 일을 계기로 이전과 전혀 다른 삶을 살게 되었을 때, '다시 태어나다'라는 표현을 사용해요. 즉, 이 말은 테니스를 시작하기 전의 삶과 시작한 후의 삶이 완전히 달라졌다는 뜻이지요.
이렇게 생활에 큰 변화가 생겼을 때 "다시 태어나다."라고 말하기도 하지만, "제2의 인생을 시작하다." 또는 "두 번째 인생을 살다."와 같은 표현으로 바꾸어 말할 수도 있어요. 또 인생을 연극에 비유해 "인생의 2막이 시작되다." 또는 "인생 2막을 살다."라는 표현을 쓰기도 하지요. 연극에서 막(Act)은 내용이 바뀔 때마다 전환되기 때문에, 인생에서의 큰 변화를 새로운 '막'에 비유하는 것이지요. 여러분의 인생은 언제 가장 크게 변했나요? 제 인생은 사랑하는 사람을 만나고 변했어요. 여러분도 사랑하는 사람이 있다면 오늘 이렇게 표현해 보는 건 어떨까요?

"널 만나고 난 다시 태어났어. 사랑해."

47 In Korea, it's common for groups to wear matching group outfits. Schools often do this for sports festivals, and companies for outings or retreats. Student clubs and other social groups may also coordinate group outfits.

48 "*Dakssaum*" (literally "chicken fighting") refers to a game where players hop on one leg while holding the other leg with their hand, trying to push their opponent off balance or make them fall.

49 The Korean idiom "비행기 태우다" ("to put someone on an airplane") means to flatter or praise someone excessively, and is commonly used as a way to playfully deflect a compliment.

PART

10

MP3 10

복지와 문화

1 출산 휴가에 들어가요.

2 비자 변경 조건이 사람마다 다르거든요.

3 한국 문화에 익숙해졌다고 생각했는데!

프엉의 하루

오늘도 파이팅이에요! 프엉이에요! 다음 달부터 샛별 대리님이 출산 휴가에 들어 가신다고 들었어요. 대리님은 남편분과 번갈아서 육아 휴직을 사용하실 예정이라고 하네요. 회사에서 다양한 복지 혜택을 지원해 주니 정말 다행이라는 생각이 들어요. 대리님이 계시지 않는 동안 제가 회사 일을 잘 챙겨야겠다고 다짐했어요. 또 다른 소식은, 이번 주에 외국인 직원 모임에 참여하기로 했다는 거예요. 회사에 있는 다른 외국인 직원분을 모두 만날 수 있다니 너무 기대돼요. 회사에서도 외국인 직원을 위한 다양한 지원과 상담 프로그램을 운영한다고 해서 더욱 설레고요. 그리고 저와 입사 동기인 레오 씨는 요즘 한국의 예절 문화 때문에 고민이 많은가 봐요. 저도 혹시 실수하지 않도록, 회사에서 갖춰야 할 기본적인 예절과 태도를 배워야겠어요.

미리 보는 중요 표현

1. 이번 달 말까지 출근하고 다음 달부터는 쉬기로 했어요.
2. 제 출산 휴가가 끝나면 남편이 육아 휴직에 들어가기로 했어요.
3. 정시에 퇴근하기 어려운 분도 있어서요.
4. 같은 부서라도 국적이나 처음 받은 비자에 따라 조건이 달라서요.
5. 나중에 승진할 때 한국어 실력을 증명해야 한다고 하더라고요.
6. 저는 인사하는 동시에 악수하는 게 자연스러워서요.
7. 명함은 꼭 양손으로 받고, 받은 뒤에는 한 번 보고 보관하는 게 예의예요.
8. 비록 작은 예절일지라도 신뢰를 쌓는 데 큰 역할을 하니까요.

1

출산 휴가에 들어가요.

프엉 대리님, 다음 달에 홍보팀이랑 같이 판매 행사하잖아요.
Daerinim, next month we're doing the sales event together with the PR team, right?

행사 관련해서 질문이 있는데요.
I have a question about the event.

샛별 그건 김 대리님께 여쭤보는 게 좋을 것 같아요.
For that, it would be better to ask Kim *Daerinim*.

그 행사를 할 때쯤이면, 저는 회사에 없거든요.
By the time we do that event, I won't be at the company.

프엉 이번에는 대리님이 안 하세요?
You're not doing it this time, *Daerinim*?

샛별 저는 출산 휴가에 들어가요.
I'm going on maternity leave. I work until the end of this month, and starting next month,

이번 달 말까지 출근하고 다음 달부터는 쉬기로 했어요.
I've decided to take a break.

talk talk 단어 · 표현

- 관련: 둘 이상의 사람, 사물, 현상이 서로 관계를 맺어 매여 있음. 또는 그 관계
- 여쭈다: ① 웃어른에게 말씀을 올리다. ② 웃어른에게 인사를 드리다. 여기서는 ①의 뜻
- 출산 휴가: 근로 여성이 아이를 낳기 위하여 얻는 휴가

문법 check!

- V + -기로 하다: 앞말이 나타내는 행동을 할 것을 결심하거나 약속함을 나타내는 말

프엉 아, 그러시구나! 축하드려요!

Ah, I see! Congratulations!

얼마나 쉬시는 거예요?

How long will you take a break?

샛별 원래는 90일까지 쉴 수 있는데, 저는 일단 60일만 신청했어요.

Normally you can take up to ninety days, but for now, I only applied for sixty days.

상황 봐서 남은 30일은 나중에 쓸 수도 있고요.

Based on the situation, I may use the remaining thirty days later.

프엉 쉴 수 있을 때 충분히 쉬시는 게 좋을 것 같아요.

Seems like it would be good to take a long enough rest while you can.

물론 저는 대리님이 하루라도 빨리 돌아오시면 좋을 테지만요.

Of course, I would be glad if you returned even one day sooner, *Daerinim*.

샛별 고마워요. 그런데 출산 휴가 급여는 90일까지만 나와서요.

Thanks. But the maternity leave pay only comes out for ninety days.

talk talk 단어 · 표현

- 상황: 일이 되어 가는 과정이나 형편
- 충분히: 모자람이 없이 넉넉하게

문법 check!

- A/V + -(으)ㄹ 테지만: 말하는 사람은 앞의 내용을 확신하지만, 뒤의 내용은 그것과 다를 수 있음을 나타내는 말

talk talk 단어 · 표현

- 현실적: ① 현재 실제로 존재하거나 실현될 수 있는 것. ② 실제로 얻을 수 있는 이익을 우선시하는 태도. 여기서는 ①의 뜻
- 결정: 행동이나 태도를 분명하게 정함. 또는 그렇게 정해진 내용
- 당연: 일의 앞뒤 사정을 놓고 볼 때 마땅히 그러함.
- 육아 휴직: 아이를 돌보기 위해 직장을 잠시 쉬는 것

문법 check!

- N + 에/에게 집중하다: '무엇에 집중하다' 또는 '누구에게 집중하다'라는 의미로, 어떤 대상에 정신을 모을 때 사용하는 말

샛별 그래서 일단 현실적으로 결정했어요.
So first I tried to make a realistic decision.

그런데 프엉 씨는 결혼 생각 없어요?
But, Phuong, don't you have any plans to get married?

프엉 아직은 없어요. 결혼을 꼭 해야 한다고 생각하지도 않고요.
Not yet. I don't think marriage is something everyone has to do.

일도 재미있고, 저 자신에게 더 집중하고 싶어요.
Work is fun too, and I want to focus more on myself.

샛별 맞아요. 요즘은 '결혼은 선택'이라는 말이 당연하게 들리더라고요.
Right. These days the phrase "marriage is a choice" is something you definitely hear.

프엉 그런데 아이가 태어나면 누가 돌봐 주세요?
But when the baby is born, who will babysit them for you?

샛별 제 출산 휴가가 끝나면 남편이 육아 휴직에 들어가기로 했어요.
After my maternity leave ends, my husband will take a child-care leave.

프엉 두 분이서 잘 계획하셨네요.
Wow, you two planned it really well.

육아 휴직은 언제까지 쓸 수 있어요?
How long can you go on child-care leave?

샛별 1년까지 가능해요.
It's possible for up to one year.

남편은 6개월만 쓸 예정이고,
My husband plans to only use six months,

그 후에는 친정이나 시댁에 도움을 좀 받아야 할 것 같아요.
and after that, we'll have to get some help from my parents or in-laws.

프엉 우리 회사는 육아 휴직을 자유롭게 쓸 수 있는 분위기인가 봐요.
It seems our company has an open atmosphere about taking parental leave.

샛별 예전보다 훨씬 나아졌어요.
It's become way better than it used to be.[50]

특히 요즘은 아빠 육아 휴직도 많이 장려하고 있어서,
Especially these days, child-care leave for fathers is also encouraged,

talk talk 단어 · 표현

- 친정: 결혼한 여자의 부모가 사는 집. 또는 그 부모의 집안
- 시댁: 남편의 부모가 사는 집. 또는 그 부모의 집안을 높여 이르는 말
- 장려: 좋은 일에 힘쓰도록 북돋아 줌.

문법 check!

- A/V + -(으)ㄴ/는 편이다, N + 인 편이다: 어떤 사실에 대해 단정적으로 말하기보다는 대체로 어떤 쪽에 가깝거나 속한다고 이야기할 때 사용하는 말

샛별 부서에서도 이해해 주는 편이에요.

and company departments tend to be understanding.

프엉 다행이에요.

What a relief.

예쁜 아기 낳으시고, 건강하게 돌아오세요.

Have a beautiful baby, and come back in good health.

공부한 내용 확인하기

Q1 무슨 내용이었는지 대답해 보세요.

1) 샛별이 프엉의 질문을 받지 않은 이유는 무엇인가요?

2) 샛별의 남편은 육아 휴직을 언제까지 쓸 예정인가요?

Q2 빈칸에 들어갈 말을 골라 알맞게 쓰세요.

관련　　현실적　　장려

1) 육아와 직장을 병행할 때는 (　　　　　)인 대책이 필요하다.

2) 회사에서는 직원들의 자기 계발을 (　　　　　)하고 있습니다.

3) 회의 시간과 (　　　　　)된 공지 사항이 메일로 발송되었다.

Q3 다음 문법과 제시어를 활용하여 문장을 완성해 보세요.

1) V + -기로 하다

쓰다

➡ 우리 회사는 직원들 모두 여름 휴가를 9월에 ______________.

2) A/V + -(으)ㄴ/는 편이다

해결하다

➡ 저는 주로 출근길에 식당에서 아침을 ______________.

모범 답안

Q1 1) 다음 달부터 출산 휴가이기 때문이에요. 그래서 행사 관련 질문은 찬호 대리에게 하라고 했어요.
2) 최대 1년까지 육아 휴직을 쓸 수 있는데, 샛별의 남편은 6개월만 휴직하기로 했어요.

Q2 1) 현실적 2) 장려 3) 관련

Q3 1) 쓰기로 했다 2) 해결하는 편이다

2

비자 변경 조건이 사람마다 다르거든요.

성훈 레오 씨, 오늘 외국인 직원 모임 있죠?

Leo, there's a non-Korean employee meeting today, right?

몇 시에 시작해요?

What time does it start?

레오 저녁 먹고 8시까지 대회의실에서 만나기로 했어요.

After eating dinner, we decided to meet in the main conference room by eight.

성훈 조금 늦게 시작하네요?

It starts a little late, doesn't it?

레오 외국인 직원 중에서 정시에 퇴근하기 어려운 분도 있어서요.

Because some non-Korean employees have difficulty getting out of work exactly on time.

식사 시간을 넉넉하게 두고 모이기로 했어요.

We decided to set the meeting with enough time for dinner.

성훈 그렇군요.

I see.

그런데 그 모임에서는 어떤 이야기를 나누나요?

But what kinds of things do you talk about at those meetings?

talk talk 단어 · 표현

- 대회의실: 여럿이 모여 의논하는 데에 쓰는 방 가운데 가장 규모가 큰 방
- 정시: 일정한 시간 또는 시기
- 넉넉하다: ① 크기나 수량이 기준에 차고도 남음이 있다. ② 살림살이가 모자라지 않고 여유가 있다. ③ 마음이 넓고 여유가 있다. 여기서는 ①의 뜻

레오 주로 비자 관련 내용을 안내해 준다고 들었어요.

I heard they mainly give guidance on visa-related matters.

지금 제가 가지고 있는 비자 유형이나 앞으로 회사에 더 다니면 어떤 비자로 바꿀 수 있는지 같은 것들이요.

Things like what type of visa I currently have, or if I keep working at the company, what kind of visa I can change to.

성훈 그런 정보는 인터넷에서 쉽게 찾을 수 있지 않나요?

But can't you find that kind of information easily online?

레오 저도 그렇게 생각했는데, 막상 알아보니 체류 자격이나 비자 변경 조건이 사람마다 다르더라고요.

I thought so too, but when I actually looked into it, I realized that the residence status or the conditions for changing visas are different for each person.

같은 부서라도 국적이나 처음 받은 비자에 따라 조건이 달라서요.

Even in the same department, the conditions vary depending on nationality or the first visa received.

talk talk 단어 · 표현

- 비자: 외국인에 대한 출입국 허가의 증명
- 유형: 성질이나 특징이 공통적인 것끼리 묶은 하나의 틀. 또는 그 틀에 속하는 것
- 체류 자격: 다른 지역이나 지방에 가서 머무를 수 있는 데 필요한 조건이나 능력
- 변경 조건: 다르게 바꾸어 새롭게 고치는 데 필요한 상태나 요소

문법 check!

- N + 에 따라(서): 앞의 상황이나 기준에 근거하여 뒤의 행위나 상황이 나타날 때 사용하는 말

성훈 오, 복잡하군요.

Oh, sounds complicated.

레오 그래서 인사팀에서 직접 설명해 주신다고 들었어요.

So I heard the HR team will explain it directly.

개별 상담도 가능하대요.

Individual consultations are also available.

talk talk 단어 · 표현

- 개별: 여럿 중에서 하나씩 따로 나뉘어 있는 상태

성훈 회사가 그런 부분까지 챙겨 주는군요?

The company also takes care of things like that, huh?

문법 check!

- A + −대(요), V + −ㄴ/는대(요): 다른 사람의 말을 간접적으로 인용하거나, 내가 직접 경험하지 않은 정보를 전달할 때 사용하는 말
- A/V + −거든(요): 어떤 상황이나 일에 대해 상대가 모르고 있는 내용이나 이유를 말할 때 사용하는 말

레오 네, 외국인 직원의 입장에서는 비자 문제가 늘 걱정이거든요.

Yes, from the position of a non-Korean employee, visa problems are a constant worry.

회사에서 도와주면 정말 든든하죠.

When the company helps, it's really reassuring.

성훈 비자를 변경할 때 한국어능력시험(TOPIK)도 영향을 주나요?

Does the Korean Language Proficiency (TOPIK) Test also influence things when you change visas?

레오 네, 어떤 비자 유형은 점수제로 운영되는데, 토픽 4급 이상이면 가산점이 붙는다고 들었어요.

Yes, for some visa types, it runs on a point system, and I heard that if you have TOPIK Level four or above, you get extra points.

성훈 레오 씨는 일도 하고 공부도 하고, 정말 바쁘겠어요.

Leo, working and studying at the same time, you must be really busy.

레오 바쁘긴 하지만 회사에서 한국어 수업이나 학원 수강을 지원해 줘서 큰 도움이 돼요.

It's busy, but the company supports me with Korean classes or paying for part of *hagwons*,[51] which helps a lot.

성훈 그런 지원도 있군요?

So there's that kind of support too, huh?

레오 회사 내에서 한국어 수업도 가끔 열리고, 외부 학원 등록비도 일부 지원해 줘요.

Sometimes there are Korean classes held within the company, and for outside academies, they partially cover registration fees.

talk talk 단어 · 표현

- 운영: 조직이나 기구, 사업체를 관리하고 이끌어 나감.
- 가산점: 어떤 것에 대한 대가로 더 주는 점수

문법 check!

- A + -다고 듣다, V + -ㄴ/는다고 듣다: 다른 사람에게 들은 내용을 전달할 때 사용하는 말

talk talk 단어 · 표현

- 승진: 직위의 등급이나 계급이 오름.
- 증명: 어떤 사항이나 판단에 대하여 그것이 진실인지 아닌지 증거를 들어서 밝힘.

레오 지난번 모임에서 들었는데, 나중에 승진할 때 한국어 실력을 증명해야 한다고 하더라고요.

I heard at the last meeting that you need to prove your Korean proficiency when you're up for a promotion.

성훈 미리 준비해 두면 분명 도움이 되겠네요.

If you prepare in advance, it should definitely help.

레오 저도 그렇게 생각해서 요즘 토픽 공부 중이에요.

I think so too, so these days I'm studying for the TOPIK.

성훈 열심이네요. 그럼 조심히 다녀와요, 레오 씨.

You're sure working hard. Well then, take care and come back safely, Leo.

공부한 내용 확인하기

Q1 무슨 내용이었는지 대답해 보세요.

1) 외국인 직원 모임에서 무엇을 알려 주나요?

2) 회사에서 외국인 직원에게 무엇을 지원해 주나요?

Q2 빈칸에 들어갈 말을 골라 알맞게 쓰세요.

유형	가산점	승진

1) 한국어능력시험 성적에 따라 (   )을 주는 회사도 있습니다.

2) 이 서류들을 살펴보고 문서 (   )에 따라 분류해 주세요.

3) 국적과 관계없이 능력만 있다면 (   )이 가능합니다.

Q3 다음 문법과 제시어를 활용하여 문장을 완성해 보세요.

1) N + 에 따라(서)

직급

➡ 대부분의 회사에서 연차 일수는 ____________________ 달라진다.

2) A + -다고 듣다, V + -ㄴ/는다고 듣다

퇴근하다

➡ 부장님은 외근 마치시고 바로 ____________________.

모범 답안

Q1 1) 가지고 있는 비자 유형이나 회사에 다니면 앞으로 어떤 비자로 바꿀 수 있는지 등을 알려 줘요.
2) 한국어 수업을 받을 수 있도록 도와주며, 외부 학원 수강비를 지원해 주기도 해요.

Q2 1) 가산점 2) 유형 3) 승진

Q3 1) 직급에 따라(서) 2) 퇴근하신다고 들었다.

3

한국 문화에 익숙해졌다고 생각했는데!

레오 프엉 씨, 혹시 오늘 저 인사팀 대리님께 인사드릴 때 좀 어색하지 않았어요?

Phuong, when I said hi to the *Daerinim* in HR today, wasn't it a bit awkward?

프엉 네, 봤어요. 악수하려고 대리님께 손 내미셨죠?

Yeah, I noticed. You extended your hand to the *Daerinim* to give them a handshake, right?

레오 저는 인사하는 동시에 악수하는 게 자연스러워서요.

Because for me, it's natural to say hi and shake hands at the same time.

근데 대리님이 좀 놀라신 것 같아요.

But it seemed like the *Daerinim* was a bit surprised.

프엉 한국에서는 보통 윗사람이 먼저 손을 내밀지 않으면 악수를 하지 않는 편이에요.

In Korea, normally if a person with seniority doesn't extend their hand first, you don't tend to shake hands.

악수보다 고개만 숙여 인사하는 게 더 자연스럽게 느껴질 수 있어요.

Instead of a handshake, bowing your head can feel more natural.

talk talk 단어 · 표현

- 어색하다: ① 잘 모르거나 아니면 별로 만나고 싶지 않았던 사람과 마주 대하여 자연스럽지 못하다. ② 격식이나 규범, 관습에 맞지 않아 자연스럽지 않다. 여기서는 ②의 뜻
- 윗사람: ① 가족 중 나이나 위치가 자기보다 위이거나 높은 사람. ② 자기보다 지위나 신분이 높은 사람. 여기서는 ②의 뜻

문법 check!

- V + -는 동시에: 두 가지 이상의 행동이나 상태가 같은 시간대에 발생함을 나타내는 말

레오 그렇군요. 무례하게 느껴졌으면 어떡하죠?
I see. What if it came across as rude?

괜히 걱정되네요.
Now I'm worried for no reason.

프엉 걱정 마세요. 저도 예전에 그런 실수 했었어요.
Don't worry. I also used to make that mistake before.

그냥 다음부터는 먼저 인사만 하고 기다려 보세요.
Just from now on, say hi first and then try waiting.

레오 알겠어요. 근데 명함 받을 때도 뭔가 실수한 것 같아요.
Got it. But I think I also might have made some sort of mistake when taking their business card.

한 손으로 받았거든요.
I accepted it with one hand, you know.

프엉 명함은 꼭 양손으로 받고, 받은 뒤에는 한 번 보고 보관하는 게 예의예요.
Business cards should always be received with two hands, and after receiving one, it's polite to take a look at it and then put it safely away.

talk talk 단어 · 표현

- 무례하다: 태도나 말에 예의가 없다.
- 양손: 양쪽 손
- 보관: 물건을 맡아서 간직하고 관리함.

talk talk 단어 · 표현

- 상대방: 어떤 일이나 말을 할 때 짝을 이루는 사람
- 회식: 여러 사람이 모여 함께 음식을 먹음. 또는 그런 모임

문법 check!

- A/V + (으)ㄹ 때(는) A/V + 아/어야 하다: 어떤 상황이나 행위가 지속되는 동안에 지켜야 할 의무나 필요성을 나타내는 말

프엉 바로 가방에 넣으면 상대방이 기분 나빠할 수도 있대요.

If you put it straight into your bag, they say the other person might feel bad.

레오 진짜요? 생각보다 조심할 게 많네요.

Really? There's more to be careful about than I thought.

프엉 회식 자리에서는 지켜야 할 예의가 더 많아요.

There are even more manners to follow at company dinners.

술을 따를 땐 두 손으로, 마실 땐 술잔을 다른 한 손으로 가린 다음에 상대방 반대 방향으로 고개를 돌려서 마셔야 해요.

When pouring alcohol, use two hands, and when drinking, you have to cover the glass with your other hand and turn your head to the opposite side of the person.

레오 저는 술을 잘 못 마시는데, 그래도 같이 잔을 들어야 하나요?

I can't drink alcohol that well, but do I still have to raise my glass?

프엉 네, 보통 따라 준 마음에 대한 예의로 같이 잔을 들어 주는 게 좋아요.

Yes, normally it's good manners to raise the glass in response to the person who poured it for you.

건배만 하고 술은 마시지 않아도 괜찮아요.
Just clinking glasses and not drinking is fine.

레오 그리고 호칭도 계속 헷갈려요.
Titles also keep confusing me, too, you know.

그냥 "지훈 씨"라고 불렀더니, 당황하시더라고요.
I just called them by their first name "Jihoon," and they were taken aback.

프엉 그건 정말 조심해야 해요.
You really have to be careful with that.

직장에서는 이름보다 직함을 붙여서 부르는 게 기본이에요.
At work, it's standard to address people by attaching their job title rather than just using a first name.

'이지훈 대리님'이나 '이 대리님'처럼요.
Like "Lee Jihoon *Daerinim*" or "Lee *Daerinim*."

레오 공식적인 자리에서는 특히나 더 그렇겠네요.
Especially in formal situations, that's even more so.

프엉 그렇고말고요.
That's for sure.

talk talk 단어 · 표현

- 호칭: 이름 지어 부름. 또는 그 이름
- 헷갈리다: 정신이 혼란스럽게 되다.
- 직함: 직위나 직책, 직무의 이름

문법 check!

- A/V + -고말고(요): 상대방의 물음에 대하여 긍정의 뜻을 강조하여 나타내는 말

프엉 회의할 때나 이메일을 보낼 때도 직함을 꼭 붙여야 해요.

In meetings or when sending emails, you absolutely have to attach their job title.

비록 작은 예절일지라도 신뢰를 쌓는 데 큰 역할을 하니까요.

Even though it seems like a small etiquette, it plays a big role in building trust.

문법 check!

- 비록 A/V + -(으)ㄹ지라도, N + 일지라도: 앞선 사실이나 상황에도 불구하고 뒤따르는 내용의 결과나 사실이 달라지지 않을 것이라고 말할 때 사용하는 말

레오 프엉 씨 덕분에 진짜 많이 배우고 있어요.

Thanks to you, Phuong, I'm really learning a lot.

한국 문화에 이제 좀 익숙해졌다고 생각했는데, 아직도 갈 길이 머네요.

I thought I was already a bit used to Korean culture, but I still have a long way to go.

talk talk 단어 · 표현

- 갈 길이 멀다: 앞으로 해야 할 일이 많이 남아 있다.

프엉 괜찮아요. 저도 천천히 배워 왔어요.

That's okay. I also learned little by little.

우리 서로 도우면서 잘해봐요!

Let's help each other and try our best!

공부한 내용 확인하기

Q1 무슨 내용이었는지 대답해 보세요.

1) 한국에서 윗사람을 만나면 어떻게 인사해야 하나요?

2) 직장에서 다른 사람을 부를 때 어떻게 해야 할까요?

Q2 빈칸에 들어갈 말을 골라 알맞게 쓰세요.

악수	호칭	헷갈리다

1) 직장 상사가 먼저 손을 내밀며 (   )를 청했다.

2) 우리나라와 한국의 예절이 달라서 가끔 (   ).

3) 회사에서는 보통 직함을 (   )으로 사용한다.

Q3 다음 문법과 제시어를 활용하여 문장을 완성해 보세요.

1) A/V + -ㄴ/는 동시에

작성하다

➡ 보고서를 ____________________ 회의도 준비하느라고 너무 바빴어요.

2) 비록 A/V + -(으)ㄹ지라도, N + 일지라도

나오다

➡ __________ 성과가 늦게 ______________ 꾸준히 하는 것이 중요해요.

모범 답안

Q1 1) 고개를 숙여 인사하는 것이 일반적이고, 윗사람이 먼저 악수를 청했을 때만 같이 악수를 해요.
2) 직함을 붙여서 불러야 하고, 이메일을 보낼 때도 상대방의 직함을 붙여서 써야 해요.

Q2 1) 악수 2) 헷갈린다 3) 호칭

Q3 1) 작성하는 동시에 2) 비록, 나올지라도

한입에 쏙! 한국 문화

한국에는 다양한 제도가 있어요.

임금 피크제	일정 나이가 되면 임금을 낮추는 대신 정년을 연장해 고령 근로자의 고용을 안정시키는 제도예요. 일부 기업은 이를 시행하면서 정부 지원을 받기도 해요.
고령화 사회 대응 복지	한국 정부는 노령 인구 증가에 따라 국민연금, 기초연금, 노인 일자리 사업, 노인 장기요양보험 등 다양한 제도를 마련하고 있어요. 또 일부 지자체는 고령자를 대상으로 한 재취업 교육이나 무료 건강 검진을 지원하기도 해요.
저출산 대응 정책	출산과 육아를 지원하기 위해 정부는 출산 장려금, 육아 휴직 급여, 아동수당, 다자녀 가정 지원 등을 제공해요. 많은 기업에서도 출산이나 육아와 관련된 복지 제도를 마련해 축하금을 지급하거나 단축 근무를 제공하는 등 다양한 지원을 하고 있어요.
다문화 사회 복지	외국인 주민과 결혼 이민자 등을 위한 사회통합프로그램, 한국어 교육, 다문화 가족 지원 센터 운영 등이 대표적인 지원 정책이에요. 최근에는 외국인 노동자 주거 지원이나 의료 지원도 점차 확대되고 있어요.
기업의 사회 변화 대응	많은 기업이 직원 복지를 강화하고, 청년 주택 지원, 시니어 재교육, 외국인 직원 지원 등 세대별 맞춤형 프로그램을 마련해 사회 문제 해결에 동참하고 있어요.

'율'과 '률'은 어떻게 구분해요?

'출산율, 비율, 실패율, 성공률, 확률'에서 '율'과 '률'은 모두 '퍼센트(%)'를 나타내는 말이에요. 이들은 전체 중에서 특정 부분이 얼마나 되는지, 또는 어떤 일이 일어날 가능성이 얼마나 되는지를 보여 주는 표현이지요. 그런데 어떤 경우에는 '율'을 쓰고, 또 어떤 경우에는 '률'을 쓰기 때문에 헷갈릴 때가 많아요. 사실은 두 가지 규칙만 알면 정확하게 구분할 수 있어요.

첫 번째 규칙은 앞 글자에 받침이 없으면 '율'을, 받침이 있으면 '률'을 쓴다는 것이에요. 예를 들면 받침이 없는 '증가율, 감소율, 실패율, 비율, 투표율, 참가율' 등은 모두 '율'을 쓰고, 받침이 있는 '확률, 성장률, 성공률, 적중률, 시청률, 승률, 사망률, 참석률' 등은 모두 '률'을 쓰지요. 두 번째 규칙은 앞 글자에 받침이 있더라도 그 받침이 'ㄴ'이면 예외적으로 '율'을 사용해야 한다는 것이에요. 예를 들면 '출산율, 생산율, 환율, 백분율' 등이 여기에 해당하지요.

50 Maternity leave and child-care leave used to carry a stigma with them, as taking extended time off was often seen as lacking "눈치", or the social awareness of not burdening one's team and colleagues. Luckily, attitudes around childbirth and childcare have been changing in Korean corporate settings.

51 In Korea, "학원" ("private academies") are not only for children preparing for exams. In fact, many adults also attend them for language learning, professional training, or other forms of personal development.

PART

11

MP3 11

성장 로드맵

1. 틈틈이 자기 개발을 하고 있어요.
2. 퇴근 후 외국인 문화 센터에 가요.
3. 리더십 과정도 도전해 보고 싶어요.

프엉의 하루

프엉이에요! 다들 건강하시죠? 여러분은 점심시간이나 퇴근 후에 어떤 활동을 하시나요? 회사에서는 이 시간을 활용해 운동이나 자기 개발을 하는 분들이 많으시더라고요. 저는 요즘 퇴근하고 문화 센터에서 외국인 대상 수업을 듣고 있어요. 한국의 다양한 문화를 직접 체험할 수 있고, 다양한 사람들을 만날 수도 있어서 정말 즐거워요. 그래서 요즘은 퇴근 시간이 더 기다려지는 것 같아요. 또 회사에서 진행하는 리더십 과정에도 참여하고 싶어요. 그래서 회사에서 제공하는 여러 강의도 함께 들으면서 준비하고 있답니다. 미래의 승진을 위해 다양한 것들을 배우고 차근차근 준비해 나갈 예정이에요! 여러분들도 저와 함께 성장할 준비 되셨나요?

미리 보는 중요 표현

1. 탕비실에서 먹으면서 유튜브 보려고요.
2. 작심삼일도 계속 반복하면 꾸준한 거라고 하잖아요.
3. 오늘 요가 하신 다음에 어땠는지 꼭 알려 주세요.
4. 유료인 수업들은 보통 오천 원에서 만 원 사이고요.
5. 강사님들이 쉬운 말로 설명해 주시는 데다가, 말하는 속도도 조절해 주세요.
6. 확실히 혼자 사는 외국인한테는 이런 활동이 진짜 힘이 돼요.
7. 프엉 씨는 기획뿐만 아니라 데이터 분석 쪽에도 관심 있다고 하지 않았어요?
8. 회사에 있는 교육 제도나 평가 제도를 잘 활용하면 분명 도움이 될 거예요.

1

틈틈이 자기 개발을 하고 있어요.

talk talk **단어 · 표현**

- 볼일: 해야 할 일
- 조절: 균형이 맞게 바로 잡음. 또는 적당하게 맞추어 나감.

찬호 오늘은 점심 뭐 먹을까요?

What should we eat for lunch today?

샛별 저는 볼일이 있어서요.

I have something to see to.

찬호 뭐야, 엄 대리 약속 있어요?

What, Eom *Daeri*, you have plans?

샛별 오늘부터 서 부장님 따라서 요가 수업에 가기로 했어요.

From today on I decided to go to yoga classes with Seo *Bujangnim*.

찬호 서 부장님?

Seo *Bujangnim*?

인사과 서지영 부장님이요?

You mean Seo Jiyoung *Bujangnim* from HR?

샛별 네, 점심시간마다 요가를 하신대요.

Yes, she says she does yoga on every lunch break.

식사 대신 운동하면서 컨디션 조절하신다고요.

Instead of eating, she exercises and manages her condition.[52]

찬호 아니, 점심 안 먹고 요가요?
What, skipping lunch for yoga?

다이어트를 하시나 봐요?
Is she on a diet, then?

샛별 다이어트보다는 건강 관리, 시간 관리죠.
Rather than a diet, it's about health management and time management.

한 시간 투자해서 몸도 풀고 머리도 맑아지니까, 오후 업무 효율도 올라간다고 하시더라고요.
She said by investing one hour, she warms up her body, clears her head, and the efficiency of her afternoon work goes up.

찬호 프엉 씨는 약속 있다고 했고, 그럼 오늘은 레오 씨랑 단둘이 점심 먹어야겠네.
Phuong said she has plans, so I guess today it'll be just the two of us, Leo, eating lunch together.

엄 대리는 요가 잘 다녀오고, 나중에 후기나 들려줘요.
Eom *Daeri*, enjoy your yoga and give me your review about it later.

문법 check!

- A + -(으)ㄴ가 보다, V + -나 보다, N + 인가 보다: 직접 보거나 들은 근거를 통해서 상황에 대해 추측할 때 사용하는 말
- V + -아/어야겠다: 앞의 말이 나타내는 행동에 대한 강한 의지를 나타내거나 그 행동을 할 필요가 있음을 부드럽게 말할 때 사용하는 말

talk talk 단어 · 표현

- 효율: 들인 노력과 얻은 결과의 비율

talk talk 단어 · 표현

- 탕비실: 병원이나 사무실 등에서, 물을 끓이거나 설거지를 할 수 있도록 마련된 방
- 강의: 학문이나 기술의 일정한 내용을 체계적으로 설명하여 가르침.
- 지속: 어떤 상태가 오래 계속됨, 또는 어떤 상태를 오래 계속함.
- 작심삼일: 단단히 먹은 마음이 사흘을 가지 못한다는 뜻으로, 결심이 굳지 못함을 이르는 말

레오 대리님, 저는 오늘 도시락 가져왔어요.

Daerinim, I brought a boxed lunch today.

탕비실에서 먹으면서 유튜브 보려고요.

I'm going to eat in the snack room and watch YouTube.

찬호 어? 왜 굳이 거기서?

Huh? Why there, of all places?

레오 점심시간을 이용해서 강의 좀 들으려고요.

I want to use lunchtime to listen to some lectures.

얼마나 지속할지는 모르겠지만요.

But who knows how long I'll keep that up.

샛별 레오 씨, 응원해요.

Leo, I'm rooting for you.

작심삼일도 계속 반복하면 꾸준한 거라고 하잖아요.

They say even if you keep restarting "resolutions that only last three days"[53] over and over, it still counts as being consistent, right?

그런데 레오 씨, 무슨 강의 들어요?

But Leo, what lectures are you listening to?

레오 업무에 필요한 프로그램이나 비즈니스 한국어 관련 강의요.

Lectures on programs needed for work or Korean used in business settings.

도움이 많이 되더라고요.

They help a lot.

샛별 멋지네요, 레오 씨.

That's impressive, Leo.

레오 엄 대리님이 더 멋지세요.

You're even more impressive, Eom *Daerinim*.

오늘 요가 하신 다음에 어땠는지 꼭 알려 주세요.

After doing yoga today, be sure to tell me how it went.

저는 팔랑귀라서 벌써 따라 하고 싶어졌어요.

Since I'm a *pallanggwi*,[54] I already want to follow along.

샛별 그럼 나도 레오 씨 따라 유튜브 강의 듣기나 시작해 볼까요?

Then maybe I'll also follow Leo and start listening to YouTube lectures.

문법 check!

- V + -(으)ㄴ 다음에: 앞의 행위를 먼저 한 후에 뒤에 행위를 함을 나타내는 말

talk talk 단어 · 표현

- 팔랑귀: 꿋꿋함이 없어 다른 사람이 하는 말에 잘 흔들리는 성질이나 사람을 비유적으로 이르는 말

찬호 잠깐만, 갑자기 분위기 왜 이래요?

Wait a second, what's with the mood all of a sudden?

점심시간에 그냥 밥 먹는 사람은 저밖에 없네요?

Am I the only one just eating lunch at lunchtime?

다들 틈틈이 자기 개발을 하는 중이잖아요!

Everyone else is developing themselves bit by bit!

갓생의 세계에서 저만 소외된 느낌인데요?

In this world of *gatsaeng*,[55] I feel like I'm the only one left out!

talk talk 단어 · 표현

- 자기 개발: 본인의 기술이나 능력을 발전시키는 일
- 소외: 어떤 무리에서 꺼리거나 싫어하여 따돌리거나 멀리함.

문법 check!

- V + -는 중이다, N + 중이다: 어떤 일이 진행되고 있음을 나타내는 말

공부한 내용 확인하기

Q1 무슨 내용이었는지 대답해 보세요.

1) 샛별은 점심시간에 무엇을 할 예정인가요?

2) 찬호는 왜 소외된 느낌이 든다고 했을까요?

Q2 빈칸에 들어갈 말을 골라 알맞게 쓰세요.

지속	작심삼일	팔랑귀

1) 김 대리는 (   )라서 상사의 한마디에 바로 계획을 바꿨다.

2) 아침형 인간이 되겠다고 했는데, 또 (   )로 끝나 버렸어.

3) 작은 실천도 (   )되면 큰 변화를 만든다.

Q3 다음 문법과 제시어를 활용하여 문장을 완성해 보세요.

1) V + -아/어야겠다

바꾸다

➡ 건강을 위해서는 식습관부터 ______________ 느꼈다.

2) V + -(으)ㄴ 다음에

마치다

➡ 오늘 회의를 ______________ 연락 드리겠습니다.

모범 답안

Q1 1) 서 부장님을 따라서 건강 관리와 시간 관리를 위해 요가 수업에 가려고 해요.
2) 다들 점심시간을 활용해 자기 개발을 하고 있지만, 찬호 혼자 평범하게 점심을 먹기 때문이에요.

Q2 1) 팔랑귀 2) 작심삼일 3) 지속

Q3 1) 바꿔야겠다고 2) 마친 다음에

2

퇴근 후 외국인 문화 센터에 가요.

레오 프엉 씨는 퇴근하고 주로 뭐 해요?
Phuong, what do you mainly do after getting off work?

프엉 요즘은 문화 센터에서 수업 들어요.
Lately, I have been taking classes at the culture center.

동네 주민 센터에 외국인 문화 프로그램이 있거든요.
At my neighborhood community center, there is a non-Korean culture program.

지난주엔 한국 무용 수업을 했고, 이번 주엔 김치 담그기 체험을 한대요.
Last week I took a Korean dance class, and this week they're doing a kimchi-making workshop.

레오 정말요? 저도 김치 담그기 체험을 신청하고 싶어요.
Really? I also want to sign up for the kimchi-making workshop.

신청은 어떻게 해요?
How do you register?

프엉 인터넷으로도 신청할 수 있고, 직접 가서 접수해도 돼요.
You can register online, or you can directly apply in person.

talk talk 단어 · 표현

- 문화 센터: 문화 보급이나 교류의 중심 기관
- 담그다: ① 액체 속에 넣다. ② 김치·술·장·젓갈 등을 만드는 재료를 버무리거나, 물을 부어서 익거나 삭도록 그릇에 넣어 두다. 여기서는 ②의 뜻
- 접수: 신청이나 신고를 말이나 문서로 받음

문법 check!

- V + -고 싶다: 앞의 말이 나타내는 행동을 하기를 원하거나 바라는 것을 나타내는 말

외국인 등록증만 있으면 대부분의 수업을 들을 수 있어요.

As long as you have an alien registration card, you can take the majority of the classes.

레오 수강료는 비싸지 않아요?

Isn't the class fee expensive?

프엉 대부분은 무료예요.

The majority are free.

유료인 수업들은 보통 오천 원에서 만 원 사이고요.

The paid classes are usually between five thousand and ten thousand won.

재료비만 받는 수업도 있어요.

There are classes that only charge for material costs.

부담 없이 도전해 볼 수 있죠.

You can give it a try without any pressure.

레오 좋은데요?

Sounds good.

한국말로 수업을 할 텐데, 어렵진 않아요?

But the classes will be in Korean, so won't that be hard?

문법 check!

- N + 에서 N + 사이: 행동이나 상태, 판단이 적용되는 범위를 나타내는 말

talk talk 단어 · 표현

- 부담: ① 어떠한 의무나 책임을 짐. 또는 그런 일. ② 어떤 일이나 상황을 감당하는 것이 버겁게 느껴짐. 또는 그런 일. 여기서는 ②의 뜻
- 도전: 어려운 사업이나 기록 경신에 맞섬을 비유적으로 이르는 말

talk talk 단어 · 표현

- 강사: 학교나 학원에서 어떤 일을 부탁하여 맡아 강의하는 사람
- 초급자: 맨 처음 또는 최저의 등급이나 단계에서 시작하는 사람
- 자원봉사자: 어떤 일을 대가 없이 스스로 참여하여 돕는 사람

문법 check!

- A/V + -(으)ㄴ/는 데다가, N + 인 데다가: 어떤 동작이나 상태와 비슷한 다른 동작이나 상태가 더해짐을 나타내는 말

프엉 외국인을 대상으로 하는 수업이라서 강사님들이 쉬운 말로 설명해 주시는 데다가, 말하는 속도도 조절해 주세요.

Since it's a class with non-Koreans as the target, the instructors explain things in simple words, and they also adjust their speaking speed.

그래서 초급자도 쉽게 따라갈 수 있어요.

So even beginners can easily follow along.

레오 듣기랑 말하기 연습도 자연스럽게 되겠어요.

You'll naturally get to practice listening and speaking, too.

수업 시간에 친구도 만들 수 있을 것 같고요.

And it looks like you'll be able to make friends during class time, too.

프엉 맞아요. 국적이 다른 사람들도 오고, 한국인 자원봉사자도 있어서 분위기가 좋아요.

Right. People of different nationalities come, and there are also Korean volunteers, so the atmosphere is good.

저도 수업에서 알게 된 친구들이 있어요.

I also have friends I got to know in class.

레오 좋네요. 수업을 듣고 나면 한국 생활이 더 즐거워질 것 같아요.

Nice. After taking the class, life in Korea will probably be even more fun.

프엉 맞아요.
That's right.

저도 처음 한국에 왔을 때 적응하기 힘들었는데, 문화 센터에서 수업을 들으면서 자신감이 붙었어요.
When I also first came to Korea, it was hard to adjust, but as I took classes at the culture center, I gained confidence.

확실히 혼자 사는 외국인한테는 이런 활동이 진짜 힘이 돼요.
For non-Koreans living alone, these activities are definitely a real source of strength.

레오 저도 이번 주부터 시작해 봐야겠어요.
I'd better start from this week, too.

우리 같이 다녀요!
Let's go together!

프엉 좋아요. 문화 센터 수업 일정표를 제가 캡처해서 보내 드릴게요.
Sounds good. I'll take a screen capture of the class schedule and send it to you.

레오 고마워요. 혹시 수업 외에 다른 프로그램도 있어요?
Thanks. By the way, are there other programs besides the classes?

talk talk 단어 · 표현

- 확실히: 틀림없이 그러하게
- 활동: ① 몸을 움직여 행동함. ② 어떤 일의 성과를 거두기 위하여 힘씀. 여기서는 ①의 뜻
- 일정표: ① 일정 기간 동안 하여야 할 계획을 날짜별로 짜 놓은 표. ② 그날 하여야 할 일을 적어 놓은 표. 여기서는 ①의 뜻

문법 check!

- N + 외: 일정한 범위나 한계를 벗어남을 나타내는 말

프엉 네, 가끔 한국 전통문화 체험이나 자원봉사 활동도 있어요.

Yes, sometimes there are traditional Korean culture experiences or volunteer activities.

또 정착 지원 상담도 받을 수 있고요.

You can also get consultations that help non-Koreans adjust to life in Korea.

레오 와, 이번 주가 정말 기대되는데요.

Wow, I'm really looking forward to this week.

talk talk 단어 · 표현

- 정착: 일정한 곳에 자리를 잡아 정한 자리에 있거나 머물러 삶.

공부한 내용 확인하기

Q1 무슨 내용이었는지 대답해 보세요.

1) 외국인 문화 센터의 수업을 신청하려면 어떻게 해야 할까요?

2) 외국인 문화 센터에 가면 어떤 점이 좋은가요?

Q2 빈칸에 들어갈 말을 골라 알맞게 쓰세요.

접수	부담	초급자

1) 문화 센터 수업은 누구나 (　　　　　　　　) 없이 참여할 수 있다.

2) 이 과정은 한국어를 처음 배우는 (　　　　　　　　)에게 적합하다.

3) 전통문화 체험은 현장에서도 (　　　　　　　　)가 가능합니다.

Q3 다음 문법과 제시어를 활용하여 문장을 완성해 보세요.

1) N + 에서 N + 사이

50분	70분

➡ 수업 시간은 ______________________ 구성되어 있어요.

2) A/V + -(으)ㄴ/는 데다가

있다

➡ 요리를 배울 수 ______________ 가족들과 먹을 수 있어서 좋아요.

모범 답안

Q1 1) 외국인 등록증만 있으면 문화 센터에 직접 가서 신청할 수도 있고, 인터넷으로도 가능해요.
2) 한국어 듣기와 말하기를 자연스럽게 연습할 수 있으며, 다양한 국적의 친구들도 만들 수 있어요.

Q2 1) 부담 2) 초급자 3) 접수

Q3 1) 50분에서 70분 사이로 2) 있는 데다가

3

리더십 과정도 도전해 보고 싶어요.

talk talk 단어 · 표현

- 기획서: 회사나 국가 기관에서, 어떤 일이나 사업을 이루기 위해 계획한 내용을 적은 서류
- 제안서: 의견이나 원하는 바를 제안하는 문서
- 역량: 어떤 일을 해낼 수 있는 힘

성훈 프엉 씨, 아직 퇴근 안 했어요?

Phuong, you still haven't got off work?

프엉 네, 사내 교육 포털에서 '기획 보고서 작성법' 강의 듣고 있었어요.

No,[56] I was on the company training portal listening to a lecture on "How to Write Planning Reports."

성훈 열심히 하시네요. 요즘 기획서 쓸 일이 많죠?

You're working hard. Lately, you've had a lot of plans to write, haven't you?

프엉 네, 특히 제안서 낼 때마다 더 잘하고 싶다는 생각이 들어서요.

Yes, especially with proposals, every time I submit one, I want to do better.

성훈 잘 생각했어요.

Good thinking.

요즘 회사에서 역량 개발 프로그램 많이 열잖아요.

You know, these days the company is offering a lot of skill development programs.

프엉 온라인 강의도 많고, 오프라인 교육도 가끔 열리더라고요.

There are many online lectures, and sometimes they open offline trainings too.

근무 시간과 겹치지 않게 일정이 짜여 있고, 정원도 거의 무제한이라 신청만 하면 다 들을 수 있더라고요.

The schedule is set so it doesn't overlap with work hours, and since the class size is almost unlimited, anyone can attend as long as they sign up.

성훈 프엉 씨는 기획뿐만 아니라 데이터 분석 쪽에도 관심 있다고 하지 않았어요?

Phuong, didn't you say you were interested not only in planning but also in data analysis?

프엉 그래서 다음 달엔 '데이터 시각화' 수업도 신청하려고 해요.

So next month I'm planning to register for the "Data Visualization" class.

준비하다 보면 사내에서 직무 이동 기회도 생길 수 있을 것 같아서요.

I think if I keep preparing, opportunities to transfer to another post within the company might open up.

성훈 맞아요. 우리 회사는 부서 이동이 자유로운 편이라, 경력 확장에도 도움이 될 거예요.

Right. Our company allows transfers between departments pretty openly, so it'll help expand your work experience.

talk talk 단어 · 표현

- 근무 시간: 노동자가 계약에 따라 일을 하는 시간
- 경력: 겪어 지내 온 여러 가지 일

문법 check!

- A/V + -(으)ㄹ 뿐(만) 아니라, N + 뿐(만) 아니라: 앞의 말이 나타내는 내용에 더해 뒤의 말이 나타내는 내용까지 작용함을 나타내는 말
- V + -다 보면: 어떤 행동을 지속하거나 반복하는 과정에서 다른 일이 저절로 되거나 새로운 사실을 발견하게 될 때 사용하는 말

문법 check!

- A + -다면, V + -ㄴ/는다면, N + 이라면: 어떠한 사실이나 상황을 가정하는 뜻을 나타내는 말

프엉 나중에 기회가 된다면 리더십 과정도 도전해 보고 싶어요.
Later, if the opportunity comes, I'd also like to try a leadership course.

외국인 직원도 승진 대상이 될 수 있다고 들었거든요.
I heard even non-Korean employees can be eligible for promotion.

talk talk 단어 · 표현

- 장벽: ① 가리어 막은 벽. ② 둘 사이의 관계를 순조롭지 못하게 가로막는 장애물. ③ 장애가 되는 것이나 극복하기 어려운 것. 여기서는 ③의 뜻
- 제도적: 사회생활에 필요한 일정한 방식이나 기준을 법률이나 제도로 규정하는 것

성훈 물론이죠. 예전에는 언어 장벽이나 문화 차이 때문에 기회가 적었지만, 요즘은 제도적으로 많이 열려 있어요.
Of course. In the past, language barriers or cultural differences made opportunities scarce, but these days, institutionally, things are much more open.

프엉 부장님 같은 멘토가 계시니 방향을 잡는 데 큰 도움이 되네요.
Having a mentor like you, *Bujangnim*, is a big help in finding my direction.

성훈 그렇게 말해 주니 고맙네요.
Thanks for saying that.

나도 예전에 선배들한테 많이 배웠거든요.
I also used to learn a lot from my *seonbae*.

프엉 부장님은 처음부터 리더십 과정을 밟으신 거예요?

Bujangnim, did you go through the leadership program from the very start?

성훈 아니요, 처음엔 나도 그냥 실무자였죠.

No, at first I was just a regular employee.

근데 보고서를 잘 쓰니 기회가 열리더라고요.

But since I wrote good reports, opportunities opened up.

보고서를 잘 쓰고 싶어서 이런저런 책도 사서 보고, 선배들이 쓴 보고서도 참고하고 그랬죠.

I wanted to get better at writing reports, so I bought all sorts of books and also referred to reports my *seonbae* wrote.

우리 때는 인터넷이나 이런 직원 교육 시스템이 없었으니까, 서점이 보물 창고 같았지요.

Back then, there was no internet or employee training systems like this, so bookstores were like a treasure trove.

프엉 정말 대단하시네요.

That's so impressive.

그럼 저도 포기하지 않고 조금씩 준비해 볼게요.

Then I'll also not give up and keep preparing a little at a time.

문법 check!

- N + 을/를 밟다: 어떤 일을 위하여 순서나 절차를 거쳐 나감을 나타내는 말

talk talk 단어 · 표현

- 실무자: 실제로 사무를 맡아 처리하는 사람
- 보물 창고: 가치가 많은 공간이나 장소를 비유적으로 이르는 말
- 포기: ① 하려던 일을 도중에 그만두어 버림. ② 자기의 권리나 자격, 물건을 내던져 버림. 여기서는 ①의 뜻

성훈 좋아요.

Sounds good.

회사에 있는 교육 제도나 평가 제도를 잘 활용하면 분명 도움이 될 거예요.

If you make good use of the training systems or evaluation systems in the company, it'll definitely come in handy.

talk talk 단어 · 표현

- 활용: 도구나 물건을 충분히 잘 이용함.

프엉 감사합니다, 부장님.

Thank you, *Bujangnim*.

다음엔 '사내 경력 설계 워크숍'도 한번 참여해 보려고요.

Next time, I'm also going to join the "In-house Career Design Workshop."

성훈 그건 다른 프로그램과 달리 신청 마감이 빠르니까 잊어버리지 말고 이번 주 안에 인사 포털에서 확인 한번 해 봐요.

Unlike the other programs, that one fills up with applications fast, so don't forget to check on the HR portal this week.

공부한 내용 확인하기

Q1 무순 내용이었는지 대답해 보세요.

1) 프엉은 자신의 능력을 키우기 위해 무엇을 하고 있나요?

2) 성훈은 보고서를 잘 쓰기 위해서 과거에 어떤 노력을 했나요?

Q2 빈칸에 들어갈 말을 골라 알맞게 쓰세요.

역량 경력 장벽

1) 외국어라는 ( ) 때문에 해외 지사와 소통이 쉽지 않다.

2) 우리 막내는 아직 ( )은 부족하지만, 배우려는 자세는 좋다.

3) 인턴 기간도 회사에서 ( )으로 취급해 주고 있어요.

Q3 다음 문법과 제시어를 활용하여 문장을 완성해 보세요.

1) A/V + -(으)ㄹ 뿐(만) 아니라, N + 뿐(만) 아니라

능력

➡ 성과를 위해서는 개인의 ________ 팀워크도 반드시 필요하다.

2) V + -다 보면

연습하다

➡ 계속 ________ 금방 자신감이 생길 거예요.

모범 답안

Q1 1) 사내 교육 포털에서 강의를 들어요. 또한 '데이터 시각화' 수업과 리더십 과정에 도전하려 해요.
2) 보고서와 관련된 책을 사서 보거나 선배들의 보고서를 참고했어요.

Q2 1) 장벽 2) 역량 3) 경력

Q3 1) 능력뿐(만) 아니라 2) 연습하다 보면

한국인들은 왜 퇴근 후에도 일을 해요?

한국인들은 열심히 일하는 것으로 잘 알려져 있어요. 경제협력개발기구(OECD)가 최근 공개한 자료에 따르면 한국인의 평균 근로 시간은 약 1,900시간으로 OECD 회원국 평균보다 약 200시간이 많아요. 그래도 이 수치는 10년 전과 비교하면 약 200시간이나 줄어든 거라고 해요.

한국 사람들은 이렇게 일을 많이 하면서도 퇴근한 후에 또 다른 일을 하기도 하고 새로운 일을 하기 위해 준비하기도 해요. 그렇다면 한국인들은 일을 좋아해서 이렇게 바쁘게 지내는 걸까요? 물론 일을 즐기는 사람도 있겠지만, 한국인이 열심히 일하는 이유는 미래를 준비하기 위해서예요. 현대 사회는 기대 수명이 100세에 가까워지는 '100세 시대'라고 부르지요. 이렇듯 앞으로 살아갈 시간이 길어진 만큼, 퇴직 후에 어떤 일을 할지 미리 준비하거나 꾸준히 생활비를 마련할 수 있는 환경을 만들기 위해 지금부터 부지런히 대비하는 것이죠. 그러니까 열심히 일하는 한국인들은 단순히 일을 좋아하는 것이 아니라 노후를 철저하게 준비하는 사람들이라고 볼 수 있어요.

작심삼일을 반복하면 갓생(God生)이에요.

"다이어트를 하기로 했는데, 작심삼일이 됐어." 혹은 "담배를 끊어 보려고 했는데, 작심삼일로 끝났어." 여러분은 이런 말을 들어본 적이 있나요? 아마 주변의 한국 사람들이 이렇게 하소연하는 모습을 많이 보셨을 거예요. '작심삼일'은 '단단히 마음 먹은 결심도 사흘은 가지 못한다'라는 뜻으로 원래는 부정적인 느낌을 담고 있어요.

하지만 요즘에는 작심삼일의 의미를 조금 다르게 바라 보기도 해요. 결심을 사흘밖에 지키지 못했다고 하더라도 다음 날 다시 같은 결심을 하게 되면 또 3일을 이어나갈 수 있겠지요. 그렇게 열 번을 반복하면 한 달, 백 번을 반복하면 일 년 동안 꾸준히 지속할 수 있는 셈이에요. 그래서 작심삼일이 반복되는 것을 두려워하기보다, 실패하더라도 계속 결심하고 다시 시작하는 마음가짐이 더 중요하다고 말하지요.

대화문에 등장하는 갓생(God生)이라는 말도 같은 맥락이에요. '갓(God)'은 아주 훌륭하다는 뜻이고, '생(生)'은 인생을 의미해요. 즉, 갓생(God生)은 '아주 가치 있고 멋진 삶'을 뜻하는 말이에요. 여러분도 꼭 작심삼일을 계속 반복해서, 결국에는 갓생을 살아가시길 바랄게요!

52 In Korean, "컨디션" (from the English "condition") is a Konglish word that usually means physical condition, stamina, or overall state of a person's health and energy.

53 "작심삼일" (作心三日) is a Korean proverb meaning "resolutions only last three days," used to describe how quickly people give up on goals. It belongs to a larger group of four-syllable idioms, or "사자성어", that are compact, Chinese character-based sayings that carry cultural wisdom or humor.

54 "팔랑귀" (literally "flappy ear") is a modern Korean slang expression for someone easily influenced or persuaded by others, like their ears flutter at every word.

55 "갓생" (literally "godlike life") is a popular Korean slang term for a highly disciplined, ultra-productive lifestyle, sometimes involving waking early, exercising, studying, and doing whatever it takes to "live your best life."

56 In Korean, you answer "네" ("yes") to a negative question to agree to what it's asking, whereas in English you would normally reply "No" to the same question.

PART

12

MP3 12

미래 설계

1 외국인도 4대 보험에 가입할 수 있어요.

2 부업을 하고 싶다면?

3 새로운 역할에 도전해 보고 싶어요.

프엉의 하루

여러분, 그동안 감사했어요. 여러분과 함께한 시간이 어느새 이렇게 오래되었네요. 고향을 떠나 타지에서 외국인으로 지내는 일은 쉽지 않았지만, 회사의 많은 배려 덕분에 잘 적응할 수 있었던 것 같아요. 한국에는 외국인을 위한 다양한 복지 제도가 마련되어 있고, 본업과 함께 부업을 할 수 있는 기회까지 제공되어 정말 많은 도움이 되었어요. 앞으로 저는 다른 사람과 차별되는 경쟁력을 갖추기 위해 저만의 포트폴리오를 만들기로 했어요. 앞으로도 계속 성장할 수 있도록 열심히 준비할 생각이에요. 지금까지 제 이야기를 들어주셔서 정말 감사했어요. 여러분도 꼭 한국에서 원하시는 꿈 모두 이루시고, 저처럼 잘 정착할 수 있기를 진심으로 바랄게요! 우리, 다음에 꼭 다시 만나요!

미리 보는 중요 표현

1. 내국인이든지 외국인이든지 국적을 불문하고 4대 보험 가입 대상이에요.
2. 지금부터 미리 준비할 수 있게끔 여러 가지를 알려 주더라고요.
3. 외국인이 부업을 해도 괜찮은 거예요?
4. 회사마다, 부서마다 규정이 다르거든요.
5. 무엇보다 지금 경험들이 나중에 다 도움이 되지 않을까요?
6. 요즘은 홍보 영상도 종종 만들고 있어요.
7. 여러 가지 역량을 쌓는 게 나중에 큰 경쟁력이 돼요.
8. 신입 사원치고 힘들지 않은 사람은 없겠지만요.

1

외국인도 4대 보험에 가입할 수 있어요.

talk talk 단어 · 표현

- 인수인계: 다른 사람에게 물려받고 넘겨줌.
- 전담: 어떤 일이나 비용의 전부를 도맡아 하거나 부담함.
- 지원: 지지하여 도움.
- 장려금: 좋은 일에 힘쓰도록 북돋아 주는 의미로 보조하여 주는 돈
- 축하금: 축하의 뜻으로 주는 돈

성훈 엄 대리, 오늘까지 출근이지요?
Eom *Daeri*, today's your last day coming to work, right?

다음 달부터 출산 휴가 들어가고요?
From next month, you'll be on maternity leave?

샛별 네, 업무 인수인계는 김 대리에게 했습니다.
Yes, I handed over my work duties to Kim *Daeri*.

몇 가지는 프엉 씨가 전담하기로 했고요.
We agreed you will take sole responsibility for a few things, Phuong.

성훈 고생했어요. 엄 대리한테 필요한 지원도 다 받았고?
You've put in a lot of work. Did you also get all the support you needed from Eom *Daeri*?

샛별 이번에 지자체에서 출산 장려금도 받았고, 회사에서 축하금도 챙겨 주셨어요.
This time I also received a childbirth grant from the local government, and the company also gave me a congratulatory bonus.

프엉 한국은 복지 제도가 잘 되어 있는 것 같아요.
Korea seems to have a well-developed welfare system.

혹시 외국인도 그런 제도를 이용할 수 있나요?

Can non-Koreans also make use of that system?

샛별 물론이죠.

Of course.

한국에서 일하면서 소득이 있으면, 내국인이든지 외국인이든지 국적을 불문하고 4대 보험 가입 대상이에요.

As long as you're working in Korea and earning income, regardless of whether you're Korean or non-Korean, you're eligible for the four major types of insurance.

4대 보험인 국민연금, 건강보험, 고용보험, 산재보험 다 해당돼요.

The four types include the National Pension, Health Insurance, Employment Insurance, and Industrial Accident Compensation Insurance.

문법 check!

- A/V + -든지, N + (이)든지: 두 가지 이상의 선택지가 있음을 나타내거나, 어떤 선택지든 상관없다는 의미를 나타내는 말
- N + 을/를 불문하다: 앞의 말이 나타내는 것이 어떠하든 가리지 않음을 나타내는 말
- N + (이)라든가: 여러 예시나 선택지를 나타내는 말

프엉 고용보험도요?

Employment Insurance too?

샛별 네, 고용보험에 가입되어 있으면 출산 휴가 급여라든가, 실업 급여 같은 것도 받을 수 있어요.

Yes, if you're registered for employment insurance, you can also receive things like maternity leave benefits or unemployment benefits.

talk talk 단어 · 표현

- 실업 급여: 일을 하다가 직장을 잃은 사람이 다시 직장을 찾는 동안 생활을 유지할 수 있도록 국가가 지급하는 돈

새별 그런데 구체적인 조건은 따로 확인해 봐야 하고요.

But you'll need to check the specific conditions separately.

성훈 국민연금도 마찬가지예요.

The same goes for the National Pension.

외국인도 가입이 가능하고, 퇴직 후 본국으로 돌아가면 환급받을 수 있는 경우도 있어요.

Non-Koreans can also register, and in some cases, when you return to your home country after leaving a company, you can get a refund.

일정 기간 이상 일하면 퇴직금도 받을 수 있고요.

If you work for a certain period, you can also get severance pay.

프엉 외국인과 한국인이 거의 같은 조건이네요?

So the conditions are almost the same for non-Koreans and Koreans?

성훈 맞아요. 어떤 부분은 다르겠지만, 다를 필요가 없는 부분은 똑같이 하는 게 맞지요.

That's right. Some parts may be different, but where there's no need for a difference, it's the same.

talk talk 단어 · 표현

- 퇴직: 현재의 직업이나 직무에서 물러남.
- 환급: 도로 돌려줌.

문법 check!

- N1 + 와/과 N2 + 이/가 같다: N1과 N2를 비교하여 서로 다르지 않다는 것을 나타내는 말

샛별 그리고 우리 회사는 직원들의 노후 준비를 돕는 프로그램도 운영해요.

And our company also runs programs to help employees plan for old age.

얼마 전부터는 재정 관리 교육도 시작했다던데요.

A little while ago, they even started offering financial management education.

프엉 그런 것도 해요? 부장님, 들어 보셨어요?

They do that too? *Bujangnim*, have you taken it?

성훈 그럼요. 연금이나 세금 관련 내용을 배우고, 지금부터 미리 준비할 수 있게끔 여러 가지를 알려 주더라고요.

Sure. You learn about pensions, taxes, and they tell you all sorts of things, so you can start getting ready in advance.

샛별 국가에서 노인 재취업 교육도 해 줘요.

The government also does re-employment training for seniors.[57]

실습 기회도 있어서 실제로 도움받는 분들이 많대요.

Since there are hands-on opportunities, a lot of people really benefit.

talk talk 단어 · 표현

- 노후: ① 제구실을 하지 못할 정도로 낡고 오래됨. ② 늙어진 뒤. 여기서는 ②의 뜻
- 재정: ① 돈에 관한 여러 가지 일. ② 개인, 가계, 기업의 경제 상태. 여기서는 ①의 뜻
- 연금: 국가나 사회에 특별한 공로가 있거나 일정 기간 동안 국가 기관에 복무한 사람에게 해마다 주는 돈
- 재취업: 직장을 그만두었던 사람이 다시 취업함.

문법 check!

- V + -게끔: 앞의 말이 뒤의 말의 목적이나 결과, 방식, 정도 등이 됨을 나타내는 말

샛별 프엉 씨도 이런 제도들은 미리 알아 두는 게 좋아요.

Phuong, it's good to get to know these programs in advance.

필요할 때가 올 테니까요.

There will come a time when you'll need them.

문법 check!

- V + -(으)ㄹ 때가 오다: 지금은 아니지만, 앞으로 그 상황이 자연스럽게 발생할 것을 나타내는 말

성훈 맞아요. 퇴직하고 나서 준비하려면 늦을 거예요.

That's right. If you wait until after retirement to prepare, it'll be too late.

지금부터 하나씩 챙겨야죠.

You need to take care of things one by one, starting from now.

프엉 오늘도 많이 배우네요.

I'm learning a lot today, too.

부장님, 대리님, 감사합니다.

Thank you, *Bujangnim*, thank you, *Daerinim*.

공부한 내용 확인하기

Q1 무슨 내용이었는지 대답해 보세요.

1) 외국인도 4대 보험에 가입할 수 있을까요?

2) 노후 대비를 위해서 어떤 활동을 지원해 주고 있나요?

Q2 빈칸에 들어갈 말을 골라 알맞게 쓰세요.

전담	환급	재정

1) 한국에는 일부 세금을 국민에게 (   )해 주는 제도가 있어요.

2) 좋은 아이디어가 있지만 (   ) 부족으로 실행이 어렵습니다.

3) 채용 공고와 면접은 인사과에서 (   )하고 있어요.

Q3 다음 문법과 제시어를 활용하여 문장을 완성해 보세요.

1) A/V + -든지, N + (이)든지

주다	전송하다

➡ 보고서는 출력해서 직접 ________, 이메일로 ________ 하세요.

2) N +을/를 불문하다

직급

➡ ________________ 모든 직원은 회사 규정을 준수해야 한다.

모범 답안

Q1 1) 한국인이든지 외국인이든지 상관없이 모두 4대 보험에 가입할 수 있고, 그 혜택을 받을 수 있어요.
2) 회사는 재정 관리 교육 프로그램을 지원해 주고, 국가는 노인 재취업 교육을 지원해 주고 있어요..

Q2 1) 환급 2) 재정 3) 전담

Q3 1) 주든지, 전송하든지 2) 직급을 불문하고

2

부업을 하고 싶다면?

레오 프엉 씨, 주말에 뭐 했어요?
Phuong, what did you do over the weekend?

프엉 통역 알바에 다녀왔어요.
I went to a part-time interpreting job.

전시회 통역이었는데, 꽤 재미있었어요.
It was interpreting for an exhibition, and it was pretty fun.

레오 그런 일은 어떻게 구했어요?
How did you find that kind of work?

저도 해 보고 싶은데 어디서 구하는지 잘 몰라서요.
I'd like to try too, but don't know how.

프엉 저도 처음 시작할 때는 학교 커뮤니티에서 구했어요.
When I first started, I also found side job opportunities like these through my school community.

나중에는 교수님 추천도 받았고요.
Later, I also got recommendations from professors.

아르바이트 플랫폼인 '알바천국'이나 '알바몬', '사람인'에도 외국인 전용 공고가 많고,
There are plenty of postings just for non-Koreans on part-time job platforms like Alba Heaven, Albamon, Saramin,

talk talk 단어 · 표현

- 추천: 어떤 조건에 적합한 대상을 책임지고 소개함.

이런 사이트 외에도 '워크넷 외국인 전용 게시판' 같은 데도 괜찮은 공고가 꽤 있어요.

and other than those sites, places like "Worknet's Forum Just For Non-Koreans" also have plenty of decent postings. 58

레오 그런 사이트가 있는 줄 몰랐어요.

I didn't know there were sites like that.

그런데 외국인이 부업을 해도 괜찮은 거예요?

But is it okay for non-Koreans to do side jobs?

프엉 비자 종류에 따라 달라요.

It's different based on your visa type.

유학생 비자 같은 경우엔 학교나 출입국관리사무소에 '시간제 취업 허가'를 먼저 받아야 하고요.

In the case of an exchange student visa, you need to first get a "part-time work permit" from your school or the Immigration Office.

직장인 비자인 경우엔 '근무 외 활동 허가'를 따로 받아야 해요.

In the case of work visas, you need to apply separately for a "permit for activities outside your main employment."

talk talk 단어 · 표현

- 공고: 세상에 널리 알림.
- 부업: 본업 외에 여가를 이용하여 갖는 직업
- 유학생: 외국에 머물면서 공부하는 학생
- 허가: 행동이나 일을 하도록 허용함.

문법 check!

- N + 같은 경우에: 어떤 사람이나 사건, 그리고 사물에 대해 포괄적인 의미를 전달하고 싶거나, 그것에 대해 직접적인 표현보다는 간접적인 표현이 필요할 때 사용하는 말

문법 check!

- A/V + -잖아(요): 어떤 상황에 대해 말하는 사람이 상대방에게 확인하거나 정정해 주듯이 말함을 나타내는 말
- N + 마다 다르다: 어떤 대상이나 경우에 따라 양상이나 결과가 서로 같지 않고 달라짐을 나타내는 말
- A/V + -(으)ㄹ 수도 있다: 어떤 상황이나 일에 대한 가능성을 추측할 때 사용하는 말

talk talk 단어 · 표현

- 겸직: 자기의 원래 직무 외에 다른 직무를 겸함. 또는 그 직무

프엉 우리 회사는 E-7 비자를 가진 직원이 많잖아요.

Our company has a lot of employees on E-7 visas.

전문직이라도 부업을 하려면 출입국관리사무소 허가도 받아야 하고,

Even if you're a professional, if you want to do a side job, you have to get approval from the Immigration Office.

회사 인사팀에 겸직 가능 여부도 꼭 확인해야 해요.

and also check with the HR team whether outside work is allowed.

회사마다, 부서마다 규정이 다르거든요.

The rules differ from company to company, and from one department to another.

레오 그렇군요. 그냥 하고 싶다고 해서 아무 생각 없이 하면 안 되겠네요.

I see. So I can't just say I want to do it and jump in without thinking.

프엉 그러면 큰일 나죠.

If you did that, it could cause serious trouble.

레오 씨한테 무슨 문제가 생길 수도 있고, 우리 회사에도 문제가 생길 수 있어서 조심해야 해요.

It could cause problems for you, Leo, and cause problems for our company too, so you have to be careful.

프엉 그리고 수익이 생기면 사업자 등록이나 세금 신고가 필요한 경우도 있어요.

And if you earn income, there are cases where you also need to register as a business or file taxes.

레오 쉽게 생각했는데 만만치 않네요.

I thought it would be simple, but it's not as easy as I thought.

프엉 저도 처음엔 어려웠는데, 차근차근 준비하면 충분히 할 수 있어요.

It was hard for me at first too, but if you prepare step by step, it's definitely doable.

무엇보다 지금 경험들이 나중에 다 도움이 되지 않을까요?

More than anything, these experiences will all help later on, don't you think?

레오 맞아요. 나중에 궁금한 거 생기면 또 물어봐도 돼요?

Right. If I get curious about something later, can I ask you again?

프엉 그럼요, 언제든지요.

Sure, anytime.

괜찮은 정보 있으면 저도 공유할게요.

And if I come across any good information, I'll share it with you too.

talk talk 단어 · 표현

- 사업자: 사업을 경영하는 사람
- 궁금하다: 무엇이 알고 싶어 마음이 몹시 답답하고 안타깝다.

문법 check!

- A/V + -지 않을까(요): 어떤 사실에 대해 의문을 품거나 추측할 때, 자신의 생각이나 감정을 부드럽게 전달할 때 사용하는 말
- A/V + -아/어도 되다: 어떤 행동에 대한 허락이나 허용을 나타내는 말

talk talk 단어 · 표현

- 번역: 어떤 언어로 된 글을 다른 언어의 글로 옮김.
- 불이익: 이익이 되지 아니하고 손해가 되는 데가 있음.
- 명심: 잊지 않도록 마음에 깊이 새겨 둠.

레오 좋아요! 통역이나 번역도 해 보고 싶고, 언젠가는 유튜브도 해 보고 싶어요.

Sounds great! I want to try interpreting or translating, and someday I'd even like to try doing something on YouTube.

프엉 뭐든지 좋지만, 부업을 하고 싶다면, 비자 조건과 회사 규정, 그리고 세금 문제는 꼭 확인하고 시작하세요.

That's all good, but if you want to do a side job, make sure to check your visa conditions, the company rules, and tax requirements before you start,

혹시라도 불이익을 받으면 안 되니까.

because you don't want to get any possible disadvantages.

레오 네, 명심할게요!

Yes, I'll keep it in mind!

공부한 내용 확인하기

Q1 무슨 내용이었는지 대답해 보세요.

1) 프엉은 부업으로 아르바이트를 어떻게 시작할 수 있었나요?

2) 직장을 다니는 외국인이 부업을 시작할 때 어떤 점을 주의해야 할까요?

Q2 빈칸에 들어갈 말을 골라 알맞게 쓰세요.

공고　　겸직　　명심

1) 회사에서는 팀원들과 함께 일한다는 점을 (　　　　　　)해야 한다.

2) 그의 주된 직무는 영업이지만, 홍보팀 직무도 (　　　　　　) 중이다.

3) 게시판에 휴가 희망 기간을 신청하라는 (　　　　　　)가 올라왔어요.

Q3 다음 문법과 제시어를 활용하여 문장을 완성해 보세요.

1) N + 마다 다르다

회사

➡ 휴가 기간과 정년은 각 ______________ 운영돼요.

2) A/V + -지 않을까(요)

낫다

➡ 차가 막힐 수 있으니 기차를 타는 게 ______________?

모범 답안

Q1 1) 학교 커뮤니티나 교수님 추천, 그리고 아르바이트 플랫폼을 통해 일을 찾을 수 있었어요.
2) 회사마다 규정이 다르기에 취업 허가 제도를 알아 보고, 인사팀에도 부업이 가능한지 확인해야 해요.

Q2 1) 명심 2) 겸직 3) 공고

Q3 1) 회사마다 다르게 2) 낫지 않을까(요)

3

새로운 역할에 도전해 보고 싶어요.

성훈 프엉 씨, 지난번 사내 글쓰기 공모전에 참가했더라고요. 글 잘 봤어요.
Phuong, I read your piece in the last company writing contest.

정말 인상 깊던데요?
It really left an impression on me.

프엉 감사합니다, 부장님.
Thank you, *Bujangnim*.

제가 평소에 글 쓰는 걸 좋아해서요.
It's because I've always liked writing.

이번엔 용기 내서 참여해 봤어요.
This time, I got together the courage to participate.

레오 프엉 씨, 글 진짜 좋았어요.
Phuong, your writing was really good.

저는 아직 그런 데 도전할 엄두가 안 나요.
I still don't have the nerve to try something like that.

성훈 도전은 언제든 할 수 있어요.
You can try anytime.

회사에서도 직원들의 역량 개발을 적극적으로 응원하고 있어요.
The company actively encourages employees' skill development.

talk talk 단어 · 표현

- 참여: 어떤 일에 끼어 들어 관련을 맺음.
- 엄두가 나다: 흔히 부정적인 말과 함께 쓰이며, 감히 무엇을 하려는 마음을 먹음. 또는 그 마음을 의미한다.

예를 들어, '사내 언어 교류'나 '온라인 강의 수강료 지원' 같은 제도도 있잖아요.

For example, we have programs like "In-house Language Exchange" or "Support for Online Course Fees."

프엉 맞아요. 저 얼마 전에 회사 지원으로 영상 편집 강의도 들었어요.

Right. Not long ago, with company support, I also took a video editing class.

그래서 요즘은 홍보 영상도 종종 만들고 있어요.

So these days, every now and then I make promotional videos too.

레오 저도 요즘 말하기 강의 듣고 있어요.

I'm also taking a speaking class right now.

발표나 회의 때 좀 더 자신감 있게 말하고 싶어서요.

Because I want to be able to speak more confidently during presentations or meetings.

성훈 아주 좋네요.

That's great.

그런 것들도 결국 다 '커리어 자산'이거든요.

Those things eventually also become "career assets."

talk talk 단어 · 표현

- 교류: ① 시작하는 곳이 다른 물줄기가 서로 섞이어 흐름. 또는 그런 줄기. ② 문화나 사상이 서로 통함. 여기서는 ②의 뜻
- 제도: 관습이나 도덕, 법률의 규범이나 사회 구조의 체계
- 자산: 개인이나 법인이 소유하고 있는 경제적 가치가 있는 유형·무형의 재산

문법 check!

- 종종 V + -고 있다: 어떤 동작이나 행동이 반복적으로, 자주 발생하고 있음을 나타내는 말
- A/V + -네요, N + (이)네요: 새로운 사실을 알게 되었을 때 느끼는 감탄이나 놀라움, 또는 약한 긍정을 나타내는 말

talk talk 단어 · 표현

- 경쟁력: 경쟁할 만한 힘. 또는 그런 능력
- 성장: ① 사람이나 동식물이 자라서 점점 커짐. ② 사물의 규모나 세력이 점점 커짐. 여기서는 ②의 뜻

문법 check!

- A + -다고 생각하다, V + -ㄴ/는다고 생각하다: 자신의 생각이나 의견을 표현할 때 사용하는 말

성훈 여러 가지 역량을 쌓는 게 나중에 큰 경쟁력이 돼요.

So building a range of skills will give you a real advantage later on.

프엉 예전엔 그냥 회사 일만 잘하면 된다고 생각했는데,

I used to think it was enough to just do my job well,

요즘은 자기 개발을 통해 꾸준히 성장하고,

but these days I feel like you need to grow steadily through self-development,

언제든 새로운 기회를 잡을 수 있도록 미래를 준비해야 하는 것 같아요.

and you have to prepare for the future so you can seize new opportunities at any time.

레오 그러게요.

Tell me about it.

프엉 씨 이야기를 들어 보니 지금 맡은 일 외에도 새로운 역할에 도전해 보고 싶다는 생각이 들어요.

Hearing your story, Phuong, makes me want to try taking on new roles beyond what I'm doing now.

성훈 그래서 요즘은 본인을 어필하기 위한 포트폴리오를 평소에 준비해 두는 사람도 많아요.

That's why these days many people prepare their portfolios in advance to make themselves appealing[59] to others.

본인이 뭘 잘하는지, 어떤 경험을 했는지 정리해 두면 나중에 큰 도움이 될 거예요.

If you organize what you're good at and what experience you've had, it'll be a big help later.

프엉 사실 저도 최근에 포트폴리오용 문서를 하나 만들었어요.

Actually, I recently put together a document for my portfolio.

전 나중에 창업까지 하고 싶거든요.

You know, later I even want to start a business.

레오 그거 정말 멋진 생각이네요.

That's a really cool idea.

말이 나온 김에 저도 한번 만들어야겠어요.

Now that you mention it, I should make a portfolio too.

괜찮다면 프엉 씨 포트폴리오를 좀 보여 줄 수 있나요?

If it's okay, can you show me your portfolio, Phuong?

talk talk 단어 · 표현

- 어필: 흥미를 불러일으키거나 마음을 끎.
- 문서: 다른 일의 자료가 되거나 어떤 사실을 증명하는 데 쓰이는 글을 적은 종이

프영 네, 제 것도 보내 드리고, 제가 포트폴리오 만들 때 참고했던 자료도 함께 보내 드릴게요.

Yes, I'll send you mine, along with some of the materials I referenced when I made my portfolio.

성훈 두 분 궁금한 거 있으면 언제든 물어봐요.

If either of you two are curious about anything, ask anytime.

그리고 힘든 일 있으면 얘기하고요.

And if you're having a hard time, just talk to me.

신입 사원치고 힘들지 않은 사람은 없겠지만요.

I guess there's no such thing as an easy start for new employees anyway.

문법 check!

- N + 치고: 주로 부정문과 함께 쓰이며, '그 전체가 예외 없이'의 뜻을 나타내는 말

공부한 내용 확인하기

Q1 무슨 내용이었는지 대답해 보세요.

1) 프엉은 미래를 위해 어떤 준비를 하고 있나요?

2) 여러 가지 역량을 쌓는 게 왜 중요할까요?

Q2 빈칸에 들어갈 말을 골라 알맞게 쓰세요.

교류　　제도　　자산

1) 주식이나 부동산뿐만 아니라 경험도 소중한 (　　　　　　)이다.

2) 다문화 사회로 진입하면서 외국인을 위한 (　　　　　　)가 개선되었다.

3) 동종 업계 회사들은 (　　　　　　)와 협력으로 공정한 경쟁을 한다.

Q3 다음 문법과 제시어를 활용하여 문장을 완성해 보세요

1) 종종 V + -고 있다

쌓다

➡ 레오는 ＿＿＿＿＿ 동영상 강의로 한국어 실력을 ＿＿＿＿＿.

2) A/V + -네요, N + (이)네요

진행되다

➡ 부장님, 이번 일정은 예상보다 빠르게 ＿＿＿＿＿＿＿.

모범 답안

Q1 1) 공모전에 참가하고, 편집 강의도 들었어요. 포트폴리오도 작성하면서 창업까지 생각하고 있어요.
2) 시대가 바뀌었기 때문에 여러 가지 능력을 가진 사람이 좋은 기회를 잡을 수 있어요.

Q2 1) 자산 2) 제도 3) 교류

Q3 1) 종종, 쌓고 있다 2) 진행되네요

한입에 쏙! 한국 문화

한국에는 외국인이 얼마나 많을까요?

최근 법무부의 '연도별 인구대비 체류 외국인 현황 자료'에 따르면, 한국에 살고 있는 외국인은 약 265만 명이에요. 앞으로도 한국에 사는 외국인 수는 계속 늘어날 것으로 예상돼요. 현재 대한민국의 총인구는 약 5,200만 명인데, 이 중 외국인이 차지하는 비율은 약 5%예요. 전문가들은 전체 인구 대비 외국인 비율이 5%를 넘으면 그 나라가 '다문화 사회'에 진입했다고 평가해요. 이에 한국 정부는 다문화 사회가 안정적으로 정착할 수 있도록 관련 법률과 다양한 정책을 마련하고 있으며, 외국인이 한국 사회에 잘 적응할 수 있는 여러 프로그램도 시행하고 있어요. 그렇다면 한국에 체류하는 외국인 중 어느 나라 사람이 가장 많을까요? 여러분도 이미 잘 알고 계시겠지만, 중국인이 가장 많고, 그다음으로 베트남, 태국, 미국, 우즈베키스탄, 필리핀, 일본 순이라고 하네요.

한국어 배우기, 만만치 않아요.

"쉽게 생각했는데 만만치 않네요."에서 '만만치 않다'는 무슨 뜻일까요? 문장을 자세히 보면 어느 정도 짐작할 수 있어요. "처음에는 쉽게 생각했지만, 막상 해 보니 쉽지 않다."라는 뜻으로, 결국 '만만치 않다'는 '쉽지 않다', '생각보다 어렵다'라는 의미입니다.
'만만하다'는 원래 '연하고 보드랍다'라는 의미도 있지만, 일상에서는 주로 '부담스럽거나 무서울 것이 없어 쉽게 다루거나 대할 만하다'라는 뜻으로 더 많이 쓰여요. 그런데 여기에 부정을 나타내는 '않나'가 붙으면서 '만만하지 않다'는 곧 '쉽게 볼 수 없다', '생각보다 어렵다'라는 뜻이 되지요. 그리고 '만만하지 않다'의 '–하지'가 '–치'로 자연스럽게 줄어들면서 지금 우리가 흔히 쓰는 '만만치 않다'라는 형태가 만들어졌어요.
이렇게 '–하지'가 '–치'로 줄어드는 표현이 또 있을까요? 네, 여러분이 자주 쓰는 말 중에도 있어요. '아프다'의 높임말인 '편찮으시다'는 원래 '편하지 않으시다'에서 줄어든 표현이에요. '–하지'가 '–치'로 줄어들면서 '편치 않으시다', 그리고 그게 더 짧아지면서 '편찮으시다'가 된 거지요.

57 People over sixty are called the "silver generation(실버 세대)." They actively take part in social and cultural activities even after retirement, and these days, more of them are using their experience to return to work or take on new challenges.

58 "알바천국(Alba Heaven) (www.alba.co.kr)", "알바몬(Albamon) (www.albamon.com)", "사람인(Saramin) (www.saramin.co.kr)", "워크넷(Worknet)(www.work24.go.kr)"

59 In Korean, "어필" (from the English "appeal") is a verb that means "to promote or highlight one's strengths" rather than "to attract or charm," so it's often used in career or self-presentation contexts in a way that is slightly different from English.

부록

공부한 단어·표현·문법 다시 보기

앞에서 공부한 중요 표현들을 다시 한번 확인해 볼까요?
이해한 내용은 박스에 체크 표시해 보면서 스스로 점검해 봅시다.

대학 생활 편

PART 01 입학, 첫걸음

PART 02 대학 생활 시작

PART 03 공부와 과제

PART 04 대학생 생활

PART 05 캠퍼스 생활

PART 06 사회를 향해

직장 생활 편

PART 07 입사, 첫걸음

PART 08 직장 생활 시작

PART 09 사내 프로그램

PART 10 복지와 문화

PART 11 성장 로드맵

PART 12 미래 설계

[대학 생활 편]

PART 01 | 입학, 첫걸음

(1) 입학식? 새터? 꼭 가야 해요? ········· 16

문법 check!

- ☐ V + -(으)ㄹ 겸, N + 겸: 두 가지 이상의 목적을 가지고 어떤 행동을 할 때 사용하는 말
- ☐ A/V + -(으)면 되다: 조건이 되는 어떤 행동을 하거나 어떤 상태만 갖추어지면 문제가 없거나 충분함을 나타내는 말
- ☐ A/V + -(으)ㄹ 줄 모르다: 어떤 사실이나 상황을 확인하지 못해 생각이나 예측한 것과 달라서 놀람을 나타내는 말
- ☐ A + -다면서, V + -ㄴ/는다면서: 말하는 사람이 들어서 아는 사실을 확인하여 물음을 나타내는 말
- ☐ N + 도 있고 N + 도 있다: 두 가지 대상이나 특징이 모두 존재함을 나타내는 말
- ☐ V + -(으)ㄹ게(요): 어떤 일이 있어도 틀림없이 미래에 대한 약속이나 의지를 나타낼 때 사용하는 말

talk talk 단어 · 표현

- ☐ 입학식: 입학할 때에 신입생을 모아 놓고 행하는 의식
- ☐ 동기: 같은 시기에 같은 곳에서 교육이나 강습을 함께 받은 사람
- ☐ 강의실: 학문이나 기술의 일정한 내용을 체계적으로 설명하여 가르칠 때 쓰는 방
- ☐ 새내기: 대학이나 직장 등에 새로 갓 들어온 사람
- ☐ 꿀팁: 매우 유용한 정보나 조언을 비유적으로 이르는 말
- ☐ 특별히: 보통과 구별되게 다르게
- ☐ 영광: 빛나고 아름다운 영예
- ☐ 새내기 배움터: '새터'라고 줄여 이르며, 입학식 이후 단과대에 속한 학과, 전공 등에 대해 배우고, 선배나 동기들과 친해질 수 있는 친목의 기회를 얻는 자리
- ☐ 학과: 교수 또는 연구의 편의를 위하여 학문의 분야를 작은 단위로 나눈 것
- ☐ 단과: 하나의 과목이나 전문 분야를 이르는 말
- ☐ 장기자랑: 여럿이 모여 누가 더 재주가 있는지를 겨루며 즐기는 일
- ☐ 사귀다: 서로 얼굴을 익히고 친하게 지내다.

(2) 수강 신청은 어떻게 하는 게 좋아요? · 22

문법 check!

- ☐ A + -대(요), V + -ㄴ/는대(요): '-다고 해(요)'를 줄여 이르는 말로, 직접 경험한 것이 아닌 타인에게 들은 것을 전달할 때 사용하는 말
- ☐ A/V + -구나, N + 이구나: 화자가 새롭게 알게 된 사실에 주목함을 나타내는 것으로, 흔히 감탄을 나타내는 말
- ☐ V + -(으)ㄴ 적이 있다/없다: 과거의 일이나 경험이 있고 없음을 이야기할 때 사용하는 말
- ☐ V + -기가 무섭게: 앞의 말이 나타내는 일이 끝나자마자 곧바로 다음 일이 일어남을 나타내는 말
- ☐ A/V + -(으)ㄴ/는 법이다: 앞의 말이 나타내는 동작이나 상태가 이미 그렇게 정해져 있거나 그런 것이 당연하다는 뜻을 나타내는 말
- ☐ N + 은/는 A/V + -(으)ㅁ을 말해 주다: 앞의 상황으로 보아 그것이 무엇임을 알 수 있음을 나타내는 말
- ☐ A/V + -(으)면, N + 이면: 어떤 행동의 조건이나 불확실한 사실을 말할 때 사용하는 말

talk talk 단어 · 표현

- ☐ 수강 신청: 수업을 듣고자 하는 학과목이나 강좌를 정하여 신청하는 일
- ☐ 전공: ① 어느 한 분야를 전문적으로 연구함. 또는 그 분야. ② 전문적으로 연구하는 과목. 여기서는 ②의 뜻
- ☐ 교양: 학문, 지식, 사회생활을 바탕으로 이루어지는 품위. 또는 문화에 대한 폭넓은 지식
- ☐ 과목: 가르치거나 배워야 할 지식 및 경험의 체계를 세분하여 계통을 세운 영역
- ☐ 학사: 대학의 학부 과정을 마치고 규정된 절차를 밟은 사람에게 수여하는 학위. 또는 그 학위를 딴 사람
- ☐ 마감: ① 하던 일을 마무리하여 끝냄. 또는 그런 때. ② 정해진 기한의 끝. 여기서는 ②의 뜻
- ☐ 과제: 주로 교육 기관 등에서 학생들의 학습 능력을 높이기 위해 교사나 교수가 학생들에게 내어 주는 연구 문제
- ☐ 에브리타임: 학교별로 시간표, 강의 정보 등의 대학 생활과 관련된 다양한 정보와 이야기 공유를 목적으로 제작된 대학교 온라인 커뮤니티
- ☐ 널널하다: ① 시간이나 공간이 빠듯하지 않고 여유가 있다. ② 수업이나 업무가 까다롭거나 복잡하지 않고 수월하다. 여기서는 ②의 뜻
- ☐ 굳이: ① 단단한 마음으로 굳게. ② 고집을 부려 일부러 애써. 여기서는 ②의 뜻

(3) 학생증을 신청하려면 어디로 가야 해요? · 28

문법 check!

- [ ] V + -기 위해(서): 어떤 일을 하는 목적이나 의도를 나타내는 말
- [ ] A/V + -지 않을까 싶다: 앞의 말이 나타내는 내용을 불확실하게 추측하거나 그 내용대로 될까 봐 걱정하는 마음이 있음을 나타내는 말
- [ ] A/V + -기 때문이다: 어떤 일의 이유나 원인을 나타내는 말
- [ ] A + -기 그지없다: 어떤 상황이나 상태가 이루 다 말할 수 없을 정도로 매우 클 때 사용하는 말
- [ ] 얼마나 A/V + -(으)ㄴ/는지 모르다: 내용을 강조하는 말로, 말하는 사람의 주관적인 생각이나 평가를 강조하여 말할 때 나타내는 말

talk talk 단어 · 표현

- [ ] 학생증: 학생의 신분임을 밝힌 증명서
- [ ] 중앙 도서관: 흔히 '중도'라고 줄여 이르며, 여럿 가운데 중심이 되는 도서관
- [ ] 학생회관: 학교에서, 학생들이 식사, 휴식의 학업 외 활동을 할 수 있도록 설비를 갖춘 건물
- [ ] 외국인 등록증: 무비자로 입국 가능한 90일을 초과하여 대한민국에 체류하려는 외국인에게 발급하는 문서
- [ ] 인화: 사진기로 찍은 필름을 인화지 위에 올려놓고 사진이 나타나도록 하는 일. 또는 그런 사진
- [ ] 사진관: 일정한 시설을 갖추고 사진 찍는 일을 영업으로 하는 집
- [ ] 학식: '학생 식당'을 줄여 이르는 말로, 학생들이 이용할 수 있게 만든 식당. 또는 그 식당에서 파는 음식
- [ ] 복사실: 문서나 그림, 사진을 복사기를 사용해 복제할 수 있도록 설비된 방
- [ ] 출입증: 드나들 수 있도록 허가한 증표
- [ ] 계좌: 금융 기관에서 고객이 맡기거나 빌린 돈을 계산하고 기록한 것
- [ ] 인문관: 인간의 언어, 문학, 철학, 역사를 전문적으로 연구하고 가르치는 단과 대학의 건물

PART 02 | 대학 생활 시작

(1) 동아리랑 학회는 뭐가 달라요? ························· 38

문법 check!

- ☐ V + -다시피: 그 동작에 가깝게 함을 나타내는 말
- ☐ V + -(으)ㄴ 끝에: 어떤 행동이나 일이 있은 다음의 결과를 나타내는 말
- ☐ A/V + -아/어서 그런지: 명확히 말하기 어려운 이유를 추측하여 말할 때 사용하는 말
- ☐ V + -(으)ㄹ 만하다: 그 일을 해 볼 가치가 있거나 해도 괜찮다는 뜻을 나타내는 말

talk talk 단어 · 표현

- ☐ 동아리: 같은 뜻을 가지고 모여서 한패를 이룬 무리
- ☐ 동방: '동아리 방'을 줄여 이르는 말로, 같은 뜻을 가지고 모인 사람들이 단체의 활동을 위해 함께 사용하는 공간
- ☐ 모집: 사람이나 작품, 물품을 일정한 조건 아래 널리 알려 뽑아 모음
- ☐ 눈길: ① 눈이 가는 곳. 또는 눈으로 보는 방향. ② 주의나 관심을 비유적으로 이르는 말. 여기서는 ②의 뜻
- ☐ 가입: 조직이나 단체에 들어가거나, 서비스를 제공하는 상품을 신청함.
- ☐ 삼고초려: 인재를 맞아들이기 위하여 참을성 있게 노력함. 중국 삼국 시대에, 촉한의 유비가 난양에 은거하고 있던 제갈량의 초옥으로 세 번이나 찾아갔다는 데서 유래함.
- ☐ 티가 나다: 어떤 태도나 기색이 뚜렷하게 나타나다.
- ☐ 감이 오다: 느낌이나 생각이 오다.
- ☐ 학회: 학문을 깊이 있게 연구하고 더욱 발전하게 하기 위하여 공부하는 사람들이 만든 모임
- ☐ 자격증: 일정한 자격을 인정하여 주는 증서
- ☐ 국제처: 해외 대학 및 기관과의 국제 교류 추진 및 관리를 통해 다양한 프로그램 제공하고 외국인 유학생의 유치 · 관리 업무를 진행하며, 학생 학사 지도 및 생활 전반에 대한 지도를 담당하는 조직
- ☐ 게시판: 여러 사람에게 알릴 내용을 내붙이거나 내걸어 두루 보게 붙이는 판

(2) 모내기하다 보면 허리가 부러질 거야. ··· 44

문법 check!

- ☐ N + (이)라고 듣다: 다른 사람에게 들은 내용을 전달할 때 사용하는 말
- ☐ A/V + -(으)ㄹ 텐데, N + 일 텐데: '-ㄹ 터인데'를 줄여 이르는 말로, 앞에 오는 말에 대하여 말하는 사람의 강한 추측을 나타내면서 그와 관련되는 내용을 이어 말할 때 사용하는 말
- ☐ A/V + -(으)ㄴ/는 셈이다, N + 인 셈이다: 앞의 근거로 볼 때 결국 어떤 결과에 해당한다는 것을 나타내는 말
- ☐ V + -(으)렴: 부드러운 명령이나 허락을 나타내는 말
- ☐ V + -지 말다: 어떤 행위를 하지 못하게 함을 나타내는 말로 다른 사람의 행위를 금지할 때 주로 사용하는 말

talk talk 단어 · 표현

- ☐ 학생회: 학생이 중심이 되어 어떤 일을 의논하여 결정하고 실행하는 조직이나 모임
- ☐ 봉사 활동: 국가나 사회 또는 남을 위하여 자신을 돌보지 아니하고 힘을 바쳐 애쓰는 모든 활동
- ☐ 모내기: 모를 못자리에서 논으로 옮겨 심는 일
- ☐ 농촌: 주민의 대부분이 농업에 종사하는 마을이나 지역
- ☐ 하긴: '하기는'을 줄여 이르는 말로, '실상 말하자면'의 뜻을 지니며 이미 된 일을 긍정할 때에 쓰는 말
- ☐ 체험: 자기가 몸소 겪음. 또는 그런 경험
- ☐ 안전 수칙: 위험이 생기거나 사고가 나지 않도록 행동이나 절차에서 지켜야 할 사항을 정한 규칙
- ☐ 박람회: 여러 나라와 기관이 참여해 제품 · 문화 · 기술을 한곳에 모아 전시하고 교류하는 국제적 행사
- ☐ 자원봉사: 어떤 일을 대가 없이 자발적으로 참여하여 도움. 또는 그런 활동
- ☐ 통역: 언어가 달라 말이 통하지 아니하는 사람 사이에서 뜻이 통하도록 말을 옮겨 줌. 또는 그런 일을 하는 사람
- ☐ 인심: ① 사람의 마음. ② 남의 딱한 처지를 헤아려 알아주고 도와주는 마음. 여기서는 ①의 뜻
- ☐ 허리가 부러지다: 어떤 일에 대한 부담이 감당하기 어려운 상태가 되다.
- ☐ 흥미진진하다: 넘쳐흐를 정도로 흥미가 매우 많다.

(3) 시대 대학교 축제에 갈 계획이야. 50

문법 check!

- ☐ V + -(으)ㄹ 계획(생각, 예정)이다: 앞으로 어떻게 할 것이라는 생각이나 계획을 나타내는 말
- ☐ N + (이)라고 하다: 앞의 말이 원래 말해진 그대로 인용됨을 나타내는 말
- ☐ (대표적인) 예로 N + 을/를 들다: 앞에서 말하는 대상의 대표할 만한 예를 제시할 때 사용하는 말
- ☐ V + -자마자: 어떤 일이 일어난 후에 바로 다른 상황이 일어남을 나타내는 말

talk talk 단어 · 표현

- ☐ 축제: 축하하여 벌이는 큰 규모의 행사
- ☐ 특이하다: ① 보통 것이나 보통 상태에 비하여 두드러지게 다르다. ② 보통보다 훨씬 뛰어나다. 여기서는 ①의 뜻
- ☐ 참고: 살펴서 도움이 될 만한 재료로 삼음
- ☐ 공연: 음악, 무용, 연극을 많은 사람 앞에서 보이는 일
- ☐ 일(1)도 모르다: '전혀', '조금도'의 뜻으로, 원래 '하나도 모르다'가 올바른 표현이지만 '하나(1)'를 '일(1)'로 재미있게 바꾼 신조어. '1도 없어, 1도 즐겁지 않아'와 같이 주로 부정적인 단어와 함께 사용한다.
- ☐ 한 수 부탁드립니다: 어떤 일을 처리하거나 해결하는 데에 필요한 수단이나 방법을 전수하기를 부탁하는 말
- ☐ 이래 가지고(서)(야): 그런 상태나 행동으로는 뒤의 일을 할 수 없음을 나타내는 말
- ☐ 외부인: 어떤 조직이나 기관에 속하지 않은 사람
- ☐ 주점: 술을 파는 집
- ☐ 노점: 길가의 한데에 물건을 벌여 놓고 장사하는 곳
- ☐ 체육 대회: 대규모의 운동회
- ☐ 쏠쏠하다: 품질이나 수준, 정도가 웬만하여 괜찮거나 기대 이상이다.
- ☐ 완벽: 흠이 없는 구슬이라는 뜻으로, 결함이 없이 완전함을 이르는 말
- ☐ 기대: 어떤 일이 원하는 대로 이루어지기를 바라면서 기다림.

PART 03 | 공부와 과제

(1) 벚꽃은 눈으로, 몸은 도서관으로! 60

문법 check!

- [ ] A/V + -(으)ㄹ 정도로: 어떤 내용을 강조하기 위해 비교되는 상황을 제시할 때 사용하는 말
- [ ] N + 에 불과하다: 어느 정도나 수준을 넘지 못한 상태임을 나타내는 말
- [ ] V + -(으)ㄹ걸: 혼잣말에 쓰여, 그렇게 했으면 좋았을 것이나 하지 않은 어떤 일에 대해 가벼운 뉘우침이나 아쉬움을 나타내는 말
- [ ] V + -느라(고): 앞 절의 사태가 뒤 절의 사태에 목적이나 원인이 됨을 나타내는 말
- [ ] N + (이)나 하다: 마음에 차지 아니하는 선택. 또는 최소한 허용되어야 할 선택을 행동하고자 나타내는 말

talk talk 단어 · 표현

- [ ] 뜨뜻미지근하다: ① 온도가 아주 뜨겁지도 않고 차지도 않다. ② 하는 일이나 성격이 분명하지 못하다. 여기서는 ②의 뜻
- [ ] 가슴이 따뜻하다: 마음이나 생각이 정답고 포근하다.
- [ ] 가슴이 아프다: 마음이나 생각에 슬픔이나 연민, 쓰라림이 있어 괴로운 상태에 있다.
- [ ] 휘날리다: ① 거세게 펄펄 흔들리다. 또는 그렇게 흔들리게 하다. ② 명성이나 이름을 널리 떨치다. 여기서는 ①의 뜻
- [ ] 풍경: 산이나 들, 강, 바다 등의 자연이나 지역의 모습
- [ ] 코앞: 코의 바로 앞이라는 뜻으로 ① 아주 가까운 곳을 이르는 말. ② 곧 닥칠 미래를 비유적으로 이르는 말. 여기서는 ②의 뜻
- [ ] 닥쳐오다: 어떤 일이나 상황이 가까이 다가오다.
- [ ] 발목(이) 잡히다: ① 어떤 일에 꽉 잡혀서 벗어나지 못하다. ② 남에게 어떤 약점이나 단서를 잡히다. 여기서는 ①의 뜻
- [ ] 재수강: 주로 대학에서, 수강한 학과목의 학점을 따지 못하였거나 학점이 좋지 않았을 때에 동일한 강의를 두 번째 수강하는 행위. 보통 C+ 이하를 맞은 강의만 재수강할 수 있음.
- [ ] 계절 학기: 대학교에서, 방학 중에 강좌를 개설하여 수업을 하는 기간. 또는 그 기간에 하는 수업
- [ ] 애정: 사랑하는 마음

(2) 센스 있는 사람에게 눈길이 가지 않을까? · 66

문법 check!

- ☐ N + 이나: 수량이 크거나 많음, 혹은 정도가 높음을 강조할 때 사용하는 말
- ☐ N + (으)로 유명하다: 많은 사람이 알 정도로 이름이 널리 알려져 있음을 나타내는 말
- ☐ N + 을/를 비롯해서: 여러 가지 가운데 가장 대표적인 것을 예로 들어 말할 때 사용하는 말
- ☐ A + -기(가) 이를 데 없다: 그 상태나 정도가 완전하여 더 말할 것이 없다는 표현을 나타내는 말

talk talk 단어 · 표현

- ☐ 제출: 어떤 안건이나 의견, 서류 등을 내놓음.
- ☐ 주제: ① 대화나 연구에서 중심이 되는 문제. ② 예술 작품에서 지은이가 나타내고자 하는 기본적인 사상. 여기서는 ①의 뜻
- ☐ 전략: 정치, 경제의 사회적 활동을 하는 데 필요한 방법이나 계획
- ☐ 뻔하다: 어떤 일의 결과나 상태가 훤하게 들여다보이듯이 분명하다.
- ☐ 흐름: ① 흐르는 것. ② 한 줄기로 잇따라 진행되는 현상을 비유적으로 이르는 말. 여기서는 ②의 뜻
- ☐ 자국: 자기 나라
- ☐ 본격적: 준비 단계를 지나 알맞은 상태가 되어, 제대로 힘을 들여 적극적으로 하는 것
- ☐ 그래프: 여러 가지 자료를 분석하여 그 변화를 한눈에 알아볼 수 있도록 나타내는 직선이나 곡선
- ☐ 방향이 잡히다: 일이 나아갈 방향(어떤 위치를 향한 쪽)을 정하다.
- ☐ 첨부: 안건이나 문서를 덧붙임.
- ☐ 눈길이 가다: 주의나 관심을 비유적으로 이르는 말로, 시선을 집중시키다.

(3) 어서 와, 팀플은 처음이지? ······ 72

문법 check!

- [ ] A/V + -(으)ㄹ 지경이다: 극한적인 정도, 형편, 상황에 처해 있음을 나타내는 말
- [ ] V + -(으)려고 하다: ① 앞의 말이 나타내는 행동을 할 의도나 의향이 있음을 나타내는 말. ② 앞의 말이 나타내는 일이 곧 일어날 것 같거나 시작될 것임을 나타내는 말. 여기서는 ①의 뜻
- [ ] A/V + -(으)ㄴ 나머지: 어떤 일이 무리하게 이루어져 결과의 원인이 되었을 때 사용하는 말
- [ ] N + 을/를 꼽으라면: '어떤 사실이나 상황을 가정해서 말한다면'의 뜻을 나타내는 말

talk talk 단어 · 표현

- [ ] 조별: 조를 단위로 하는 구별
- [ ] 자료: ① 연구나 조사의 바탕이 되는 재료. ② 만들거나 이루는 데 바탕이 되는 물자나 자료. 여기서는 ①의 뜻
- [ ] 팀플: '팀 플레이(Team play)'를 줄여 이르는 말로, 스포츠나 그 밖의 공동 작업에서 여러 사람이 승리 또는 일의 좋은 성과를 얻기 위하여 협력하는 일
- [ ] 초안: 기초를 잡아 적음. 또는 그 원고나 문서
- [ ] 대비: 두 가지의 차이를 밝히기 위하여 서로 비교함. 또는 그런 비교
- [ ] 바탕: ① 물체의 뼈대나 틀을 이루는 부분. ② 사물이나 현상의 근본을 이루는 것. ③ 그림, 글씨, 수, 무늬를 놓는 물체의 바닥. 여기서는 ③의 뜻
- [ ] 가독성: 인쇄물이 얼마나 쉽게 읽히는가 하는 정도
- [ ] 대본: ① 연극이나 영화에서, 대사나 장면의 설명 등을 적어 놓은 글. ② 어떤 일을 하려고 미리 짜 놓은 계획. 여기서는 ②의 뜻
- [ ] 연결 고리: 둘 이상의 내상이 서로 이어지거나 연관되게 하는 요소를 비유적으로 이르는 말
- [ ] 주목을 끌다: 남의 관심이나 시선을 쏠리게 하다.
- [ ] 귀에 꽂히다: 목소리나 노래 등이 사람들의 마음을 단번에 사로잡다.
- [ ] 쏘다: 주로 음식 같은 것을 남에게 대접하는 행동을 재미있게 표현한 말

PART 04 | 대학생 생활

(1) 그래서 자취를 하는구나? ········· 82

문법 check!

- ☐ V + -는 바람에: 앞의 말이 나타내는 행동이나 상태가 뒤에 오는 말의 원인이나 이유가 됨을 나타내는 말
- ☐ A/V + -(으)ㄹ 수밖에 없다: 다른 방법이나 가능성이 없거나 그 상황에서는 그렇게 하는 것이 당연하다고 말할 때 사용하는 말
- ☐ A/V + -기는 하지만: 앞의 내용이 맞다고 생각하지만 반대되는 자신의 생각을 말할 때 사용하는 말
- ☐ A/V + -(으)ㄴ/는 대신에, N + 대신에: 앞말이 나타내는 행동이나 상태와 다르거나 그와 반대임을 나타내는 말
- ☐ A/V + -더라도: 앞에 오는 말을 가정하거나 인정하지만 뒤에 오는 말에는 관계가 없거나 영향을 끼치지 않음을 나타내는 말

talk talk 단어 · 표현

- ☐ 기숙사: 학교나 회사에 딸려 있어 학생이나 사원에게 싼값으로 숙식을 제공하는 시설
- ☐ 통금: ① 일정한 장소를 지나다니지 못하게 함. ② 일정한 시간 동안 거리를 지나다니거나 집 밖으로 활동하는 것을 못 하게 함. 여기서는 ②의 뜻
- ☐ 통학: 자기 집이나 묵는 곳에서 학교까지 다님.
- ☐ 산더미: 물건이 많이 쌓여 있음을 비유적으로 이르는 말
- ☐ 전세: 부동산을 가진 사람에게 일정한 금액을 맡기고 그 부동산을 일정 기간 동안 빌려 쓰는 일. 또는 그 돈. 부동산을 돌려줄 때는 맡긴 돈을 전부 되돌려받음.
- ☐ 보증금: 계약을 맺을 때에 계약을 행하는 보증으로써 내는 돈
- ☐ 월세: 집이나 방을 다달이 빌려 쓰는 일. 또는 그 돈
- ☐ 관리비: 시설이나 물건을 관리하는 데 드는 비용
- ☐ 공과금: 국가나 공공 단체가 국민에게 부과하는 금전적인 부담. 각종 세금을 비롯하여 전기료, 수도료가 포함됨.
- ☐ 전세보증보험: 전세 계약이 끝난 후 집주인이 세입자에게 되돌려 줘야 하는 전세 보증금을 보장해 주는 보험

(2) 저도 거의 학식 먹어요. ········· 88

문법 check!

- ☐ A/V+ -거나 하다: 여러 상황이나 행동 중에서 어느 하나를 선택하여 행동하는 것을 나타내는 말
- ☐ V + -ㄴ/는다니: 현재 주어진 어떤 사실을 깨달으면서 놀람이나 감탄의 감정을 나타내는 말
- ☐ N + 에 비하면: 어떤 대상과 다른 대상을 비교하여 상대적인 차이나 정도를 나타내는 말
- ☐ 뭐니 뭐니 해도 N + (이)지: 이러하다 저러하다 말해도, 또는 누가 뭐라고 해도 N이 최고라는 의미를 나타내는 말
- ☐ N + -스럽다: '그러한 성질이 있음'의 뜻을 나타내는 말

talk talk 단어 · 표현

- ☐ 분리수거: 종류별로 나누어서 버린 쓰레기를 거두어 감.
- ☐ 일반 쓰레기: 별도로 수거 · 처리하는 가전이나 가구와 같은 대형 폐기물, 음식물 쓰레기, 재활용 쓰레기가 아닌, 종량제 봉투에 담아 버리는 생활 쓰레기
- ☐ 재활용 쓰레기: 용도를 바꾸거나 가공하여 다시 사용할 수 있는 쓰레기
- ☐ 엄격: 말, 태도, 규칙이 매우 엄하고 철저함. 또는 그런 품격
- ☐ 배달: 주문한 물건이나 음식을 배달원 등이 직접 가져다주는 행위
- ☐ 종량제 봉투: 쓰레기를 담아 버리는 지정된 규격의 봉투. 쓰레기 배출량에 따라 수수료를 부과하기 위해 만들었으며, 규격과 용도에 따라 가격이 다름.
- ☐ 신기하다: 새롭고 기이하다.
- ☐ 시키다: ① 어떤 일이나 행동을 하게 하다. ② 음식을 만들어 오거나 가지고 오도록 주문하다. 여기서는 ②의 뜻
- ☐ 간편결제: 기기에 미리 등록해 놓은 계좌나 카드 정보를 활용하여 간단하고 편리하게 결제하는 방식
- ☐ 경제적: ① 인간의 생활에 필요한 물건이나 노동을 생산 · 분배 · 소비하는 모든 활동에 관한 것. ② 돈이나 시간, 노력을 적게 들이는 것. 여기서는 ②의 뜻
- ☐ 균형: 어느 한쪽으로 기울거나 치우치지 아니하고 고른 상태
- ☐ 가격이 착하다: '가격이 비싸지 않고 부담이 적다'를 나타내는 비유적인 표현
- ☐ 국룰: '국민 룰'을 줄여 이르는 말로, 국민 대다수가 널리 받아들이는 규칙을 재미있게 이르는 신조어

(3) 감기 기운이 있어서 병원에 다녀왔어요. ········ 94

문법 check!

- ☐ A/V + -았/었더라면: 현재 그렇지 않음을 표현하기 위해 과거 상황과 반대되는 가정을 할 때 사용하는 말
- ☐ A + -(느)냐고 묻다, V + -(으)냐고 묻다: 말하는 사람이나 다른 사람이 질문한 내용을 옮겨 말하거나 확인할 때 사용하는 말
- ☐ A/V + -(으)ㄴ/는 게 좋다: '-는 것이 좋다'를 줄여 이르는 말로, 상대에게 조언이나 제안을 할 때 사용하는 말
- ☐ A/V + -(으)ㄴ/는 게 낫다: 어떤 행동이나 선택이 더 긍정적이거나 바람직하다는 것을 나타낼 때 사용하는 말

talk talk 단어 · 표현

- ☐ 결석: 나가야 할 자리에 나가지 않음.
- ☐ 건강보험: 질병, 상해, 사망, 출산의 경우에 의료를 위하여 든 비용이나 그로 인한 수입 감소를 보상하는 보험들을 통틀어 이르는 말. 의료보험, 질병보험, 상해보험이 있음.
- ☐ 진료비: 진찰받는 환자가 의사나 병원에 치르는 요금
- ☐ 적용: 알맞게 이용하거나 맞추어 씀.
- ☐ 예상: 어떤 일을 직접 당하기 전에 미리 생각하여 둠. 또는 그런 내용
- ☐ 접수대: 처리할 문서나 금품을 받는 곳
- ☐ 문진표: 환자의 병의 원인이나 증상 등을 일정한 형식에 맞추어 기록한 것
- ☐ 연장: 시간이나 거리를 본래보다 길게 늘림.
- ☐ 응급 상황: 매우 위급하거나 긴급한 상황
- ☐ 보건실: 학교나 회사 같은 조직에서 사람들의 건강과 위생에 관한 일을 담당하는 곳
- ☐ 신분: 개인의 사회적인 위치나 계급
- ☐ 혜택: 은혜와 덕택을 아울러 이르는 말

PART 05 | 캠퍼스 생활

(1) 군대 가면 학교는 어떻게 해요? 104

문법 check!

- ☐ A + -기 짝이 없다: 비할 데 없이 대단하거나 매우 심함을 강조하여 나타내는 말
- ☐ N + 와/과 달리: 앞의 사실과 차이가 나는 어떤 사실을 나타내는 말
- ☐ N1 + 은/는 N2 + 와/과 다르다: N1과 N2가 서로 같지 않음, 차이가 있음을 나타내는 말
- ☐ A/V + -(으)려나: 혼잣말에 가까운 표현으로, 추측을 가볍게 묻는 데 사용하는 말

talk talk 단어 · 표현

- ☐ 어학연수: 외국어를 배우기 위하여 현지로 가서 그 나라의 말과 생활을 직접 배우는 학습 방법
- ☐ 능글능글: 음흉하고 능청스러운 모양
- ☐ 제대: 군인이 복무를 마치고 나옴.
- ☐ 시간을 내다: 시간적 여유를 만들다.
- ☐ 복귀: 원래의 자리나 상태로 되돌아감.
- ☐ 휴학: 일정 기간 동안 학교를 쉬는 일
- ☐ 복학: 일정 기간 동안 학교를 쉬었던 학생이 다시 학교에 복귀함.
- ☐ 징병제: 국가가 국민 모두에게 강제적으로 군사적 의무를 맡기는 의무 병역 제도
- ☐ 복무: 어떤 직무나 임무에 힘씀.
- ☐ 계급: 사회나 일정한 조직 내에서의 지위, 직무의 단계
- ☐ 군 면제: 병역의 책임이나 의무를 지지 않게 됨.
- ☐ 공로: 일을 마치거나 목적을 이루는 데 들인 노력과 수고
- ☐ 위로주: 괴로움을 덜어 주거나 슬픔을 달래 주기 위하여 마시는 술

(2) 방학 때 뭐 하세요? ········ 110

문법 check!

- ☐ N + 동안(에): 어떤 일이 계속되거나, 어떤 일이 일어나는 데 걸린 시간의 길이를 나타내는 말
- ☐ A/V + -고 하다: 앞의 말의 내용이 뒤의 말이 나타내는 행위를 하는 몇 가지 이유 중에 하나임을 나타내는 말
- ☐ N + 에 한하여: 앞의 조건이나 범위로 정해지거나 한정된 것만을 나타내는 말
- ☐ A + -다거나, V + -ㄴ/는다거나: 여러 가지 행위를 예로 들어 나열하면서 설명할 때 사용하는 말
- ☐ A/V + -(으)ㄹ지도 모르다, N + 일지도 모르다: 확실하지 않은 일이지만 그럴 가능성이 있다는 추측을 나타내는 말

talk talk 단어 · 표현

- ☐ 배낭여행: 필요한 물품을 준비하여 배낭에 넣고 떠나는 여행
- ☐ 등록금: 학교나 학원에 등록할 때 내는 돈
- ☐ 보태다: ① 모자라는 것을 더하여 채우다. ② 이미 있던 것에 더하여 많아지게 하다. 여기서는 ①의 뜻
- ☐ 학자금: 공부하는 데에 드는 비용
- ☐ 취업: 직업을 갖게 됨.
- ☐ 상환: 갚거나 돌려줌.
- ☐ 대외 활동: 외부 또는 나라 밖에서 어떤 일의 성과를 거두기 위하여 힘씀.
- ☐ 공모전: 공개 모집한 작품의 전시회
- ☐ 쌓다: ① 여러 개의 물건을 겹겹이 포개어 얹어 놓다. ② 경험, 기술, 업적, 지식을 거듭 익혀 많이 이루다. 여기서는 ②의 뜻
- ☐ 자기소개서: 흔히 '자소서'라고 줄여 이르며, 자기의 이름, 경력, 성격, 계획이나 희망을 적어서 제출하는 글
- ☐ 알차다: 속이 꽉 차 있거나 내용이 아주 실속이 있다.
- ☐ 성장: ① 사람이나 동식물이 자라서 점점 커짐. ② 사물의 규모나 세력이 점점 커짐. 여기서는 ①의 뜻

(3) 휴학하고 뭐 할지 계획은 있어? 116

문법 check!

- ☐ V + -고 싶어 죽(겠)다: 말하는 사람이 하기 원하거나 바라는 것을 과장하여 나타내는 말
- ☐ V + -(으)ㄹ까 하다: 아직 정해지지 않은 일에 대하여 그 행동을 하고 싶은 마음이나 생각이 있다는 것을 나타내는 말
- ☐ N + 뿐이다: '그것만이고 더는 없음' 또는 '오직 그렇게 하거나 그러하다는 것'을 나타내는 말
- ☐ V1 + -(으)랴 V2 + -(으)랴: 여러 가지 일을 모두 하고자 하는 뜻을 나타내는 말
- ☐ A/V + -았/었던 것 같다, N + 이었던 것 같다: 과거의 사건에 대해 불확실한 기억을 표현하거나, 어떤 단서를 바탕으로 추측할 때 사용하는 말
- ☐ N + 같이: 앞말이 보이는 전형적인 어떤 특징처럼의 뜻을 나타내는 말
- ☐ 어디 N + 뿐인가(요): 앞의 사실에 더하여 다른 사실도 있음을 강조하여 나타내는 말
- ☐ V + -(으)ㄴ/는 김에: 앞의 말이 나타내는 행동에 이어서 또는 그 행동을 계기로 그것과 관련된 다른 행동도 함께함을 나타내는 말

talk talk 단어 · 표현

- ☐ 어쩌다: '어쩐'으로 자주 쓰이며, '무슨', '웬'의 뜻을 나타냄.
- ☐ 지치다: 힘든 일을 하거나 어떤 일에 시달려서 기운이 빠지다.
- ☐ 버티다: ① 어려운 일이나 외부의 압력을 참고 견디다. ② 어떤 대상이 주변 상황에 움직이지 않고 든든히 자리 잡다. 여기서는 ①의 뜻
- ☐ 쉼표를 찍다: 어떤 일을 중단하고 잠시 쉬어 가다.
- ☐ 한 달 살기: 한 달 정도의 일정 기간 동안 특정 지역에 머물며 그 지역의 일상과 문화를 체험하는 여행을 재미있게 이르는 신조어
- ☐ 체류 기간: 특정한 시기부터 어느 정해진 시기까지 체류하여 머무르는 기간
- ☐ 경비: 어떤 일을 하는 데 드는 비용
- ☐ 지역 청년 센터: 각 지역 청년을 위한 정보 제공과 교육, 멘토링, 공간 대여 등 다양한 지원 서비스를 제공하는 공간
- ☐ 현지: ① 사물이 현재 있는 곳. ② 일이 생긴 그 자리. ③ 일을 실제 진행하거나 작업하는 그곳. 여기서는 ①의 뜻
- ☐ 로컬 워케이션(Local Workation): 집이나 회사가 아닌 휴가지에서 근무하는 업무 형태. 새로운 지역에서의 일과 새로운 경험을 결합한 것을 말함.

PART 06 | 사회를 향해

(1) 코스모스 졸업이네. ···································· 126

문법 check!

- ☐ V + -(으)려면 멀었다: 어떤 일이 일어나려면 앞으로 많은 시간이 남았음을 나타내는 말
- ☐ V + -기 일쑤(이)다: 앞의 말이 나타내는 일이 매우 자주 있음을 나타내는 말
- ☐ V + -(으)려던 참이다: 어떤 일을 이제, 막 하려고 하는 것을 나타내는 말
- ☐ V + -는 게 어때(요): 어떤 일을 조언하거나 권유할 때 사용하는 말
- ☐ N + 을/를 놓고 고민하다: N을 논의의 대상으로 삼아 두고 어찌할 줄 몰라함을 나타내는 말
- ☐ N + 을/를 향하여 달리다: 어느 목표를 달성하기 위해 끊임없이 노력하고 나아가는 모습을 비유적으로 나타내는 말

talk talk 단어 · 표현

- ☐ 코스모스 졸업: 늦여름에 하는 졸업. 한국은 보통 초봄인 2월에 졸업을 하는데, 코스모스가 피기 시작하는 8월 중하순에 졸업한다고 하여 붙은 이름
- ☐ 요건: ① 중요한 일이나 안건. ② 필요한 조건. 여기서는 ②의 뜻
- ☐ 충족: 일정한 분량을 채워 모자람이 없게 함.
- ☐ 졸업 논문: 규칙에 따라 정해진 교과 과정을 이수하고 졸업하기 위하여 제출하는 논문. 전공 분야의 특정 문제에 대해서 연구하고 정리하여 교수에게 제출하여 심사를 받음.
- ☐ 졸업 시험: 졸업을 위한 정해진 교과 과정을 마쳤는지 여부를 평가하기 위한 시험
- ☐ 창업: 사업을 처음으로 이루어 시작함.
- ☐ 잡무: 여러 가지 작고 시시하여 대수롭지 않은 사무나 일
- ☐ 중견기업: 자본금이나 종업원 수의 규모가 중기업보다 크고 대기업보다는 작은 기업
- ☐ 실무: 실제의 업무나 사무
- ☐ 돌아가다: ① 물체가 일정한 축을 중심으로 원을 그리면서 움직여 가다. ② 일이나 형편이 어떤 상태로 진행되어 가다. ③ 어떤 것이 차례로 전달되다. 여기서는 ②의 뜻

(2) 취업 준비로 불태워 보자! · 132

문법 check!

- [ ] N + 은/는 말할 것도 없다: 앞의 내용이 뒤의 내용과 같은 것은 너무 당연한 일이라 일부러 말할 필요도 없음을 나타내는 말
- [ ] A + 다고 해도 과언이 아니다, V + -ㄴ/는다고 해도 과언이 아니다: '앞의 말처럼 말한다고 해도 정도가 지나친 말 또는 과장된 말이 아니다'라는 의미를 나타내는 말
- [ ] A/V + -(으)ㄴ/는 경우가 많다: 특정한 일이 항상은 아니지만, 자주 일어나는 편임을 말할 때 사용하는 말
- [ ] V + -다 보니(까): 동작을 반복하거나 지속한 결과로 뒤의 상황이 되었거나 그것을 깨닫게 되었음을 나타내는 말

talk talk 단어 · 표현

- [ ] 밤샘: 잠을 자지 않고 밤을 보냄.
- [ ] 서두르다: ① 일을 빨리 해치우려고 급하게 바삐 움직이다. ② 어떤 일을 예정보다 빠르게 혹은 급하게 처리하려고 하다. 여기서는 ②의 뜻
- [ ] 공백기: 특정한 활동이나 업적 없이 그냥 지내는 기간
- [ ] 이력서: 지금까지 거쳐 온 학업, 직업, 경험 등의 경력을 적은 문서
- [ ] 차별화: 둘 이상의 대상을 각각 등급이나 수준의 차이를 두어 구별된 상태가 되게 함.
- [ ] 조급하다: 늦거나 느긋하지 아니하고 매우 급하다.
- [ ] 너나없이 (모두): 너와 나를 가릴 것 없이 모두
- [ ] 어느새: 어느 틈에 벌써
- [ ] 숨을 쉬다: 어떤 상황이나 환경에서 편안함을 느끼거나 여유를 갖는다는 것을 비유적으로 이르는 말을 가리킨다.
- [ ] 불태우다: ① 불을 붙여서 타게 하다. ② 의욕이나 정열을 끓어오르게 하다. 여기서는 ②의 뜻

(3) 진로는 정했니? · 138

문법 check!

- ☐ A/V + -(으)ㄹ까 보다: 바라지 않는 일이 생길 것을 미리 걱정할 때 사용하는 말
- ☐ N + 은/는 물론이거니와: 앞에 오는 말을 포함하여 전체 문장의 내용이 당연히 그러함을 나타내는 말
- ☐ A/V + -(으)ㄹ 듯하다: 미래에 일어날 법한 상황을 막연하게 추측하거나, 주관적인 느낌을 나타내는 말
- ☐ A/V + -던 차에: 어떠한 일을 하던 기회나 순간을 표현할 때 나타내는 말

talk talk 단어 · 표현

- ☐ 발등에 불 떨어지다: 일이 몹시 절박하게 닥쳤음을 비유적으로 이르는 말
- ☐ 진로: 앞으로 나아갈 길
- ☐ 대학원: 대학을 졸업한 사람이 보다 전문적으로 학술과 기술, 예술을 연구하는 과정으로 대학 과정보다 한층 더 깊은 연구와 교수가 이루어짐.
- ☐ E-7: 특정 활동 비자, 한국 회사에서 외국인이 전문직으로 일할 수 있게 해주는 취업 비자
- ☐ F-2: 거주 비자, 중장기 체류와 자유로운 생활을 가능하게 해주는 비자
- ☐ D-10: 구직 비자 또는 활동 준비 비자, 한국에서 취업이나 창업을 준비하는 외국인을 위한 비자
- ☐ 구직 활동: 실업이나 현재 직업에 대한 불만족 등으로 직업을 찾는 활동
- ☐ 머무르다: ① 도중에 멈추거나 일시적으로 어떤 곳에 묵다. ② 더 나아가지 못하고 일정한 수준이나 범위에 그치다. 여기서는 ①의 뜻
- ☐ 분야: 여러 갈래로 나누어진 범위나 부분
- ☐ 추천서: 추천의 내용을 담은 글
- ☐ 길이 보이다: 막막했던 상황에서 해결책이나 앞으로 나아갈 방향이 보이기 시작하는 것으로, 방법이나 해결책이 나타남을 비유적으로 이르는 말
- ☐ 인재: 어떤 일을 할 수 있는 학식이나 능력을 갖춘 사람

[직장 생활 편]

PART 07 | 입사, 첫걸음

(1) 네이비색 옷이 신뢰감을 준다고 했지? 150

문법 check!

- ☐ V + -아/어 주셔서 감사하다: 상대방이 자신을 위해 무언가를 해준 행동에 대해 고마움을 나타내는 말
- ☐ A/V + -(으)ㄹ 것 같다: 미래에 대한 추측이나 어느 정도 불확실한 생각을 표현할 때 사용하는 말
- ☐ N + 만 아니면: 피할 수 없는 상황이나 이유를 강조할 때 사용하는 말
- ☐ A/V + -(으)ㄴ/는 것만으로도: 어떤 행동이나 상태 그 자체만으로도 특별한 의미나 결과가 있음을 나타내는 말
- ☐ V + -(으)ㄹ 뻔하다: 어떤 일이 일어나기 직전의 상태까지 갔음을 나타내며, 조금만 잘못했다면 그 일이 일어났을 것이라는 뜻을 나타내는 말

talk talk 단어 · 표현

- ☐ 면접: ① 서로 대면하여 만나 봄. ② 직접 만나서 인품이나 언행을 평가하는 시험. 여기서는 ②의 뜻
- ☐ 넋을 놓다: 제정신을 잃고 멍한 상태가 되다.
- ☐ 불합격: ① 시험에 떨어짐. ② 어떠한 조건이나 격식에 맞지 아니함. 여기서는 ①의 뜻
- ☐ 잡담: 쓸데없이 지껄이는 말
- ☐ 수익률: 자본에 대한 수익의 비율
- ☐ 투자: 이익을 얻기 위해 어떤 일이나 사업에 자본을 대거나 시간과 정성을 쏟는 일
- ☐ 신뢰감: 굳게 믿고 의지하는 마음
- ☐ 깔맞춤: 옷이나 악세사리 등의 색상을 비슷한 계열로 맞추어 코디하는 형태를 재미있게 표현하는 말
- ☐ 쫄다: 위협적인 대상 앞에서 기를 펴지 못하거나 겁을 먹다.
- ☐ 지원: 어떤 일이나 조직에 뜻을 두어 한 구성원이 되기를 바람.
- ☐ 티를 내다: 어떤 태도나 기색을 나타내다.
- ☐ 예시: 예를 들어 보임.
- ☐ 시도: 어떤 것을 이루어 보려고 계획하거나 행동함.
- ☐ 적응: 일정한 조건이나 환경에 맞추어 행동하거나 알맞게 됨.

(2) 신입 발표 준비 때문에 그러시죠? 156

문법 check!

- ☐ N + 에 대해서: 어떤 주제나 대상에 대해 이야기하거나 관심을 가질 때 나타내는 말
- ☐ A/V + -(으)ㄹ 때: 어떤 행동이나 상황이 일어나는 동안이나, 그 시기 또는 그러한 일이 일어난 경우를 나타내는 말
- ☐ A/V + -(으)ㄴ/는 게 아니라, N + 이/가 아니라: 현재나 일반적인 사실에 대해 부정하고 대조하는 내용을 제시할 때 나타내는 말
- ☐ A/V + -고요, N + 이고요: 앞의 내용에 덧붙여 다른 내용을 말하거나, 부드러운 어조로 추가적인 정보를 전달할 때 사용하는 말
- ☐ A/V + -았/었는지: 과거의 불확실한 정보나 막연한 의문을 나타내는 말
- ☐ V + -도록 하다: ① 듣는 사람에게 어떤 행동을 명령하거나 권유를 나타내는 말로 '-(으)ㅂ/시다'보다 공식적이고 책임감이 더 느껴지는 표현이다. ② 말하는 사람이 어떤 행위를 할 것이라는 의지나 다짐을 나타낸다. 여기서는 ①의 뜻

talk talk 단어 · 표현

- ☐ 목차: 목록이나 제목의 차례
- ☐ 나열: ① 죽 벌여 놓음. 또는 죽 벌여 있음. ② 나란히 줄을 지음. 여기서는 ①의 뜻
- ☐ 경쟁 업체: 비슷한 종류여서 서로 앞서려고 다툼이 일어나는 사업의 주체
- ☐ 집중적: 한곳을 중심으로 모이거나 모으는 것
- ☐ 자부심: 자기 자신 또는 자기와 관련된 것에 대하여 스스로 그 가치나 능력을 믿고 당당히 여기는 마음
- ☐ 개선 방안: 잘못된 것이나 부족한 것, 나쁜 것을 고쳐 더 좋게 만들어 나갈 방법이나 계획
- ☐ 설득력: 상대방이 이쪽 편의 이야기를 따르도록 깨우치는 힘
- ☐ 작성: 서류, 원고를 만듦.
- ☐ 나누다: ① 음식을 함께 먹거나 갈라 먹다. ② 말이나 이야기, 인사를 주고 받다. ③ 같은 핏줄을 타고 나다. 여기서는 ②의 뜻
- ☐ 퇴근: 일터에서 근무를 마치고 돌아가거나 돌아옴.

(3) 저에게 건배사의 기회를 주시는 건가요? · 162

문법 check!

- [ ] A/V + -아/어지다: ① 동사 뒤에서 사용되어, 남의 힘에 의하여 앞말이 뜻하는 행동을 입음을 나타내는 말. ② 형용사 뒤에서 사용되어, 앞말이 뜻하는 상태로 됨을 나타내는 말. 여기서는 ②의 뜻
- [ ] A/V + -더라고(요): 화자가 과거에 직접 경험하여 새롭게 알게 된 사실을 다른 사람에게 그대로 옮겨와 나타내는 말
- [ ] N + 을/를 위하여: 어떤 대상에게 이롭게 하거나 어떤 목표나 목적을 이루려고 함을 나타내는 말
- [ ] V + -우-: 사동의 의미를 더하는 접사 중 하나로, '-이-, -히-, -리-, -기-, -우-, -구-, -추-'와 같은 사동 접사는 주어의 행위로 다른 대상이 어떤 행동을 하도록 만들 때 사용하는 말

talk talk 단어 · 표현

- [ ] 식구: ① 한집에서 함께 살면서 끼니를 같이하는 사람. ② 한 조직에 속하여 함께 일하는 사람을 비유적으로 이르는 말. 여기서는 ②의 뜻
- [ ] 환영사: 오는 사람을 반갑게 맞이하는 뜻으로 하는 인사말
- [ ] 신입 사원: 어떤 회사에 새로 들어온 사람
- [ ] 전통: 어떤 집단이나 공동체에서, 지난 시대부터 전해 내려오며 고유하게 만들어진 사상 · 관습 · 행동의 양식
- [ ] 발음: 음성을 냄. 또는 그 음성
- [ ] 인상적: 어떤 대상에 대하여 마음속에 새겨지는 느낌이 강하게 남는 것
- [ ] 건배사: 주로 술자리 등에서 건배를 제의하면서 하는 인사말
- [ ] 언질을 주다: 어떤 일이나 현상의 결과를 예측할 수 있는 단서를 제공하다.

PART 08 | 직장 생활 시작

(1) 다 회의의 일부예요. ······ 172

문법 check!

- ☐ A/V + -기만 하다: 특정 행동이나 상태가 반복되거나 지속됨을 나타내는 말
- ☐ V + -았/었더니: 과거의 사실이나 상황에 뒤이어 어떤 사실이나 상황이 일어남을 나타내는 말
- ☐ A/V + -았/었었다: 현재와 비교하여 다르거나 단절되어 있는 과거의 사건을 나타내는 말
- ☐ A + -아/어 보이다: 자신의 판단을 근거로, 겉으로 볼 때 앞의 말이 나타내는 것처럼 느껴지거나 추측됨을 나타내는 말

talk talk 단어 · 표현

- ☐ 직접적: 중간에 제삼자나 매개물이 없이 바로 연결되는 것
- ☐ 돌려(서) 말하다: 직설적으로 말하지 않고 짐작하여 알아듣도록 말하다.
- ☐ 상사: 자기보다 직급이나 지위가 위인 사람
- ☐ 공유: ① 두 사람 이상이 한 물건을 공동으로 소유하거나 이용함. ② 정보나 의견, 감정을 나눔. 여기서는 ②의 뜻
- ☐ 평가: 어떤 대상의 가치나 수준을 헤아려 정함. 또는 그 가치나 수준
- ☐ 요약: 말이나 글의 요점을 잡아서 정리함.
- ☐ 사회생활: 사람이 사회에 속하여 집단적으로 모여서 질서를 유지하며 살아가는 공동생활
- ☐ 예의범절: 일상생활에서 갖추어야 할 모든 예의와 절차

(2) 발표의 달인이네요. · 176

문법 check!

- [ ] N + 에 초점을 맞추다: 특정 대상이나 내용에 집중함을 나타내는 말
- [ ] V + -기 전에: 뒷말에 나타나는 행동이 앞에 오는 말에 나타나는 행동보다 앞서는 것을 나타내는 말
- [ ] V + -아/어 드리다: 남에게 도움을 제안하거나 약속할 때, 또는 남에게 도움을 요청할 때 주로 사용하는 말, '-아/어 주다'보다 공손한 표현으로 사용하는 말
- [ ] V + -기 십상이다: 앞의 말이 나타내는 상황이 되기 쉽다거나 그럴 가능성이 크다는 의미를 나타내는 말

talk talk 단어 · 표현

- [ ] 대상: 어떤 일의 상대 또는 목표나 목적이 되는 것
- [ ] 재구성: 한 번 구성하였던 것을 다시 새롭게 구성함.
- [ ] 청중: 강연이나 설교, 음악을 듣기 위하여 모인 사람들
- [ ] 머리가 하얘지다: 극심한 긴장, 스트레스, 충격 등으로 인해 순간적으로 생각이 끊기거나 멍해지다.
- [ ] 심호흡: 의식적으로 폐 속에 공기가 많이 드나들도록 숨 쉬는 방법
- [ ] 한결: 전에 비하여서 한층 더
- [ ] 자신감: 자신이 있다는 느낌
- [ ] 조언: 말로 거들거나 깨우쳐 주어서 도움. 또는 그 말
- [ ] 달인: 학문이나 기술, 예술 분야에서 남달리 뛰어난 힘을 가진 사람
- [ ] 복: 삶에서 누리는 좋고 만족할 만한 행운. 또는 거기서 얻는 행복
- [ ] 전생에 덕을 쌓다: 이 세상에 태어나기 이전 생애에서 착한 일을 하여 쌓은 업적과 어진 덕을 많이 얻거나 가지다.
- [ ] 살아나다: ① 죽었거나 거의 죽게 되었다가 다시 살게 되다. ② 약해진 세력이나 기운이 다시 강해지다. 여기서는 ②의 뜻
- [ ] 기(를) 살리다: 기운을 북돋다.

(3) 출장 전에 점검하는 게 좋을 것 같아서요. ········· 182

문법 check!

- ☐ V + -기에 앞서(서): 어떤 행위나 행동을 시작하기 전에 해야 할 일이나 먼저 내세우는 조건을 나타내는 말
- ☐ A/V + -(으)ㄹ 테니까: '-ㄹ 터이니까'를 줄여 이르는 말로, 뒤에 오는 말에 대한 조건임을 강조하여, 앞에 오는 말에 대한 말하는 사람의 의지를 나타내는 말
- ☐ A/V + -(으)ㄹ뿐더러, N + 일뿐더러: 어떤 일이 그것만으로 그치지 아니하고 나아가 다른 일이 더 있음을 나타내는 말
- ☐ N + 을/를 기준으로: '어떤 것을 표준이나 근거로 삼아'라는 의미를 나타내는 표현으로, 판단이나 결정의 근거, 시간의 시작점이나 시점, 비교나 분류의 기준을 제시할 때 사용하는 말

talk talk 단어 · 표현

- ☐ 출장: 용무를 위하여 임시로 다른 곳으로 나감.
- ☐ 단위: ① 길이, 무게, 수, 시간 등의 수량을 수치로 나타낼 때 기초가 되는 일정한 기준. ② 전체를 이루는 기본 요소로서 낱낱의 조직이나 집단. 여기서는 ①의 뜻
- ☐ 거래처: 돈이나 물건을 계속 거래하는 곳
- ☐ 전반적: 어떤 일이나 부분에 대하여 그것과 관계되는 전체
- ☐ 파악: 어떤 대상의 내용이나 본질을 확실하게 이해하여 앎.
- ☐ 기재: 문서에 기록하여 올림.
- ☐ 최종: 맨 나중
- ☐ 처리하다: 사무나 사건을 절차에 따라 정리하여 치르거나 마무리를 짓다.

PART 09 | 사내 프로그램

(1) 인사팀에서 진행하는 교육이에요. 192

문법 check!

- ☐ A/V + -던데(요), N + 이던데(요): 과거에 직접 경험한 사실을 전달하여 듣는 사람의 반응을 기대함을 나타내는 말
- ☐ V + -(으)려면: 어떤 일을 할 의도가 있음을 가정할 때 사용하는 말
- ☐ A/V + -듯이: 뒤 문장의 내용이 앞 문장의 내용과 거의 같음을 나타내는 말
- ☐ V + -곤 하다: 같은 상황이 반복됨을 나타내는 말

talk talk 단어 · 표현

- ☐ 부서: 기관, 기업, 조직에서 일이나 사업의 체계에 따라 나뉘어 있는, 사무의 단위
- ☐ 인사팀: 조직에서 인사(관리나 직원의 고용, 평가 등과 관계되는 행정적인 일)를 목적으로 짜여진 부서. 또는 그 부서에 속한 사람
- ☐ 참석: 모임이나 회의 자리에 참여함.
- ☐ 응대: ① 손님을 맞아들여 접대함. ② 부름이나 물음 또는 요구에 응하여 상대함. 여기서는 ②의 뜻
- ☐ 실습: 이미 배운 이론을 토대로 하여 실제로 해 보고 익히는 일
- ☐ 보고서: 일에 관한 내용이나 결과를 알리는 글이나 문서
- ☐ 초보: ① 처음으로 내딛는 걸음. ② 학문이나 기술을 익힐 때의 그 처음 단계나 수준. 여기서는 ②의 뜻
- ☐ 눈 감고(도) 하다: 어떤 일에 대한 숙련도가 매우 높아 아무런 어려움 없이 해낼 수 있음을 비유적으로 이르는 말이다.
- ☐ 진작: 좀 더 일찍이. 주로 기대나 생각대로 잘되지 않은 지나간 사실에 대하여 뉘우침이나 원망의 뜻을 나타내는 문장에 씀.
- ☐ 겁내다: 무섭거나 두려운 마음을 나타내다.

(2) 워크숍은 동료들과 가까워지는 시간이니까요. ························ 198

문법 check!

- [ ] N + (이)면: 둘 이상의 사물을 같은 자격으로 이어 줌을 나타내는 말
- [ ] A/V + -(으)ㄴ/는 만큼, N + 만큼: 앞말과 행동이나 상태, 수량이 비슷하거나 같은 정도를 나타내는 말
- [ ] A/V + -지 않게 하다: 어떤 행동이나 상태가 발생하지 않도록 의도적으로 조치하거나 관리함을 나타내는 말
- [ ] A/V + -다가: 어떤 동작이나 상태가 중단되고 다른 동작이나 상태로 바뀜을 나타내는 말
- [ ] V + -고 오다: 앞선 동작이 완료된 후 그 결과 상태를 유지하는 것을 나타내는 말

talk talk 단어 · 표현

- [ ] 워크숍(Workshop): 한국에서 워크숍의 의미는 직원 교육, 부서 회의, 단합 활동까지 모두 포함한 행사를 의미함.
- [ ] 토론: 어떤 문제에 대하여 여러 사람이 각각 의견을 말하며 논의함.
- [ ] 의견: 어떤 대상에 대하여 가지는 생각
- [ ] 단체: ① 같은 목적을 달성하기 위하여 모인 사람들의 일정한 조직체. ② 여러 사람이 모여서 이루어진 집단. 여기서는 ①의 뜻
- [ ] 뷔페: 여러 가지 음식을 차려 놓고 손님이 스스로 선택하여 덜어 먹도록 함.
- [ ] 식단: 일정한 기간 동안 먹을 음식의 종류와 순서를 짜 놓은 표. 또는 그러한 종류나 순서
- [ ] 배려: 도와주거나 보살펴 주려고 마음을 씀.
- [ ] 전문: 어떤 분야에 상당한 지식과 경험을 가지고 오직 그 분야만 연구하거나 맡음. 또는 그 분야
- [ ] 부상: 몸에 상처를 입음.
- [ ] 승부욕: 상대와 경쟁을 하여 승부를 내거나 이기려고 하는 욕구나 욕심
- [ ] 후기: 본문 끝에 덧붙여 기록함. 또는 그런 글
- [ ] 동료: 같은 직장이나 같은 부문에서 함께 일하는 사람

(3) 회사 동호회에 가입했어요. 204

문법 check!

- ☐ A/V + -(으)ㄴ/는데, N + 인데: 뒤의 말을 하기 위해 그 대상과 관련된 상황이나 배경을 제시할 때 사용하는 말
- ☐ N + 이기도 하고 N + 이기도 하다: 동시에 발생하는 여러 동작이나 상태를 나타내는 말
- ☐ A/V + -(으)ㄹ 듯 말 듯: 그런 것 같기도 하고 그러지 아니한 것 같기도 함을 나타내는 말
- ☐ A/V + -았/었던: 과거의 사건이나 상태를 다시 떠올리거나, 그 사건이나 상태가 현재와는 다른 단절됨을 나타내는 말
- ☐ A/V + -(으)면 A/V + -(으)ㄹ수록: 시간이 지나면서 어떤 상황이나 정도가 점점 심해짐을 나타내는 말

talk talk 단어 · 표현

- ☐ 사모님: 윗사람의 부인을 높여 부르거나 이르는 말
- ☐ 산악회: 등산하는 사람들로 이루어진 단체
- ☐ 동호회: 같은 취미를 가지고 함께 즐기는 사람들의 모임
- ☐ 아무래도: 아무리 생각해 보아도. 또는 아무리 이리저리 하여 보아도
- ☐ 가입: 조직이나 단체에 들어가거나, 서비스를 제공하는 상품을 신청함.
- ☐ 남짓: 크기, 수, 부피가 어느 한도에 차고 조금 남는 정도임을 나타내는 말
- ☐ 인간관계: 인간과 인간, 또는 인간과 집단과의 관계를 통틀어 이르는 말
- ☐ 쑥스럽다: 하는 짓이나 모양이 자연스럽지 못하여 민망하고 어색한 데가 있다.
- ☐ 비행기(를) 태우다: 남을 지나치게 칭찬하거나 높이 평가하다.

(1) 출산 휴가에 들어가요. ·· 214

문법 check!

- ☐ V + -기로 하다: 앞말이 나타내는 행동을 할 것을 결심하거나 약속함을 나타내는 말
- ☐ A/V + -(으)ㄹ 테지만: 말하는 사람은 앞의 내용을 확신하지만, 뒤의 내용은 그것과 다를 수 있음을 나타내는 말
- ☐ N + 에/에게 집중하다: '무엇에 집중하다' 또는 '누구에게 집중하다'라는 의미로, 어떤 대상에 정신을 모을 때 사용하는 말
- ☐ A/V + -(으)ㄴ/는 편이다, N + 인 편이다: 어떤 사실에 대해 단정적으로 말하기보다는 대체로 어떤 쪽에 가깝거나 속한다고 이야기할 때 사용하는 말

talk talk 단어 · 표현

- ☐ 관련: 둘 이상의 사람, 사물, 현상이 서로 관계를 맺어 매여 있음. 또는 그 관계
- ☐ 여쭈다: ① 웃어른에게 말씀을 올리다. ② 웃어른에게 인사를 드리다. 여기서는 ①의 뜻
- ☐ 출산 휴가: 근로 여성이 아이를 낳기 위하여 얻는 휴가
- ☐ 상황: 일이 되어 가는 과정이나 형편
- ☐ 충분히: 모자람이 없이 넉넉하게
- ☐ 현실적: ① 현재 실제로 존재하거나 실현될 수 있는 것. ② 실제로 얻을 수 있는 이익을 우선시하는 태도. 여기서는 ①의 뜻
- ☐ 결정: 행동이나 태도를 분명하게 정함. 또는 그렇게 정해진 내용
- ☐ 당연: 일의 앞뒤 사정을 놓고 볼 때 마땅히 그러함.
- ☐ 육아 휴직: 아이를 돌보기 위해 직장을 잠시 쉬는 것
- ☐ 친정: 결혼한 여자의 부모가 사는 집. 또는 그 부모의 집안
- ☐ 시댁: 남편의 부모가 사는 집. 또는 그 부모의 집안을 높여 이르는 말
- ☐ 장려: 좋은 일에 힘쓰도록 북돋아 줌.

(2) 비자 변경 조건이 사람마다 다르거든요. · 220

문법 check!

- [ ] N + 에 따라(서): 앞의 상황이나 기준에 근거하여 뒤의 행위나 상황이 나타날 때 사용하는 말
- [ ] A + -대(요), V + -ㄴ/는대(요): 다른 사람의 말을 간접적으로 인용하거나, 내가 직접 경험하지 않은 정보를 전달할 때 사용하는 말
- [ ] A/V + -거든(요): 어떤 상황이나 일에 대해 상대가 모르고 있는 내용이나 이유를 말할 때 사용하는 말
- [ ] A + -다고 듣다, V + -ㄴ/는다고 듣다: 다른 사람에게 들은 내용을 전달할 때 사용하는 말

talk talk 단어 · 표현

- [ ] 대회의실: 여럿이 모여 의논하는 데에 쓰는 방 가운데 가장 규모가 큰 방
- [ ] 정시: 일정한 시간 또는 시기
- [ ] 넉넉하다: ① 크기나 수량이 기준에 차고도 남음이 있다. ② 살림살이가 모자라지 않고 여유가 있다. ③ 마음이 넓고 여유가 있다. 여기서는 ①의 뜻
- [ ] 비자: 외국인에 대한 출입국 허가의 증명
- [ ] 유형: 성질이나 특징이 공통적인 것끼리 묶은 하나의 틀. 또는 그 틀에 속하는 것
- [ ] 체류 자격: 다른 지역이나 지방에 가서 머무를 수 있는 데 필요한 조건이나 능력
- [ ] 변경 조건: 다르게 바꾸어 새롭게 고치는 데 필요한 상태나 요소
- [ ] 개별: 여럿 중에서 하나씩 따로 나뉘어 있는 상태
- [ ] 운영: 조직이나 기구, 사업체를 관리하고 이끌어 나감.
- [ ] 가산점: 어떤 것에 대한 대가로 더 주는 점수
- [ ] 승진: 직위의 등급이나 계급이 오름.
- [ ] 증명: 어떤 사항이나 판단에 대하여 그것이 진실인지 아닌지 증거를 들어서 밝힘.

(3) 한국 문화에 익숙해졌다고 생각했는데! ································· 226

문법 check!

- ☐ V + -는 동시에: 두 가지 이상의 행동이나 상태가 같은 시간대에 발생함을 나타내는 말
- ☐ A/V + (으)ㄹ 때(는) A/V + 아/어야 하다: 어떤 상황이나 행위가 지속되는 동안에 지켜야 할 의무나 필요성을 나타내는 말
- ☐ A/V + -고말고(요): 상대방의 물음에 대하여 긍정의 뜻을 강조하여 나타내는 말
- ☐ 비록 A/V + -(으)ㄹ지라도, N + 일지라도: 앞선 사실이나 상황에도 불구하고 뒤따르는 내용의 결과나 사실이 달라지지 않을 것이라고 말할 때 사용하는 말

talk talk 단어 · 표현

- ☐ 어색하다: ① 잘 모르거나 아니면 별로 만나고 싶지 않았던 사람과 마주 대하여 자연스럽지 못하다. ② 격식이나 규범, 관습에 맞지 않아 자연스럽지 않다. 여기서는 ②의 뜻
- ☐ 윗사람: ① 가족 중 나이나 위치가 자기보다 위이거나 높은 사람. ② 자기보다 지위나 신분이 높은 사람. 여기서는 ②의 뜻
- ☐ 무례하다: 태도나 말에 예의가 없다.
- ☐ 양손: 양쪽 손
- ☐ 보관: 물건을 맡아서 간직하고 관리함.
- ☐ 상대방: 어떤 일이나 말을 할 때 짝을 이루는 사람
- ☐ 회식: 여러 사람이 모여 함께 음식을 먹음. 또는 그런 모임
- ☐ 호칭: 이름 지어 부름. 또는 그 이름
- ☐ 헷갈리다: 정신이 혼란스럽게 되다.
- ☐ 직함: 직위나 직책, 직무의 이름
- ☐ 갈 길이 멀다: 앞으로 해야 할 일이 많이 남아 있다.

PART 11 | 성장 로드맵

(1) 틈틈이 자기 개발을 하고 있어요. 236

문법 check!

- ☐ A + -(으)ㄴ가 보다, V + -나 보다, N + 인가 보다: 직접 보거나 들은 근거를 통해서 상황에 대해 추측할 때 사용하는 말
- ☐ V + -아/어야겠다: 앞의 말이 나타내는 행동에 대한 강한 의지를 나타내거나 그 행동을 할 필요가 있음을 부드럽게 말할 때 사용하는 말
- ☐ V + -(으)ㄴ 다음에: 앞의 행위를 먼저 한 후에 뒤에 행위를 함을 나타내는 말
- ☐ V + -는 중이다, N + 중이다: 어떤 일이 진행되고 있음을 나타내는 말

talk talk 단어 · 표현

- ☐ 볼일: 해야 할 일
- ☐ 조절: 균형이 맞게 바로잡음. 또는 적당하게 맞추어 나감.
- ☐ 효율: 들인 노력과 얻은 결과의 비율
- ☐ 탕비실: 병원이나 사무실 등에서, 물을 끓이거나 설거지를 할 수 있도록 마련된 방
- ☐ 강의: 학문이나 기술의 일정한 내용을 체계적으로 설명하여 가르침.
- ☐ 지속: 어떤 상태가 오래 계속됨. 또는 어떤 상태를 오래 계속함.
- ☐ 작심삼일: 단단히 먹은 마음이 사흘을 가지 못한다는 뜻으로, 결심이 굳지 못함을 이르는 말
- ☐ 팔랑귀: 꿋꿋함이 없어 다른 사람이 하는 말에 잘 흔들리는 성질이나 사람을 비유적으로 이르는 말
- ☐ 자기 개발: 본인이 기술이나 능력을 발진시키는 일
- ☐ 소외: 어떤 무리에서 꺼리거나 싫어하여 따돌리거나 멀리함.

(2) 퇴근 후 외국인 문화 센터에 가요. · 242

문법 check!

- [ ] V + -고 싶다: 앞의 말이 나타내는 행동을 하기를 원하거나 바라는 것을 나타내는 말
- [ ] N + 에서 N + 사이: 행동이나 상태, 판단이 적용되는 범위를 나타내는 말
- [ ] A/V + -(으)ㄴ/는 데다가, N + 인 데다가: 어떤 동작이나 상태와 비슷한 다른 동작이나 상태가 더해짐을 나타내는 말
- [ ] N + 외: 일정한 범위나 한계를 벗어남을 나타내는 말

talk talk 단어 · 표현

- [ ] 문화 센터: 문화 보급이나 교류의 중심 기관
- [ ] 담그다: ① 액체 속에 넣다. ② 김치 · 술 · 장 · 젓갈 등을 만드는 재료를 버무리거나, 물을 부어서 익거나 삭도록 그릇에 넣어 두다. 여기서는 ②의 뜻
- [ ] 접수: 신청이나 신고를 말이나 문서로 받음
- [ ] 부담: ① 어떠한 의무나 책임을 짐. 또는 그런 일. ② 어떤 일이나 상황을 감당하는 것이 버겁게 느껴짐. 또는 그런 일. 여기서는 ②의 뜻
- [ ] 도전: 어려운 사업이나 기록 경신에 맞섬을 비유적으로 이르는 말
- [ ] 강사: 학교나 학원에서 어떤 일을 부탁하여 맡아 강의하는 사람
- [ ] 초급자: 맨 처음 또는 최저의 등급이나 단계에서 시작하는 사람
- [ ] 자원봉사자: 어떤 일을 대가 없이 스스로 참여하여 돕는 사람
- [ ] 확실히: 틀림없이 그러하게
- [ ] 활동: ① 몸을 움직여 행동함. ② 어떤 일의 성과를 거두기 위하여 힘씀. 여기서는 ①의 뜻
- [ ] 일정표: ① 일정 기간 동안 하여야 할 계획을 날짜별로 짜 놓은 표. ② 그날 하여야 할 일을 적어 놓은 표. 여기서는 ①의 뜻
- [ ] 정착: 일정한 곳에 자리를 잡아 정한 자리에 있거나 머물러 삶.

(3) 리더십 과정도 도전해 보고 싶어요. ········· 248

문법 check!

- [ ] A/V + -(으)ㄹ 뿐(만) 아니라, N + 뿐(만) 아니라: 앞의 말이 나타내는 내용에 더해 뒤의 말이 나타내는 내용까지 작용함을 나타내는 말
- [ ] V + -다 보면: 어떤 행동을 지속하거나 반복하는 과정에서 다른 일이 저절로 되거나 새로운 사실을 발견하게 될 때 사용하는 말
- [ ] A + -다면, V + -ㄴ/는다면, N + 이라면: 어떠한 사실이나 상황을 가정하는 뜻을 나타내는 말
- [ ] N + 을/를 밟다: 어떤 일을 위하여 순서나 절차를 거쳐 나감을 나타내는 말

talk talk 단어 · 표현

- [ ] 기획서: 회사나 국가 기관에서, 어떤 일이나 사업을 이루기 위해 계획한 내용을 적은 서류
- [ ] 제안서: 의견이나 원하는 바를 제안하는 문서
- [ ] 역량: 어떤 일을 해낼 수 있는 힘
- [ ] 근무 시간: 노동자가 계약에 따라 일을 하는 시간
- [ ] 경력: 겪어 지내 온 여러 가지 일
- [ ] 장벽: ① 가리어 막은 벽. ② 둘 사이의 관계를 순조롭지 못하게 가로막는 장애물. ③ 장애가 되는 것이나 극복하기 어려운 것. 여기서는 ③의 뜻
- [ ] 제도적: 사회생활에 필요한 일정한 방식이나 기준을 법률이나 제도로 규정하는 것
- [ ] 실무자: 실제로 사무를 맡아 처리하는 사람
- [ ] 보물 창고: 가치가 많은 공간이나 장소를 비유적으로 이르는 말
- [ ] 포기: ① 하려던 일을 도중에 그만두어 버림. ② 자기의 권리나 자격, 물건을 내던져 버림. 여기서는 ①의 뜻
- [ ] 활용: 도구나 물건을 충분히 잘 이용함.

PART 12 | 미래 설계

(1) 외국인도 4대 보험에 가입할 수 있어요. · 258

문법 check!

- ☐ A/V + -든지, N + (이)든지: 두 가지 이상의 선택지가 있음을 나타내거나, 어떤 선택지든 상관없다는 의미를 나타내는 말
- ☐ N + 을/를 불문하다: 앞의 말이 나타내는 것이 어떠하든 가리지 않음을 나타내는 말
- ☐ N + (이)라든가: 여러 예시나 선택지를 나타내는 말
- ☐ N1 + 와/과 N2 + 이/가 같다: N1과 N2를 비교하여 서로 다르지 않다는 것을 나타내는 말
- ☐ V + -게끔: 앞의 말이 뒤의 말의 목적이나 결과, 방식, 정도 등이 됨을 나타내는 말
- ☐ V + -(으)ㄹ 때가 오다: 지금은 아니지만, 앞으로 그 상황이 자연스럽게 발생할 것을 나타내는 말

talk talk 단어 · 표현

- ☐ 인수인계: 다른 사람에게 물려받고 넘겨줌.
- ☐ 전담: 어떤 일이나 비용의 전부를 도맡아 하거나 부담함.
- ☐ 지원: 지지하여 도움.
- ☐ 장려금: 좋은 일에 힘쓰도록 북돋아 주는 의미로 보조하여 주는 돈
- ☐ 축하금: 축하의 뜻으로 주는 돈
- ☐ 실업 급여: 일을 하다가 직장을 잃은 사람이 다시 직장을 찾는 동안 생활을 유지할 수 있도록 국가가 지급하는 돈
- ☐ 퇴직: 현재의 직업이나 직무에서 물러남.
- ☐ 환급: 도로 돌려줌.
- ☐ 노후: ① 제구실을 하지 못할 정도로 낡고 오래됨. ② 늙어진 뒤. 여기서는 ②의 뜻
- ☐ 재정: ① 돈에 관한 여러 가지 일. ② 개인, 가계, 기업의 경제 상태. 여기서는 ①의 뜻
- ☐ 연금: 국가나 사회에 특별한 공로가 있거나 일정 기간 동안 국가 기관에 복무한 사람에게 해마다 주는 돈
- ☐ 재취업: 직장을 그만두었던 사람이 다시 취업함.

(2) 부업을 하고 싶다면? · 264

문법 check!

- [ ] N + 같은 경우에: 어떤 사람이나 사건, 그리고 사물에 대해 포괄적인 의미를 전달하고 싶거나, 그것에 대해 직접적인 표현보다는 간접적인 표현이 필요할 때 사용하는 말
- [ ] A/V + -잖아(요): 어떤 상황에 대해 말하는 사람이 상대방에게 확인하거나 정정해 주듯이 말함을 나타내는 말
- [ ] N + 마다 다르다: 어떤 대상이나 경우에 따라 양상이나 결과가 서로 같지 않고 달라짐을 나타내는 말
- [ ] A/V + -(으)ㄹ 수도 있다: 어떤 상황이나 일에 대한 가능성을 추측할 때 사용하는 말
- [ ] A/V + -지 않을까(요): 어떤 사실에 대해 의문을 품거나 추측할 때, 자신의 생각이나 감정을 부드럽게 전달할 때 사용하는 말
- [ ] A/V + -아/어도 되다: 어떤 행동에 대한 허락이나 허용을 나타내는 말

talk talk 단어 · 표현

- [ ] 추천: 어떤 조건에 적합한 대상을 책임지고 소개함.
- [ ] 공고: 세상에 널리 알림.
- [ ] 부업: 본업 외에 여가를 이용하여 갖는 직업
- [ ] 유학생: 외국에 머물면서 공부하는 학생
- [ ] 허가: 행동이나 일을 하도록 허용함.
- [ ] 겸직: 자기의 원래 직무 외에 다른 직무를 겸함. 또는 그 직무
- [ ] 사업자: 사업을 경영하는 사람
- [ ] 궁금하다: 무엇이 알고 싶어 마음이 몹시 답답하고 안타깝다.
- [ ] 번역: 어떤 언어로 된 글을 다른 언어의 글로 옮김.
- [ ] 불이익: 이익이 되지 아니하고 손해가 되는 데가 있음.
- [ ] 명심: 잊지 않도록 마음에 깊이 새겨 둠.

(3) 새로운 역할에 도전해 보고 싶어요. ·· 270

문법 check!

- ☐ 종종 V + -고 있다: 어떤 동작이나 행동이 반복적으로, 자주 발생하고 있음을 나타내는 말
- ☐ A/V + -네요, N + (이)네요: 새로운 사실을 알게 되었을 때 느끼는 감탄이나 놀라움, 또는 약한 긍정을 나타내는 말
- ☐ A + -다고 생각하다, V + -ㄴ/는다고 생각하다: 자신의 생각이나 의견을 표현할 때 사용하는 말
- ☐ N + 치고: 주로 부정문과 함께 쓰이며, '그 전체가 예외 없이'의 뜻을 나타내는 말

talk talk 단어 · 표현

- ☐ 참여: 어떤 일에 끼어들어 관련을 맺음.
- ☐ 엄두가 나다: 흔히 부정적인 말과 함께 쓰이며, 감히 무엇을 하려는 마음을 먹음. 또는 그 마음을 의미한다.
- ☐ 교류: ① 시작하는 곳이 다른 물줄기가 서로 섞이어 흐름. 또는 그런 줄기. ② 문화나 사상이 서로 통함. 여기서는 ②의 뜻
- ☐ 제도: 관습이나 도덕, 법률의 규범이나 사회 구조의 체계
- ☐ 자산: 개인이나 법인이 소유하고 있는 경제적 가치가 있는 유형 · 무형의 재산
- ☐ 경쟁력: 경쟁할 만한 힘. 또는 그런 능력
- ☐ 성장: ① 사람이나 동식물이 자라서 점점 커짐. ② 사물의 규모나 세력이 점점 커짐. 여기서는 ②의 뜻
- ☐ 어필: 흥미를 불러일으키거나 마음을 끎.
- ☐ 문서: 다른 일의 자료가 되거나 어떤 사실을 증명하는 데 쓰이는 글을 적은 종이

좋은 책을 만드는 길, 독자님과 함께 하겠습니다.

배워서 바로 써먹는 찰떡 한국어 맞춤 회화

초 판 발 행	2026년 03월 05일 (인쇄 2025년 12월 29일)
발 행 인	박영일
책 임 편 집	이해욱
저 자	임준
편 집 진 행	구설희 · 곽주영 · 노학찬
표지디자인	조혜령
편집디자인	김예슬 · 고현준
그 림	기도연
발 행 처	(주)시대고시기획
출 판 등 록	제10-1521호
주 소	서울시 마포구 큰우물로 75 [도화동 538 성지 B/D] 9F
전 화	1600-3600
팩 스	02-701-8823
홈 페 이 지	www.sdedu.co.kr

I S B N	979-11-383-1368-1 (14710) 979-11-383-1365-0 (세트)
정 가	18,000원

※ 이 책은 저작권법의 보호를 받는 저작물이므로 동영상 제작 및 무단전재와 배포를 금합니다.
※ 잘못된 책은 구입하신 서점에서 바꾸어 드립니다.